Akademie
Solidarische
Ökonomie, Hrsg.
Klaus Simon

Zwickmühle
Kapitalismus

W0087196

Akademie Solidarische Ökonomie, Hrsg.
Klaus Simon

Zwickmühle Kapitalismus

Auswüchse und Auswege

Tectum Verlag

Akademie Solidarische Ökonomie, Hrsg.
Klaus Simon
Zwickmühle Kapitalismus. Auswüchse und Auswege
© Tectum Verlag Marburg, 2014
ISBN: 978-3-8288-3257-2

Umschlagabbildung: © artshock | shutterstock.com
Umschlaggestaltung: vogelsangdesign.de
Satz und Layout: Heike Amthor | Tectum Verlag
Druck und Bindung: Finidr, Těský Těšín
Gedruckt in der Tschechischen Republik
Alle Rechte vorbehalten

Besuchen Sie uns im Internet
www.tectum-verlag.de

Bibliografische Informationen der Deutschen Nationalbibliothek
Die Deutsche Nationalbibliothek verzeichnet diese Publikation
in der Deutschen Nationalbibliografie; detaillierte bibliografische
Angaben sind im Internet über http://dnb.ddb.de abrufbar.

EIN KURZES GELEITWORT

Hätte man Mephisto vor die Aufgabe gestellt, eine möglichst destruktive Wirtschaftsordnung zu entwickeln, wäre ihm wohl nicht viel anderes als die real existierende kapitalistische Marktwirtschaft eingefallen. Die *Zwickmühle Kapitalismus* von Klaus Simon stellt eine vorzügliche Analyse der Grundpfeiler dieses Systems dar – gut recherchiert und dennoch für den Laien leicht lesbar.

Gleichzeitig ist das Buch ein Kompendium an alternativen Denkrichtungen zur kapitalistischen Marktwirtschaft. Diese setzen vor allem an der Eigentums- und Geldordnung, aber auch dem Finanz- und Steuerwesen an. Der Verfasser zeigt, dass die gegenwärtige Form des Wirtschaftens nicht „enkeltauglich" ist. Unserer Einstellung zum Wirtschaftswachstum kommt dabei eine Schlüsselrolle zu. Doch es geht nicht nur um institutionelle Reformen; auch ein kultureller Wandel ist notwendig, um den Planeten nicht zu Lasten kommender Generationen zu plündern. Simon illustriert, wie sich die verschiedenen Denkrichtungen nicht ausschließen, sondern ergänzen können, um dieses Ziel zu erreichen.

Betrachtet man den täglichen Tanz ums Goldene Kalb und verfolgt man die Aneinanderreihung von Desastern und Katastrophen in den Nachrichten, mag man in Resignation und Depression verfallen. Doch gerade hier setzt das Buch ein Zeichen und verweist auf die Silberstreifen am Horizont. Und wann, wenn nicht heute, ist die Zeit gekommen, sich mit den dargestellten „konkreten Utopien" (Ernst Bloch) ernsthaft auseinanderzusetzen? Und so bleibt Simon nicht bei Analysen stehen: Zwar gibt es, wie er Friedericke Habermann zitiert, keine „Inseln im Falschen" – wohl aber Halbinseln, „also Räume, in denen Menschen sich ein Stück weit eine andere Wirklichkeit erschaffen und ausprobieren, wohin es gehen könnte." Insofern ist das Buch auch eine Aufforderung zum Handeln.

Die *Zwickmühle Kapitalismus* füllt eine Lücke im Bücher-regal des kritischen Bürgers; eine weite Verbreitung ist dem Buch zu wünschen.

Prof. Dr. Dirk Löhr

INHALT

Vorwort

Am Anfang allen Nachdenkens stehen Zweifel und Verunsicherung. Es beginnt oft mit ganz einfachen Fragen. Zum Beispiel, warum sich der Erfolg eines Unternehmens an seiner Finanzbilanz misst und nicht an der gesellschaftlichen Bedarfsdeckung. Verwechseln wir da nicht das Mittel mit dem Ziel? Auch die Nationen messen ihre Wohlfahrt am Umsatz von Gütern und Dienstleistungen. Nehmen wir das bekannte Beispiel vom abgeholzten Wald: Statt seiner wächst nun das Bruttoinlandsprodukt. Geht es uns davon wirklich besser? Im weltweiten Durchschnitt beanspruchen wir das Ökosystem bereits 1,5-mal so stark wie es seine Regenerationsfähigkeit erlauben würde. Wieso reden wir immer weiter von Wirtschaftswachstum? Und das Land, in dem wir leben, hat astronomische Schulden. Kann das auf Dauer gut gehen?

Wenn wir nun solchermaßen irritiert Rückbindung an unseren Verfassungsgrundsätzen suchen, so mehren sich die Zweifel noch. Wiederum Beispiele: Das *deutsche Grundgesetz* verpflichtet privates Eigentum dem Wohle der Allgemeinheit und sieht – wo dies nicht gewährleistet ist – dessen Vergesellschaftung vor (Artikel 14 und 15 GG). Gemäß *Bayerischer Verfassung* stehen Steigerungen des Bodenwertes nicht dem Eigentümer, sondern der Allgemeinheit zu (Artikel 161 BV). Die gesamte wirtschaftliche Tätigkeit muss der Erhöhung der Lebenshaltung *aller* Volksschichten dienen (Artikel 151 BV). Die Ansammlung von Riesenvermögen in den Händen Einzelner sowie die Zusammenballung wirtschaftlicher Macht ist zu verhindern (Artikel 123, 156 BV). Auch nach *Hessischer Verfassung* darf wirtschaftliche Freiheit nicht zu monopolistischer Machtzusammenballung führen (Artikel 39 HV). Und Artikel 41 (1946 in Hessen per Volksentscheid beschlossen!) sieht für die Schlüsselindustrien eine generelle und sofortige Überführung in Gemeineigentum vor; ebenso sind Groß-banken und Versicherungen unter staatliche Verwaltung zu stellen. – Das alles glaubt man ja beinahe kaum: Läuft denn die gesellschaftliche Praxis im Lande so, wie sie ursprünglich gedacht war?

Was wir täglich als „ganz normal" vorfinden, steht nicht nur in bizarrem Kontrast zu unseren Verfassungszielen. Es hat auch vor den Grundwerten freiheitlich demokratischer Ordnung schwerlich Bestand. Freiheit, Gleichheit, Brüderlichkeit: Das sind die Ideale, zu denen wir uns bekennen. Aber wie frei sind die Millionen von prekär Beschäftigten und Arbeits-losen bei der Verwirklichung ihrer Lebensziele? Wie gleich sind wir in Wahrheit, wenn allein das *oberste Hundertstel* der Deutschen über ein Nettoprivatvermögen von unglaublichen *dreitausendfünfhundert Milliarden Euro* verfügt, während sich das Vermögen der *Hälfte des Volkes zu null* saldiert? Ist der Manager mit dem tausendfachen Einkommen des Gärtners wirklich noch dessen Bruder? Und wenn wir den Blick über Deutschland hinaus wenden: Wie gleich, frei und brüderlich sind unsere Beziehungen zu anderen Nationen?

Auch christliche Grundwerte lassen sich bei alledem nicht ausmachen, und so kritisiert Papst Franziskus das System des Kapitalismus in aller Deutlichkeit. Große Massen der Bevölkerung sehen sich ausgeschlossen, ohne Arbeit, ohne Aussichten, ohne Ausweg. Und durch diese Ausschließung befindet man sich nicht in der Unterschicht, am Rande oder gehört zu den Machtlosen, sondern *man steht draußen*. Sein Fazit: Die Probleme der Welt werden sich nicht lösen lassen, ohne die Ursachen der Ungleichverteilung der Einkünfte in den Blick zu nehmen – und das schließt ein, die *strukturellen Ursachen der Fehlfunktionen der Weltwirtschaft zu beseitigen.*

Die Befürworter des herrschenden Systems hingegen verweisen auf dessen immense Produktivität, welche Fortschritt und soziale Sicherheit ja erst ermöglicht – wie man an den entwickelten Industrienationen sieht. Folglich könne nur das freie Agieren der Märkte sowie weiteres Wirtschaftswachstum für die weltweite Verbreitung von Wohlstand sorgen. Aber stimmt denn das? Von 1960 bis 1995 hat sich das Bruttoweltprodukt verfünffacht und die Märkte wurden liberalisiert. Doch zur gleichen Zeit stieg das Pro-Kopf-Einkommen des reichsten Fünftels der Weltbevölkerung vom 30-Fachen auf das 82-Fache des ärmsten Fünftels! Und dieser Prozess *zunehmender Ungleichverteilung* schreitet fort: Nach *Credit-Suisse*-Daten hat sich mittlerweile ein *Zwölftel der Menschheit 82 Prozent des weltweiten Gesamtvermögens* angeeignet, während auf zwei Drittel der Weltbevölkerung knappe drei Prozent aller Reichtümer entfallen! Sieht so *Wohlstand für alle* aus?

Nicht nur extreme Ungleichheit ist der Preis des Systems, sondern eine ausgeplünderte und geschundene Ökosphäre ebenso. Jedes Jahr gehen uns Waldflächen so groß wie Portugal sowie Ackerland so groß wie die Schweiz verloren, und längst verbrauchen wir mehr Grundwasser als sich nachbildet. Im Gegenzug kommen jährlich *1,3 Milliarden Tonnen Müll* hinzu (Tendenz steigend). Geschätzte 100 Millionen Tonnen Plastikabfall schwimmen im Meer. 2012 wurden 1,6 Milliarden Handys verkauft und 40 Millionen Tonnen Elektronikschrott weggeworfen. Der Cadmium-Gehalt der Schokolade steigt, auch der Quecksilber-Gehalt von Fischen – usw. War es das wert? Und das Immer-Mehr der Güter und Dienstleistungen multipliziert sich noch zusätzlich mit dem Immer-Mehr der Menschen; bereits in zehn Jahren werden wir 8 Milliarden sein! Neben religiöser Fehlorientierung verhindern mangelnder Wohlstand und Bildung in den Entwicklungsländern den dringend nötigen Geburtenrückgang. Und hier nun beißt sich die Katze in den Schwanz, denn die Ungleichverteilung grenzt gerade diese Menschen zunehmend aus anstatt sie einzubeziehen. Kann denn das richtig sein?

Zweifel und Verunsicherung – irgendwie stimmt etwas nicht. Wir geraten immer weiter in soziale Schieflage und ökologische Bedrängnisse. Viele von uns sind deshalb lange schon nachdenklich geworden. Doch Zweifel und Verunsicherung sind nur ein Anfang. Jeder Versuch, sich partielle Änderungen am System vorzustellen, endet alsbald in einem Wirrwarr von Folgeproblemen und scheinbarer Unlösbarkeit. Wenn aus bloßer Nachdenklichkeit wirkliches Nachdenken erwachsen soll, ist Faktenwissen sowie das *Durchschauen des Zusammenhangs* nötig, in den sich all die Fakten einordnen. Dann lässt sich das herrschende System plötzlich von Grund auf verstehen. Warum sich die Krisen zuspitzen. Was es mit den Finanzmärkten auf sich hat. Wie die Folgen aussehen, die uns ganz direkt betreffen (und in einem Ausmaß, das man niemals erwarten würde!). Genau diese Fakten und ihren grundlegenden Zusammenhang möchte die ersten beiden Kapitel des Buches vermitteln.

Was am System müsste sich demnach ändern? Dieser Frage geht das dritte Kapitel nach. Dabei werden konkrete Reformen untersucht – von der deutschen Sozialen Marktwirtschaft bis hin zu aktuellen Bemühungen um Finanzmarktreformen. Auch ökologisch orientierte Reformansätze kommen in den Blick. Es stellt sich heraus, dass (wie auch immer geartete) Reformen den steten Zwang zu Wirtschaftswachstum im kapitalistischen System nicht überwinden können. Und dieser Zwang zu immer weiterem Wirtschaftswachstum lässt sich – gegen alle Effizienzhoffnung – nicht von immer weiterer Umweltbelastung entkoppeln. *Es kann demnach im Kapitalismus keine Lösung der Ökokrise geben*: Dies ist das ernüchternde Ergebnis des dritten Kapitels. Das kapitalistische System ist den vor uns stehenden Herausforderungen nicht gewachsen, wir werden uns umorientieren müssen.

Erst auf Grundlage dieses so unbehaglichen wie unausweichlichen Befundes skizziert das vierte Kapitel vorsichtig und beispielhaft die Umrisse einer zukunftsfähigen Ökonomie – allen Behauptungen der Alternativlosigkeit zum Trotz. Das geschieht unter strikter Abgrenzung von der Idee gewaltsamer Umsturzversuche oder der Diktatur politischer Apparate. Es geht vielmehr um eine Einladung, das angeblich Undenkbare einfach einmal zu denken und der Utopie *gesellschaftlicher Neuorientierung „von unten"* Raum zu geben. Ach, bloß eine Utopie? Ja, eine Utopie! Man kann gesellschaftlichen Prozessen wohl kaum die Fähigkeit zur Entwicklung absprechen, und dabei aber war bisher jede neue Entwicklungsstufe bis zum Vorabend ihres Aufkommens nichts als eben Utopie. *Ohne Utopie hat die Gesellschaft keine Orientierung, die über das Bestehende hinauszuführen vermag.*

Doch nun der Reihe nach. Wagen wir gemeinsam einen analytischen Blick auf die aktuelle Situation. In dem Maße, wie wir die Gegenwart deutlicher sehen, wird die Zukunft Konturen annehmen.

1 – DAS KAPITALISTISCHE SYSTEM VERSTEHEN

Der Kapitalismus seit Henry Ford hat „den Fabrikmädchen die Seidenstrümpfe der Königinnen gebracht". Das ist bekannt und unbestritten. Weniger bekannt und oft bestritten sind die Risiken und Nebenwirkungen des Systems. Am Beispiel deutscher und internationaler Daten lässt sich aufzeigen, was wie wächst – und zu welchen Auswüchsen das führt.

1.1 – Ein paar Grundbegriffe
Kapitalismus

Kapitalismus ist eine Wirtschaftsordnung. Der Name ist selbsterklärend: *Kapital is Muss.* Was aber ist Kapital? *Kapital* (lat. *capitalis*: „hauptsächlich") bezeichnet nicht einfach Sach- oder Geldwerte. Aus Sachwerten wird *Sachkapital* (z. B. Maschinen und Anlagen) und aus Geldwerten wird *Geldkapital* (z. B. Anleihen), wenn sie langfristig zum Zwecke der Gewinnerzielung eingesetzt werden. *Kapital wird investiert, um vergrößert zurückzukehren.* Und wenn der Kapitalist das nunmehr vergrößerte Kapital nicht verknuspert, sondern erneut einsetzt, kann er im zweiten Schritt mit noch mehr Kapital noch mehr Gewinn erzielen – usw. Damit ist das Wesen der kapitalistischen Wirtschaftsweise umschrieben. Grundmerkmale sind die *Privatverfügung über Kapital* (z. B. auch in Form der Produktionsmittel) und die *private Aneignung des entstehenden Mehrwerts.*

Kapital is Muss

Sachkapital und Geldkapital sind durch Verkauf ineinander überführbar. So kann das Kapital einen Verwandlungsprozess durchlaufen: Geldkapital wird in Warenkapital investiert (Ausgangsstoffe), welches durch Wertschöpfung in höheres Warenkapital überführt wird (Endprodukte). Der Verkauf führt nach Abzug aller Kosten zu höherem Geldkapital. Die angestrebte Differenz von eingesetztem und schließlich erlöstem Geldkapital heißt Mehrwert.

Der privat angeeignete Mehrwert ist der *Profit* (lat. *profectus*: „Fortgang, Zunahme, Vorteil"). Profit ist also der Gewinn, den der Kapitaleigner erzielt. Das lässt sich auch ohne Produktion erreichen, z. B. wenn bei Finanzgeschäften der Einsatz von Geld am Ende noch mehr Geld einbringt. Während *Marx* die „Besitzer der Ware Arbeitskraft" und „Geldbesitzer" noch als ebenbürtig ansah und seine Kritik vor allem auf Erstere abziel-

Geldkapital dominiert Sachkapital

te, ist mittlerweile die Rolle der Geldeigentümer als dominant erkennbar. Heutige Firmen finanzieren sich überwiegend über Fremdkapital. Die durchschnittliche Eigenmittelquote deutscher Unternehmen liegt bei 27,5 Prozent (Stand 2010).[1] Der gepriesene freie Unternehmer befindet sich in Wahrheit in einer ziemlich unfreien Abhängigkeit von externen Geldgebern: *Geldkapital dominiert Sachkapital*, das werden wir im Folgenden noch genauer sehen.

Marktwirtschaft

Marktwirtschaft arrangiert Bedingungen

Der Begriff *Marktwirtschaft* bezeichnet ein System wirtschaftlicher Prozesse, die nicht durch zentrale Planung, sondern über den Markt koordiniert werden: durch Angebot, Nachfrage und Preis. Marktwirtschaft arrangiert die Bedingungen, unter denen sich die wirtschaftlichen Abläufe vollziehen. Dazu gehört insbesondere auch eine regulierende Rechtsordnung sowie die Bereitstellung öffentlicher Güter (z. B. Infrastruktur, Bildung usw.).

Marktwirtschaft und Kapitalismus ist nicht dasselbe

Marktwirtschaft ist normalerweise gekennzeichnet durch die liberalen Grundsätze der Chancengleichheit, der freien Information und des freien Wettbewerbs. Im kapitalistischen System sollen die marktwirtschaftlichen Rahmenbedingungen zugleich das Agieren des Kapitals effektiv unterstützen. Dabei kann der Staat mit sozial- und konjunkturpolitischen Maßnahmen aktiv in das Wirtschaftsgeschehen eingreifen (*soziale Marktwirtschaft*) oder sich eher passiv verhalten (*freie Marktwirtschaft*). Doch auch die freieste Marktwirtschaft kommt in der Praxis nicht ohne öffentliche Güter und eine regulierende Rechtsordnung aus – und insofern nicht ohne Staat.

Marktwirtschaft und Kapitalismus gelten oft als zwei Seiten einer Medaille. Diese Allianz ist zwar heute überwiegend Realität, jedoch keineswegs zwingend. Es ist auch eine nicht-kapitalistische Marktwirtschaft denkbar (bspw.

Sach- und Geldkapital auf genossenschaftlicher Basis). Und umgekehrt hat es auch schon nicht-marktwirtschaftlichen Kapitalismus gegeben, z. B. die staatliche Kommandowirtschaft in Nazi-Deutschland.

Eigentumsordnung

Eigentum bezeichnet das umfassendste Herrschaftsrecht an einer Sache: die *rechtliche Verfügung* (z. B. über eine Mietwohnung). Eigentum ist zu unterscheiden von *Besitz* als *körperliche Verfügung* über eine Sache (z. B. das Bewohnen einer Mietwohnung). Eigentum und Besitz können zusammenfallen (z. B. das Bewohnen einer Eigentumswohnung).

Die Geschichte kennt *Gemeineigentum* (Allmende, gemeinsam geschaffene Dorfanlagen usw.) ebenso wie *Privateigentum* im Verfügungsrecht einzelner. Dabei ist Privateigentum eine grundlegende Voraussetzung für das kapitalistische System, welches zu seinem Funktionieren die private Verfügungsmacht über das Kapital ebenso braucht wie den Schutz des privaten Kapitals.

Das Wort privat lässt keinen Zweifel am Wesen des Privateigentums aufkommen (lat. privare: „berauben"). Es ist im Grunde verblüffend, dass der Privateigentumsbegriff gleichermaßen durch Leistung gerechtfertigtes Eigentum (z. B. die Arbeitsergebnisse eines Handwerkers) wie auch nicht durch Leistung gerechtfertigtes Eigentum umfasst (z. B. die „durch Eigentumsrechte legalisierte Usurpation öffentlicher Güter"[2], etwa die Förderrechte an einer Ölquelle).

In Deutschland ist Privateigentum und dessen Vererbung durch das Grundgesetz garantiert – ohne mengenmäßige oder zeitliche Obergrenzen. Privateigentum ist in den Hauptvermögensarten Grund und Boden (mit Immobilien), Realvermögen (Unternehmensanteile, Aktien) sowie Geldvermögen in jeder Hinsicht unbeschränkt. So sind die Weichen gestellt für die Anhäufung immer größerer Eigentumsanteile in den Händen weniger Menschen.[3] Dieser Konzentrationsprozess schädigt zwingend die Wohlfahrt der sozialen Gemeinschaft. Es ist wie beim Monopoly: Die an der Schlossallee bekommen immer mehr.

ungenierter Zugriff auf Gemeingüter

Neben der Verteilungsungerechtigkeit hat die Dominanz privaten Eigentums auch noch eine fatale ökologische Wirkung. Denn auf Gemeingüter (z. B. Klimasystem, Wasserreinheit) oder privat vereinnahmte Güter (z. B. Bodenschätze) kann zumeist ungeniert zugegriffen werden. „Substanzverzehr gilt als Marktleistung. Das geltende Wettbewerbsrecht schützt Wettbewerber auch dann, wenn sie ihre Produkte durch Externalisierung ‚billiger‘ oder ‚besser‘ anbieten",[4] d. h. wenn sie zum Nachteil der Gemeingüter wirtschaften und die Folgekosten auf die Gemeinschaft abwälzen. Artikel 14 des Grundgesetzes hingegen garantiert nicht nur privates Eigentum, sondern präzisiert in Absatz 2: „Eigentum verpflichtet. Sein Gebrauch soll zugleich dem Wohle der Allgemeinheit dienen." Insofern ist jedes Wirtschaften zum Nachteil der Gemeingüter grundgesetzwidrig (die Praxis sieht allerdings anders aus).

Mit Marktwirtschaft und Eigentumsordnung zusammen wird aus der kapitalistischen Wirtschaftsordnung eine Gesellschaftsformation, in der die Gesamtheit aller sozialen und ökonomischen Aspekte an der Logik der Kapitalvermehrung ausgerichtet ist.

Kapitalismus benötigt zu seinem Funktionieren aber noch eine weitere und zentrale Voraussetzung, die auf den ersten Blick etwas kompliziert erscheint: das Geldsystem.

1.2 – Geldsystem

Geld

Geld ist eine wesentliche Voraussetzung für Arbeitsteilung und wirtschaftlichen Austausch. Geld dient heute vor allem als:

- Zahlungs- und Tauschmittel,
- allgemeiner Wertmaßstab für Güter- und Vermögenswerte,
- Mittel zur Wertaufbewahrung,
- Geldkapital, dessen zeitweiliges Überlassen Kapitalzins erbringt.

Mit Geld wird der übertragbare Anspruch ermöglicht, für Leistung eine Gegenleistung zu erhalten. Ein bekanntes Beispiel bringt das Problem auf den Punkt: „Frierender Bäcker sucht hungernden Schneider." Genau dieses direkte Zusammentreffen ist mit Geld nicht mehr nötig, Bäcker und Schneider können ihre Leistungen mittels Geld anonym am Markt austauschen. Von zentraler Bedeutung ist dabei *die Äquivalenzrelation zwischen Leistung und Geld.* Geld kann nur im Vertrauen darauf, dass die Äquivalenzrelation zwischen Leistung und Geld auch morgen noch in gleicher Weise gelten wird, seine Aufgabe erfüllen: „Das Vertrauen in die Wertbeständigkeit des Geldes bildet die Grundlage des Geldwesens."[5]

ohne Vertrauen kein Geld

Manche Autoren verstehen unter Geld ausschließlich gesetzliche Zahlungsmittel (z. B. Bargeld). Andere dagegen sehen in Geld einen Oberbegriff, der die Geldarten Bargeld und Giralgeld (z. B. Bankeinlagen) umfasst. Welche der beiden Übereinkünfte man wählt ist eine Frage der Gesichtspunkte. Nachfolgend wird im Verständnis der *Bundesbank* das Wort *Geld* als Oberbegriff aufgefasst.[6]

Geld als Oberbegriff

Geldarten und Geldschöpfung

Zentralbankgeld

Zentralbankgeld besteht konkret aus Geschäftsbankenguthaben bei der Zentralbank und aus Bargeld (das gesetzliche

Zentralbankgeld wird „aus dem Nichts" geschöpft

Zahlungsmittel). Zentralbankgeld wird auf Beschluss gesetzgebender Organe geschöpft, man nennt es deshalb auch *Fiat-Geld* (lat. *fiat*: „es werde bereitet"). Die Schöpfung erfolgt aus dem Nichts („Geld drucken"). Wenn die Zentralbank Kredite an Geschäftsbanken vergibt oder Wertpapiere o. Ä. ankauft, nimmt das Zentralbankgeld zu. Vermindert die Zentralbank eine dieser Positionen, nimmt es ab.

Giralgeld

Giralgeld (auch *Buch-* oder *Geschäftsbankengeld* genannt) besteht konkret aus Kundenguthaben bei den Geschäftsbanken. Es verbürgt einen Anspruch auf Bargeld und wird deshalb wie ein gesetzliches Zahlungsmittel akzeptiert (z. B. Überweisungen). Giralgeld wird durch Geschäftsbanken geschaffen, indem Wertpapiere o. Ä. angekauft oder Kredite an Kunden ausgereicht werden. Dabei nimmt das Giralgeld zu, bei Wertpapierverkauf oder Kredittilgung nimmt es wieder ab. Beim Giralgeldschaffen durch Kreditvergabe werden dem Kreditnehmer je ein Forderungs- und ein Guthabenbetrag zugebucht, die es vorher noch nicht gab. Deshalb wird die Kreditvergabe oft wie beim Zentralbankgeld auch als *Geldschöpfung* bezeichnet. Doch das ist im Grunde wenig zutreffend. Denn anders als die Zentralbank sind Geschäftsbanken keine Schöpfer im Sinne eines Erstverursachers, sondern sie sind an Liquiditätsvoraussetzungen gebunden.

Giralgeld wird nach Liquiditätsvoraussetzungen geschaffen

Die volkswirtschaftliche Geldmenge

M1 bis M3 zeigen Ausschnitte der Giralgeldmenge

Mit *Geldmenge* ist immer der Geldbestand außerhalb des Bankensektors gemeint. Man kann die Geldmenge zählen: wie viel „Äpfel" (Bargeld) und wie viel „Birnen" (Giralgeld) im Land sind. Man kann auch beides zusammenzählen (ja, man kann Äpfel und Birnen zusammenzählen!), dann kennt man die Menge „Obst". Das geschieht in den sog. *Geldmengenaggregaten M1 bis M3*:

- M1 umfasst den Bargeldumlauf und täglich fällige Einlagen (z. B. Girokonten)
- M2 umfasst M1 plus kurzfristige Termin- und Spareinlagen mit einer Laufzeit bis zu zwei Jahren oder einer Kündigungsfrist bis zu drei Monaten (z. B. Sparbücher)
- M3 ergänzt M2 noch um den Bestand sog. marktfähiger Instrumente: Repogeschäfte, Geldmarktfondszertifikate, Geldmarktpapiere sowie Schuldverschreibungen mit einer Laufzeit bis zu zwei Jahren.[7]

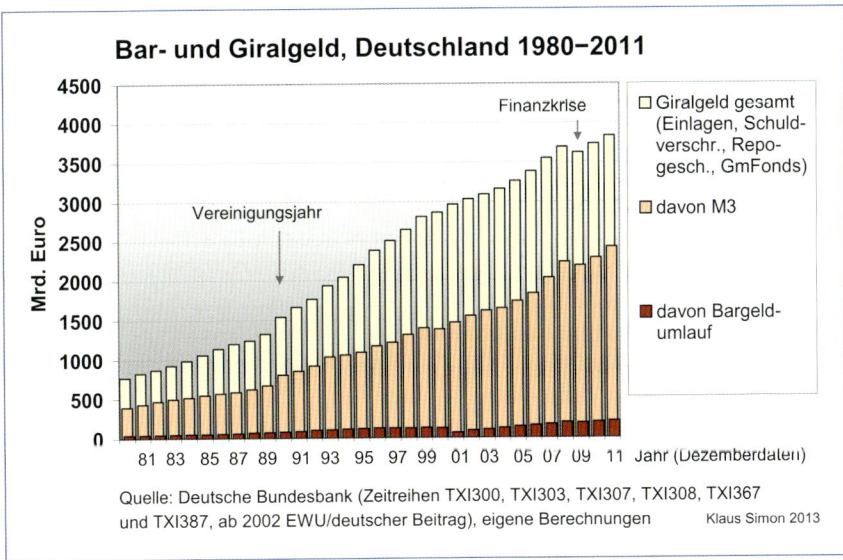

Abb. 1: Bar- und Giralgeld

M3 summiert also den Bargeldumlauf und alle Giralgeldguthaben bis zu zwei Jahren Laufzeit und enthält somit *nicht* den vollen Umfang aller Guthaben, sondern nur die im Nahzeitraum *nachfragewirksame Geldmenge*. Oberhalb M3 wird im Euroraum keine Geldmenge errechnet, welche langfristige Guthaben mit einbeziehen würde. Gleichwohl weist die *Bundesbank* neben M3 die einzelnen Giralgeldpositionen auch ohne zeitliche Einschränkung aus.[8] Auf der Basis der sog. konsolidierten Bilanz werden in Abbildung 1 die Positionen Einlagen, Schuldverschreibungen, Repogeschäft und Geldmarktfonds zur Menge *Giralgeld gesamt* summiert. Diese Menge war 2011 mit 3,83 Billionen Euro knapp doppelt so groß wie M3 und 18-mal so groß wie der Bargeldumlauf.

Die jährliche Momentaufnahme in Abbildung 1 sollte uns nicht darüber hinwegtäuschen, dass in Wahrheit ein waberndes Geschehen zugrunde liegt, bei dem immerzu Giralgeld geschaffen (z. B. Kreditvergabe) und wieder vernichtet wird (z. B. Kredittilgung). Und offensichtlich wird dabei stetig mehr Giralgeld geschaffen als vernichtet: Die Grafik zeigt ein fortdauerndes Wachstum.

Geldumlauf

Das derzeitige Bankensystem funktioniert in zwei Kreisläufen: Im ersten Kreislauf verkehren die Geschäftsbanken mit der Zentralbank und erhalten Zentralbankkredite. Im zweiten Kreislauf reichen Geschäftsbanken die erhaltenen Zentralbankkredite an die Volkswirtschaft aus: So kommt das geschöpfte Zentralbankgeld in Umlauf.

Geschäftsbanken refinanzieren Kredite aus Liquiditätsreserven

Wenn die Geschäftsbanken Kredite ausreichen, müssen sie mit einem Verlust an Zentralbankgeld rechnen (z. B. Barauszahlung des Kreditbetrags). Deshalb werben Geschäftsbanken mit Sparzinsen um Kundeneinlagen, aus denen sie eine Überschussreserve bilden. Aus dieser refinanzieren sie die abfließenden Kreditbeträge. Indem die Geschäftsbanken Vermögenswerte verkaufen oder selbst Kredite aufnehmen, können sie die Reserven erhöhen. Man spricht in diesem Fall von den sog. *freien Liquiditätsreserven*: „Vom Ausmaß der freien Liquiditätsreserven hängt die Fähigkeit der Banken ab, die durch eine Geschäftsausweitung [z. B. Kreditvergabe] entstehenden Verluste an Zentralbankgeld ausgleichen zu können."[9]

Betrachtet man den gesamten Bankensektor, so besteht ein klarer Zusammenhang zwischen ausgereichten Krediten und freien Liquiditätsreserven. Bis auf geringe Bar-[10] und Mindestreserven[11] bringen die Geschäftsbanken die Guthaben ihrer Kunden als Kredit in den Umlauf zurück. Das ist für die Volkswirtschaft nützlich, sie ist auf den Geldumlauf angewiesen. Und für die Banken ist es einträglich: Vom einkommenden Kreditzins begleichen sie den Sparzins ihrer Anleger, der Rest fließt als Zinsüberschuss in die Bankengewinne.

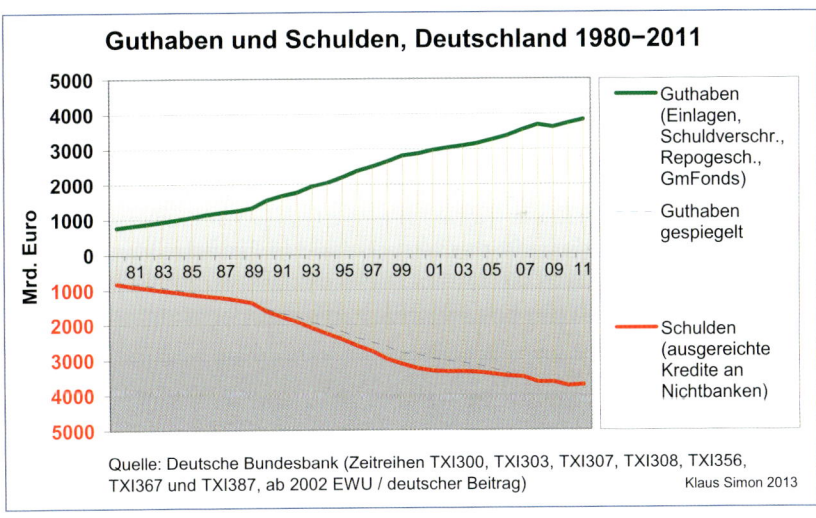

Abb. 2: Guthaben und Schulden

Geld ist kein privates, sondern ein öffentliches Gut. Bankguthaben liegen nicht in Tresoren herum, sondern sie werden als Kredit wieder ausgereicht. Das aber hat Konsequenzen: Die Gesamt-Guthabenmenge entspricht nahezu der Gesamtmenge ausgereichter Kredite (= Schulden)! Das heißt, Giralgeld ist *Schuldgeld*: Zur Guthabenmenge besteht systemnotwendig im-

zu jedem Euro Guthaben besteht ein Euro Kreditschuld

mer eine (nahezu) gleiche Menge an Kreditschuld. Abbildung 2 zeigt diesen Zusammenhang wieder anhand der konsolidierten Bilanz. Als Guthaben ist die Menge *Giralgeld gesamt* aus Abbildung 1 zugrunde gelegt. Dieser Menge stehen die ausgereichten Nichtbankenkredite gegenüber. Beide entwickeln sich nahezu symmetrisch, lediglich in den 1990er-Jahren lagen die Kredite etwas über den Guthaben (erhöhte Kreditnachfrage ‚Aufbau Ost‘). Diese Abweichung ist durch Erhöhung der freien Liquiditätsreserven erklärbar.

Wir sehen ein fortdauerndes Anwachsen der Guthaben und ebenso des Kreditvolumens. Der Wert des neu geschaffenen Giralgeldes beruht auf der Schuldigkeit der Kreditnehmer, „den Gegenwert in der Zukunft abzuleisten."[12]

Geldpolitik

nicht zu viel und nicht zu wenig Geld

Heutiges Geld verfügt weder über Eigenwert (z. B. Edelmetallwert einer Münze) noch über sonstige Garantien (z. B. ein zugesicherter Umtauschkurs in Gold). Nur *Knappheit* kann die Grundlage für den Wert heutigen Geldes sein. Man kann also nicht nach Gutdünken „Geld drucken", es muss vielmehr eine angemessen knappe und dennoch mit der Wirtschaftsleistung wachsende Geldmenge zur Verfügung gestellt werden. Dies ist Aufgabe der Geldpolitik der Zentralbank (früher *Bundesbank*, heute *Europäische Zentralbank, EZB*).

In der Realität hat sich die Menge *Giralgeld gesamt* in Deutschland zwischen 1980 und 2011 verfünffacht: von 769 auf 3.832 Milliarden Euro (Abbildung 1 und 2). Ist dieses enorme Wachstum das Ergebnis von geordneter Geldpolitik oder schaffen die Geschäftsbanken aus Eigennutz (Kreditzins!) einfach zu viel Giralgeld?

Geldmenge soll jährlich 4,5 % wachsen

Als Grundlage ihrer Geldpolitik nutzt die *EZB* die sog. Zwei-Säulen-Strategie.[13] Dabei werden sowohl wirtschaftliche als auch monetäre Indikatoren (eben zwei Säulen) zur Inflationsprognose verwendet. Vereinfacht gesagt: Dem angestrebten Wachstum der Geldmenge liegen Erwartungswerte von Wirtschaftswachstum und Geldumlaufgeschwindigkeit zugrunde, wobei (bisher) eine Preissteigerungsrate von 2 Prozent nicht überschritten werden soll. Auf dieser Grundlage gibt der *EZB-Rat* seit 1998 für das Wachstum der Menge M3 jährlich 4,5 Prozent als Orientierung vor. Die 4,5-Prozent-Orientierung gilt heute nach wie vor.[14]

Das tatsächliche Geldmengenwachstum muss also bei gleicher Geldumlaufgeschwindigkeit der Entwicklung des realen Wirtschaftswachstums und der Inflation folgen. Beide Größen zusammen lassen sich mit dem *nominalen Wirtschaftswachstum* wiedergeben. Zusätzlich zum nominalen Wirtschaftswachstum besteht in der Praxis noch eine weitere Ursache für den Geldmengenanstieg, nämlich die Zentralbankaktivitäten. Wenn die Zentralbank Devisen o. Ä. ankauft, wird die Geldmenge ebenfalls anwachsen. Das geschieht insbesondere auch beim Ausgleich von Exportüberschüssen: „Ein Zahlungsbilanzüberschuß bedeutet, daß die Devisenreserven der Zentralbank zunehmen. Hierdurch steigt die inländische Geldmenge [...].“[15] Zusammengefasst:

Nominales Wirtschaftswachstum und Zentralbankaktivitäten bestimmen das Geldmengenwachstum. Unter derzeitigen Verhältnissen gibt die EZB für dieses Wachstum jährlich 4,5 Prozent als Orientierung vor.

Betrachtet man nun das reale Wachstum der Menge M3 innerhalb der Jahre 2001 bis 2011, so wurde das 4,5-Prozent-Ziel der *EZB* zwar nicht genau erreicht, aber auch nicht gravierend verfehlt (Abbildung 3). Zur Orientierung zeigt die Grafik ferner das Wachstum der Menge *Giralgeld gesamt*. Auch deren Anstieg ist in diesem Zeitraum nicht steiler als der von M3. Zusätzlich ist das nominale Wirtschaftswachstum dargestellt; dessen Anstieg ist etwas flacher. Rechnet man vom tatsächlichen M3-Wachstum das nominale Wirtschaftswachstum und die Zentralbankaktivitäten ab, so bleibt nur wenig Spielraum für die Annahme einer willkürlichen Giralgeldausweitung durch die Geschäftsbanken. Vielmehr wächst die Geldmenge proportional zu Wirtschaftswachstum und Zentralbankaktivitäten.

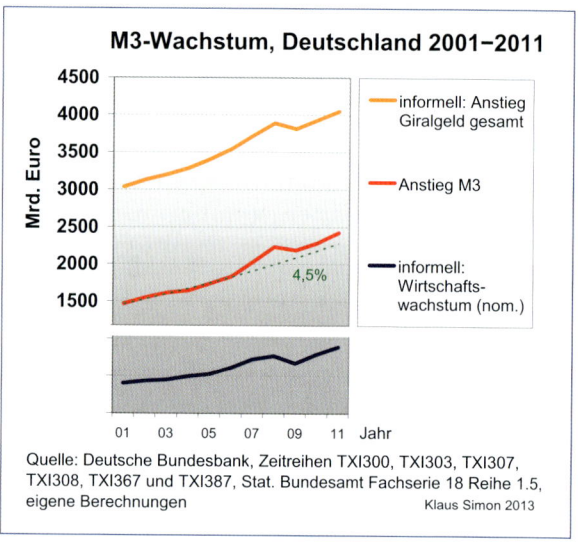

Abb. 3: M3-Wachstum

Der tatsächliche Anstieg der Geldmenge orientiert sich offensichtlich an der Entwicklung volkswirtschaftlicher Größen. Aber woher kommt diese Entwicklung volkswirtschaftlicher Größen überhaupt?

1.3 – Was wächst wie?
Lineares und exponentielles Wachstum

verschiedene
Wachstumsarten

Wächst ein Ausgangswert in gleichen Zeitschritten um den immer gleichen Betrag, nennt man das *lineares Wachstum*.

Die grafische Darstellung ergibt eine Gerade. Wächst ein Ausgangswert dagegen in gleichen Zeitschritten um den immer gleichen Faktor, so heißt dies *exponentielles Wachstum*. Die grafische Darstellung ergibt eine Exponentialkurve. Abbildung 4 zeigt eine Prinzipskizze beider Wachstumsarten:

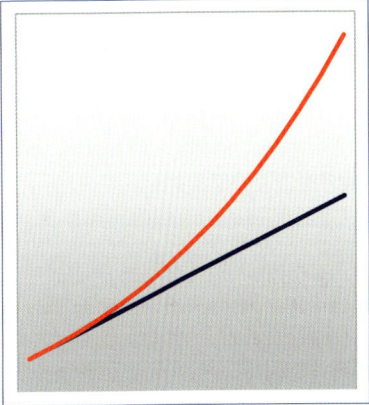

Abb. 4: Lineares und exponentielles Wachstum

▷ **Beispiel 1 (lineares Wachstum)**: *Ein 1 m hoher Baum wächst jedes Jahr 10 cm: 1,10 m, 1,20 m, 1,30 m, 1,40 m, 1,50 m, … Das ergibt nach 10 Jahren 2 m Höhe.*

▷ **Beispiel 2 (exponentielles Wachstum)**: *Ein 1 m hoher Baum wächst jedes Jahr um 10 Prozent: 1,10 m, 1,21 m, 1,33 m, 1,46 m, 1,61 m, … Das ergibt nach 10 Jahren 2,59 m Höhe.*

Im Beispiel 1 fällt die Wachstumsrate im Laufe der Zeit kleiner aus, denn der stets gleiche Wachstumsbetrag entspricht mit wachsender Menge einem immer geringeren Mengenanteil. Der Baum wächst im ersten Jahr 10 Prozent, im fünften Jahr aber nur noch 7,1 Prozent seiner Höhe. Im Beispiel 2 dagegen bleibt die Wachstumsrate gleich. Dadurch fällt im Laufe der Zeit der Wachstumsbetrag immer größer aus, denn die stets gleiche Wachstumsrate entspricht mit wachsender Menge einem immer größeren Mengenanteil. Der Baum wächst im ersten Jahr 10 Zentimeter, im fünften Jahr aber bereits 15 Zentimeter.

In der Natur kommt exponentielles Wachstum nur vorübergehend vor (ein Baum wächst zunächst immer mehr, dann immer weniger und schließlich gar nicht mehr). Dementsprechend sind wir durch die Evolution nicht auf die Wucht fortdauernder exponentieller Vorgänge vorbereitet, uns fehlt dafür jedes Gefühl. Dazu folgendes Beispiel:[16]

Welches der Jobangebote soll man annehmen? A verspricht ein halbes Jahr lang 1.000 € pro Woche gleichbleibend, B verspricht lediglich 1 Cent bei wöchentlicher Verdopplung. Die Wahl scheint klar – doch weit gefehlt, denn es ergeben sich folgende Summen:

nach 4 Wochen: A: 4.000 €   B: 0,15 €
nach 12 Wochen: A: 12.000 €   B: 41 €
nach 26 Wochen: A: 26.000 €   B: 671.000 €
nach einem Jahr: A: 52.000 €   B: 45.000.000.000.000 €

Wirtschaftswachstum

Wenn die Summe bezahlter Güter und Dienstleistungen innerhalb eines Jahres zunimmt, nennt man dies *Wirtschaftswachstum*. Basis der Bemessung ist das *Bruttoinlandsprodukt (BIP)*: Es weist die Wirtschaftsleistung durch Warenproduktion und Dienstleistungen aus – nach Abzug von Vorleistungen und Importen. Gemessen wird in Geldwerten, entweder *nominal* (in jeweiligen Preisen) oder *real* (inflationsbereinigt: in Preisen eines Basisjahrs).

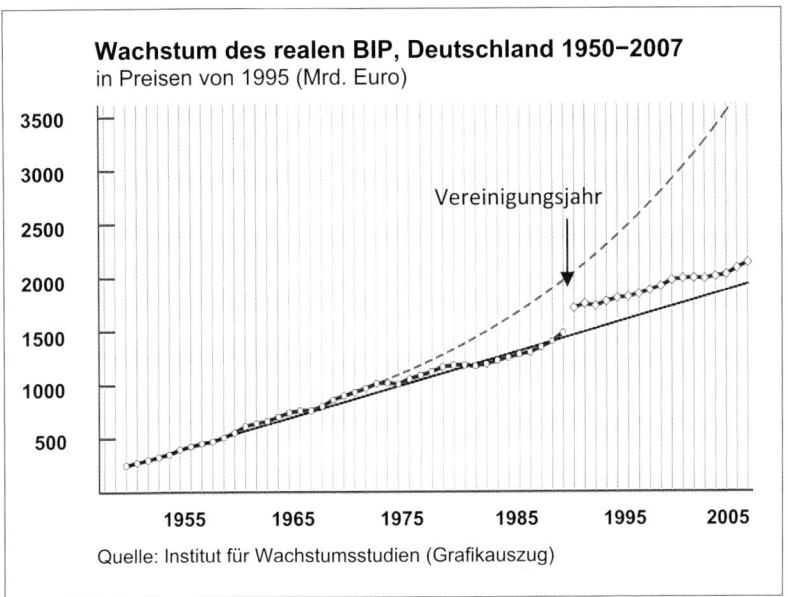

Wachstum des realen BIP, Deutschland 1950–2007
in Preisen von 1995 (Mrd. Euro)

Vereinigungsjahr

Quelle: Institut für Wachstumsstudien (Grafikauszug)

Abb. 5: Wirtschaftswachstum in Mrd.

Seit Gründung der Bundesrepublik wächst die deutsche Wirt-   die deutsche
schaftsleistung ungeachtet vorübergehender Schwankungen   Wirtschaft
linear, in jedem Jahrzehnt um etwa 300 Milliarden Euro.   wächst linear
Abbildung 5 zeigt das reale BIP-Wachstum 1950 bis 2007 in
Preisen von 1995.[17] Nach dem Sprung durch die Wiederver-
einigung blieb der lineare Trend bestehen (Erklärung der rot
gestrichelten Linie im Folgenden).

Abbildung 5a ergänzt die obige Grafik um die Folgejahre
bis 2012. Auch nach dem schweren Einbruch durch die Finanzkrise hat sich der lineare Trend erneut eingestellt:

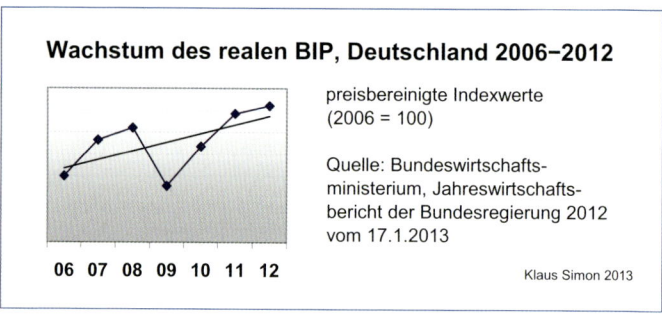

Abb. 5a: Ergänzung Folgejahre

Abb. 6: Wirtschaftswachstum in Prozent

lineares Wachstum bedeutet fallende Wachstumsrate

Abbildung 6 zeigt ebenfalls das deutsche Wirtschaftswachstum, diesmal aber nicht den Zuwachs in Milliarden Euro oder Indexwerten, sondern die Wachstumsrate in Prozent.[18] Wegen des immer gleichen Wachstumsbetrags muss die Wachstumsrate fortwährend fallen, sie erreicht als preisbereinigter Durchschnittswert in der Dekade 2000 bis 2010 schließlich nur noch 1 Prozent.[19]

Bewertungen des tatsächlichen Wirtschaftswachstums anhand der Wachstumsrate führen demnach in die Irre! Immer wieder ist zu hören: 1954 hatten wir 8 Prozent Wachstum, heute nur noch 1 Prozent – als könnte das etwas über die tatsächliche Situation aussagen. „Die Tatsache, dass in Deutschland mittlerweile jährlich etwa drei- bis viermal so viele Güter und Dienstleistungen geschaffen werden wie noch in den so genannten Wirtschaftswunderjahren, bleibt dabei weitgehend unbeachtet."[20]

Es hat in Nachkriegsdeutschland niemals exponentielles Wirtschaftswachstum gegeben. Der vorübergehend starke Trend entpuppte sich nach 1974 trotz aller Prognosen als konjunkturelle Schwankung. Die rot gestrichelte Linie in Abbildung 5 zeigt den Verlauf des Wirtschaftswachstums, wenn es bei einer stetigen Wachstumsrate von 4 Prozent geblieben wäre. Andere Länder wie China machen uns zwar exponentielles Wirtschaftswachstum vor. „Allerdings befindet sich China, was die Höhe des Pro-Kopf-BIPs anbelangt, derzeit auf einem Niveau wie es dem Deutschlands um das Jahr 1900 entspricht. Zu diesem Zeitpunkt aber ist auch die deutsche Volkswirtschaft noch exponentiell gewachsen."[21]

Wachstumszwang

Seit den 1950er-Jahren gilt die Förderung des Wirtschaftswachstums als erstrangige Staatsaufgabe und 1967 wurde das Sicherstellen von „stetigem und angemessenem Wirtschaftswachstum" sogar per Gesetz vorgeschrieben.[22] Ist das übertrieben?

die Wachstums-spirale hat kein Ende

Es gibt eine ganze Reihe sog. *struktureller Wachstumstreiber,* z. B. die Steigerung der Arbeitsproduktivität, die nur durch Ausweitung des Geschäfts ausgeglichen werden kann, wenn die Beschäftigung gleichbleiben soll. Den wohl grundsätzlichsten Wachstumstreiber im kapitalistischen System sieht der Schweizer Wirtschaftswissenschaftler *Hans Christoph Binswanger* in Kapital, das in Vorleistung für den Produktionsprozess tritt. Damit das Kapital überhaupt bereit ist, dieses Risiko einzugehen, muss natürlich „die Erzielung eines Gewinns wahrscheinlicher sein als die Erzielung eines Verlustes. Dies setzt voraus, dass in der Vergangenheit im Durchschnitt aller Unternehmungen die Summe aller Gewinne größer war als die Summe aller Verluste, denn die Wahrscheinlichkeit gründet sich auf den Erfahrungen in der Vergangenheit. Wie kann aber überhaupt die Summe aller Gewinne und Verluste positiv sein? Dies ist die entscheidende Frage. Die Antwort darauf ist: durch Ausweitung des Wirtschaftskreislaufs zu einem Spirallauf. […] Güter, die heute produziert werden, kommen ja morgen auf den Markt. Sie können aber nur dann ebenfalls mit Gewinn verkauft werden, wenn auch heute wieder investiert wird, also der Kapitaleinsatz immer weiter zunimmt. Wachstum verlangt weiteres Wachstum. Die Wachstumsspirale hat kein Ende."[23]

Mit einem Fremdkapitalanteil von rund drei Viertel finanzieren die Unternehmen heute ihre Produktion von morgen. Die fälligen Zinsen sind oft in ähnlicher Größenordnung wie die Kreditsummen selbst, d. h. die Unternehmen müssen in den kommenden Jahren das Doppelte des geliehenen Geldes zurückzahlen. Und die Renditeerwartungen aus Eigenkapital belasten die Unternehmen ebenso wie der Fremdkapitalzins. Einen Teil all dieser Kapitalkosten legen sie auf die Preise um, den anderen aber müssen sie durch Wachstum erbringen.

Die Wachstumsorientierung der gesamten Volkswirtschaft erweist sich demnach nicht etwa als übertrieben oder gar als politischer Irrtum, den man korrigieren könnte. Sie ist vielmehr eine *unabdingbare Voraussetzung* für das Funktionieren des kapitalistischen Systems.

Hans Matthöfer, 1978 bis 1982 deutscher Finanzminister, hat es schon damals zutreffend formuliert: „Unsere Wirtschaft ist auf niedrigeres oder gar ‚Nullwachstum' nicht eingestellt, Wachstumsstillstand bedeutet Massenarbeitslosigkeit und damit den katastrophalen wirtschaftlichen Zusammenbruch der Bundesrepublik Deutschland."[24]

Wachstum der Einkommen

Die *Volkswirtschaftliche Gesamtrechnung* weist pro Jahr aus, welche Bruttoeinkommen im Ergebnis der nationalen Wirtschaftstätigkeit im Volk aufgeteilt werden konnten. Dieses *Volkseinkommen* liegt in der Größenordnung von etwa 75 Prozent des BIP und setzt sich aus zwei Bestandteilen zusammen: Einkommen aus Erwerbsarbeit (*Arbeitnehmerentgelt*) sowie *Unternehmens- und Vermögenseinkommen*. Das Verhältnis von Arbeitnehmerentgelt zum Volkseinkommen heißt *Lohnquote*, der Rest bis 100 Prozent des Volkseinkommens heißt *Gewinnquote*. Die Unternehmens- und Vermögenseinkommen umfassen – wie der Name schon sagt – auch Ertragseinnahmen aus Zinsen, Dividenden, Nettopachten, Kursgewinnen und sonstigen Ausschüttungen: *Renditen*. Allerdings vermischen die ausgewiesenen Zahlen dabei „ohne Skrupel" (*Dirk Löhr*) sowohl leistungslos erzielte Einkünfte (Renditen) als auch durch Leistung erbrachte Einkünfte (z. B. Unternehmerlohn).

Das Wachstum des Volkseinkommens entwickelt sich proportional zum BIP und demnach linear. Dabei pendelt die Lohnquote bei rund zwei Dritteln des Volkseinkommens, die

ein Drittel des Volkseinkommens für Vermögende

Gewinnquote dementsprechend bei einem Drittel. In Zahlen: 1970 betrug die Lohnquote 65,6 % (Gewinnquote 34,4 %), 2011 lag die Lohnquote bei 67 % und die Gewinnquote also bei 33 %.[25] Abbildung 7 zeigt die Entwicklung von 1970 bis 2010 in 5-Jahres-Schritten. Wir sehen in den 1990er-Jahren einen vorübergehenden Anstieg der Lohnquote auf 73,2 % (entsprechend sank damals die Gewinnquote), in den 2000er-Jahren fällt dann die Lohnquote wieder.

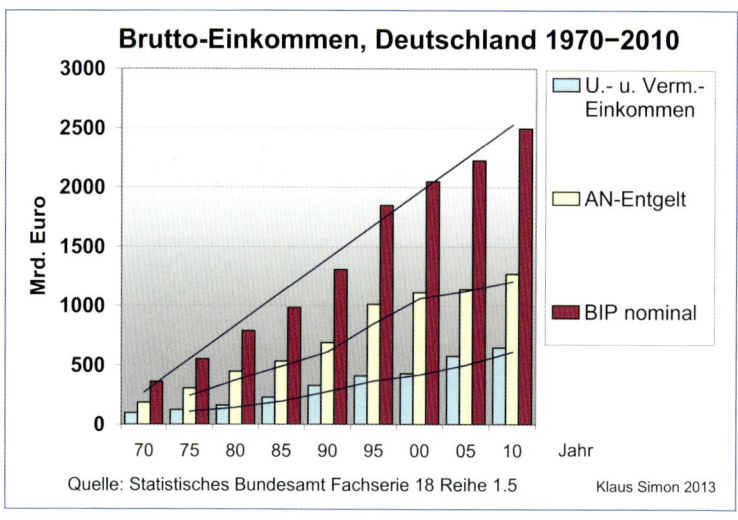

Abb. 7: Bruttoeinkommen

Geldvermögen wachsen viel stärker als das BIP

Es ist also nicht so, dass sich Unternehmer und Kapitaleigner Jahr für Jahr ein immer größeres Stück vom Bruttokuchen abschneiden. Von Schwankungen abgesehen lag das Stück seit 1970 immer bei rund einem Drittel oder darunter (real netto sieht die Sache anders aus, dazu mehr in 2.2). Wenn nun die Minderheit der Unternehmer und Kapitaleigner jährlich ein Drittel des Volkseinkommens vereinnahmt, wird sie daran allerdings unvergleichlich reicher werden als die große Mehrheit, die unter sich zwei Drittel aufteilt. Auch wenn also der Einkommensanteil der Kapitaleigner nur moderat wächst (proportional zum BIP), werden deren Vermögen enorm wachsen, da dieser Einkommensanteil hoch ist: Es entsteht ein immer größerer Haufen. Und dieser Effekt wirkt umso stärker, je mehr Geld nach Abzug der Konsumkosten noch übrigbleibt und nun verliehen („angelegt") werden kann.

Wer sein Geld verleiht, ermöglicht anderen Vorteile. Dies rechtfertigt nach allgemeiner Auffassung eine Belohnung, die an den Verleiher zu entrichten ist: *Zins*. Wird der erhaltene Zins dem Grundbetrag zugeschrieben, entsteht der *Zinseszinseffekt*. Er führt zu exponentiell wachsenden Erträgen. Dabei verdoppelt sich der Bestand in regelmäßigen Zeitabschnitten: 2, 4, 8 ,16... Die Verdopplungsrate errechnet sich näherungsweise aus 72:Zinssatz. Beispiel: eine Anlage von 100 Euro verdoppelt sich bei 10 Prozent Zins alle 7,2 Jahre (Abbildung 8).

exponentielles Wachstum bei Zinseszinseffekt

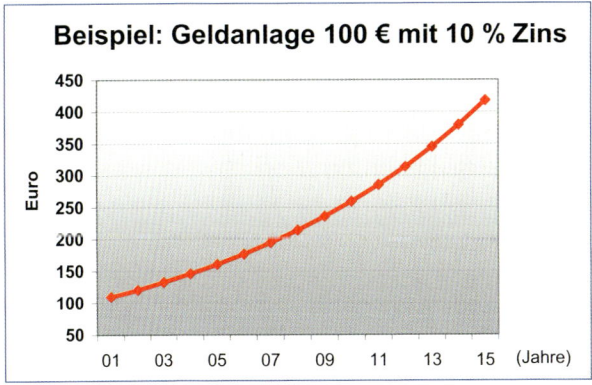

Abb. 8: Geldanlage 100 €

Demnach müssen die Vermögen der Reichen viel stärker wachsen als die aller anderen, und für die einzelnen Sektoren der Volkswirtschaft wäre ein ungleiches Vermögenswachstum zu erwarten: das größte Wachstum dort, wo das meiste Kapital ist. Mal sehen, ob das stimmt.

Wachstum der Vermögen

Der Vermögenszuwachs verteilt sich auf Sach- und Geldvermögen, beide Größen zusammen bilden das Gesamtvermögen. Das *Statistische Bundesamt* weist die Vermögen nach einzelnen Sektoren der Volkswirtschaft aus: Staat, nichtfinanzielle Kapitalgesellschaften, finanzielle Kapitalgesellschaften und private Haushalte (nach dem Europäischen System *ESVG95* werden bei den privaten Haushalten auch die Vermögen von privaten Organisationen ohne Erwerbszweck mit erfasst).[26]

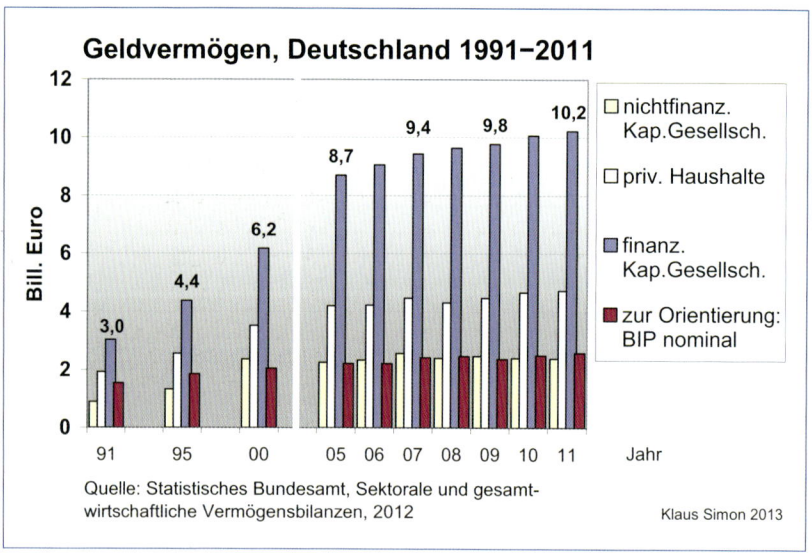

Abb. 9: Geldvermögen D

Abbildung 9 zeigt die Geldvermögen Deutschlands in drei Sektoren. Während die Geldvermögen privater Haushalte wachsen und die der Realindustrie allmählich stagnieren, schießen die der finanziellen Kapitalgesellschaften in die Höhe, allein von 1995 bis 2007 um 5 Billionen Euro!

Bestandsgrößen wie Finanzanlagen und Stromgrößen wie das Bruttoinlandsprodukt lassen sich nicht direkt vergleichen. Dennoch ist die Gegenüberstellung hinsichtlich der Größenordnung informativ: Die Geldvermögen der finanziellen Kapitalgesellschaften entfernen sich immer mehr von der BIP-Größenordnung.

Geldvermögen wachsen viel stärker als das BIP

Internationale Entwicklung

Werfen wir noch einen kurzen Blick auf internationale Daten. Zunächst das BIP: Die Wirtschaft der westeuropäischen Länder ist von 1950 bis 2000 linear gewachsen, die der USA ganz schwach exponentiell. In Ostasien dagegen gibt es seit den 1960er-Jahren deutlich exponentielles Wirtschaftswachstum. Das weltweite BIP (auch *Bruttoweltprodukt, BWP*) weist dadurch bis 2008 ein insgesamt schwach exponentielles Wachstum auf.[27] In den letzten Jahren bestätigt sich dieser Trend nicht mehr. Trotz weiterhin exponentiellen Wachstums in Ostasien flachen die weltweiten BIP-Daten derzeit ab und erreichen 2012 nominal 71,7 Billionen US-Dollar.[28]

Das weltweite Brutto-Geldvermögen der privaten Haushalte (Bankeinlagen, Wertpapiere sowie Ansprüche aus Versicherungen und Pensionen) ist 2001 bis 2012 um durchschnittlich 4,6 Prozent pro Jahr gewachsen und hat nun die Höhe von 111,2 Billionen Euro erreicht.[29] Die globalen Finanzanlagen aller Sektoren stiegen noch viel stärker: Sie sind von 1980 bis 2007 um das fast 17-Fache gewachsen. Erst danach stagnierte die Entwicklung, dennoch konnten die Verluste der Finanzkrise ausgeglichen werden. Abbildung 10 zeigt dies anhand von Daten des *McKinsey Global Institute*. Auch international ist wiederum das Auseinanderdriften von Geldvermögens- und BIP-Größenordnung auffällig; was 1980 noch beieinander lag, ist 2010 meilenweit entfernt.

das weltweite Anlagevermögen wächst viel stärker als das weltweite BIP

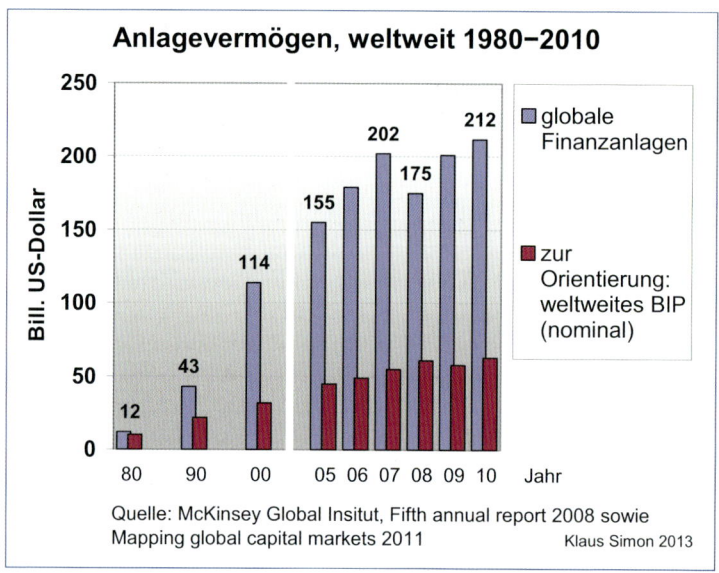

Abb. 10: Globale Finanzanlagen

Warum entwickelten sich die globalen Finanzanlagen von den
1980er-Jahren bis Mitte des letzten Jahrzehnts derart explosiv?
Und warum trat dann eine Beruhigung ein? Allein mit Zins-
effekten sind der rasante Anstieg und das spätere Abflachen
nicht zu erklären (auch Mitte der 1980er-Jahre gab es eine
Niedrigzinsphase). Was also geschah nach 1980?

1.4 – Globaler Finanzmarktkapitalismus
Finanzindustrie

völlig neue
Form des
Systems

Das Aufkommen des bislang ungekannten Wortes *Finanzindustrie* markiert eine neue Stufe in der Evolution des
kapitalistischen Systems. Während bis in die 1980er Jahre
ein Beziehungsgeflecht zwischen Unternehmen und kredit-
gebenden Banken die Realökonomie dominierte, sind es nun

zunehmend die globalen Finanzmärkte.[30] Dabei weist das Gesamtsystem neue Merkmale auf:

- *Veränderte Wertschöpfungsstruktur:* In der klassischen Industriegesellschaft wurden rund drei Viertel des BIP durch materielle Produktion erwirtschaftet, noch 1961 waren es in Deutschland 55,7 %.[31] Dieser Anteil ist bis 2011 enorm gesunken: Deutschland 26,2 %, Großbritannien 16,5 %, Frankreich 12,6 %.[32]

  Industrieproduktion nur noch ein Viertel oder weniger

- *Veränderte Rangfolge der Märkte:* Im klassischen Industriekapitalismus hatte der Gütermarkt eine zentrale Stellung, andere Märkte wie etwa der Kreditmarkt oder der Arbeitsmarkt hingen von ihm ab. Heute dagegen bestimmen die Finanzmärkte die Abläufe auf allen anderen Märkten. Nicht mehr der Bankkredit, sondern die Aktie ist das beherrschende Finanzierungsinstrument geworden.[33] Die anonymen Akteure der Finanzmärkte – Großaktionäre, Vermögenseigner, Spekulanten usw. – kontrollieren nunmehr Wirtschaft und Gesellschaft.

Der Begriff *Finanzindustrie* umfasst ein breites Spektrum: von herkömmlichen Banken und Versicherungen über Pensions- und Hedgefonds bis hin zu außerbörslich tätigen Finanzakteuren oder Ratingagenturen usw. Der vielschichtige und hochgradig vernetzte Finanzindustriekomplex ist einzig damit befasst, aus Geld noch mehr Geld zu machen. Dieser Gedanke ist ja nicht neu. Dennoch wird nun eine neue Qualität erreicht. Im klassischen Bankgeschäft haben Finanzgewinne wenigstens noch irgendwie mit realer Wertschöpfung zu tun (welche der Bankkredit in der Volkswirtschaft ja erst ermöglicht). Die Gewinne der Finanzindustrie dagegen stellen nur noch Wert*ab*schöpfung dar, ohne dass dabei auch nur ansatzweise irgendein Wert *ge*schöpft würde: Ein „Nullsummenspiel, bei dem Gewinne nicht mehr durch Innovation und Wachstum, sondern nur noch durch Umverteilung von unten nach oben erzielt werden."[34]

Finanzgewinne ohne jede Wertschöpfung

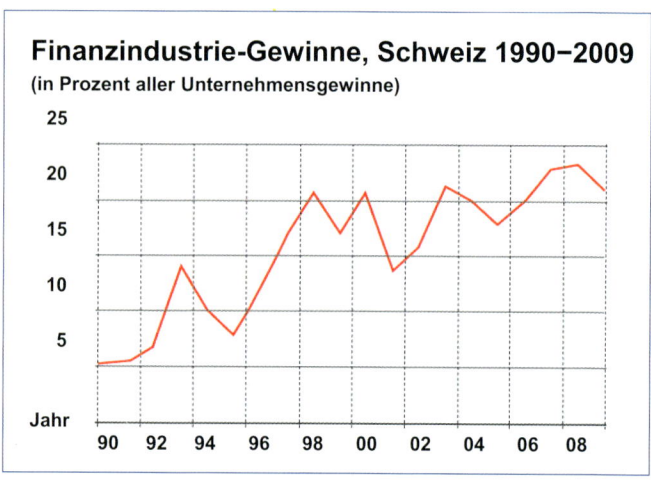

Abb. 11: Finanzindustrie Schweiz[36]

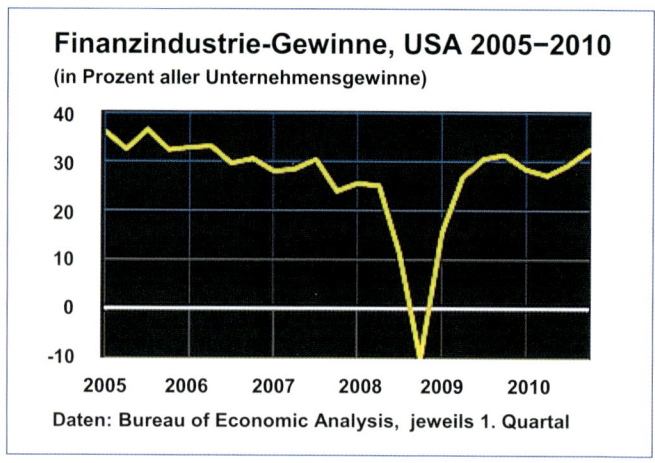

Abb. 12: Finanzindustrie USA[37]

In Deutschland entfiel 2010 auf die Finanzindustrie ein Anteil
von 15 Prozent aller Brutto-Unternehmensgewinne (76,6 Mil-

liarden Euro).[35] In der Schweiz entwickelte sich dieser Anteil in die 20-Prozent-Region (Abbildung 11). In den USA liegt er sogar im 30-Prozent-Bereich (Ausnahme Finanzkrise), 2010 waren das 427 Milliarden Dollar (Abbildung 12)!

Schattenbanken

Schattenbanken agieren wie Investmentbanken – jedoch außerhalb der Bankenbilanzen. Typische Beispiele sind Hedgefonds oder Zweckgesellschaften zur Verbriefung (*Conduits*). Sie entziehen sich dem Blick der Bankenaufsicht und oft auch noch dem Blick der Steuerbehörden: Über 60 Prozent der Hedgefonds-Standorte entfallen allein auf die Cayman-, Virgin- und Bermudainseln.[38] Und auch Conduits sitzen gern in Steuerparadiesen. Dort ist es schön …

Banken außerhalb der Aufsichtsregeln

Es gibt drei Gründe, welche das Zusammenwirken von Banken und Schattenbanken interessant (und gefährlich) machen:

- Schattenbanken können unbehelligt von Regulierungsvorschriften hohe Risiken eingehen. Sie können all das machen, was Banken nicht dürfen.
- Banken können Kreditbestände in Schattenbanken auslagern, d. h. aus ihren Bilanzen ausgliedern. Damit wird die vorgeschriebene Eigenkapitalabsicherung dieser Bestände umgangen (oft gerade auch bei Risikobeständen).
- In Zweckgesellschaften zur Verbriefung werden Kreditbestände zu handelbaren Wertpapieren gebündelt (*Asset Backed Securities, ABS*), deren Wert auf erwarteter Kreditrückzahlung beruht. Ganze Verbriefungskaskaden (Wertpapiere von Wertpapieren von Wertpapieren) führen in die „völlige Loslösung der erzeugten Wertpapiere von den zugrunde liegenden Einzelkrediten"[39] – samt deren Rückzahlungswahrscheinlichkeit. Das bedeutet, Verbriefung streut zwar die Risiken, macht sie zugleich aber völlig unkenntlich.

Schattenbanken verwalten 67 Billionen Dollar

Der *Finanzstabilitätsrat (FSB)* schätzt das Bilanzvolumen des globalen Schattenbanksystems per 2011 auf 67 Billionen Dollar, das entspricht etwa einem Drittel des regulären Finanzsektors weltweit.[40] Der Anteil deutscher Schattenbankeneinheiten wird von der *Bundesbank* als „eher klein" eingestuft. Ihr Vermögen betrug 2012 ca. 1,3 Billionen Euro oder 15 Prozent der Bilanzsumme des regulären Bankensektors. Dennoch: „Das deutsche Finanzsystem ist stark mit dem globalen Schattenbankensystem verknüpft",[41] weshalb sich Probleme des globalen Schattenbankensektors auch auf Deutschland auswirken.

Interbankengeld

Interbankengeld gehört nicht zur Geldmenge

Für die Finanzindustrie sind jene Geldbestände von besonderer Bedeutung, die zusätzlich zur volkswirtschaftlichen Geldmenge bestehen. Man nennt sie Interbankforderungen und -verbindlichkeiten, Interbankengiralgeld oder einfach *Interbankengeld*.[42] Interbankengeld ist strikt vom Begriff *Geldmenge* geschieden:[43] „Als Geldmenge bezeichnet man den Geldbestand in Händen von Nichtbanken. Guthaben von Banken werden nicht dazugezählt." Und auch der Begriff *Giralgeld* bleibt klar auf den Nichtbankensektor beschränkt: „Dabei handelt es sich vor allem um täglich fällige Einlagen (,Sichteinlagen') sowie Termin- und Spareinlagen von ,Nichtbanken', d. h. Wirtschaftsunternehmen, öffentlichen Institutionen und Privatleuten." Bei Geld, das innerhalb des Bankensektors zirkuliert, spricht man dagegen von Interbankengeld. Abbildung 13 zeigt das Verhältnis von Interbanken- und Giralgeld anhand der Bilanz des deutschen Bankensektors:

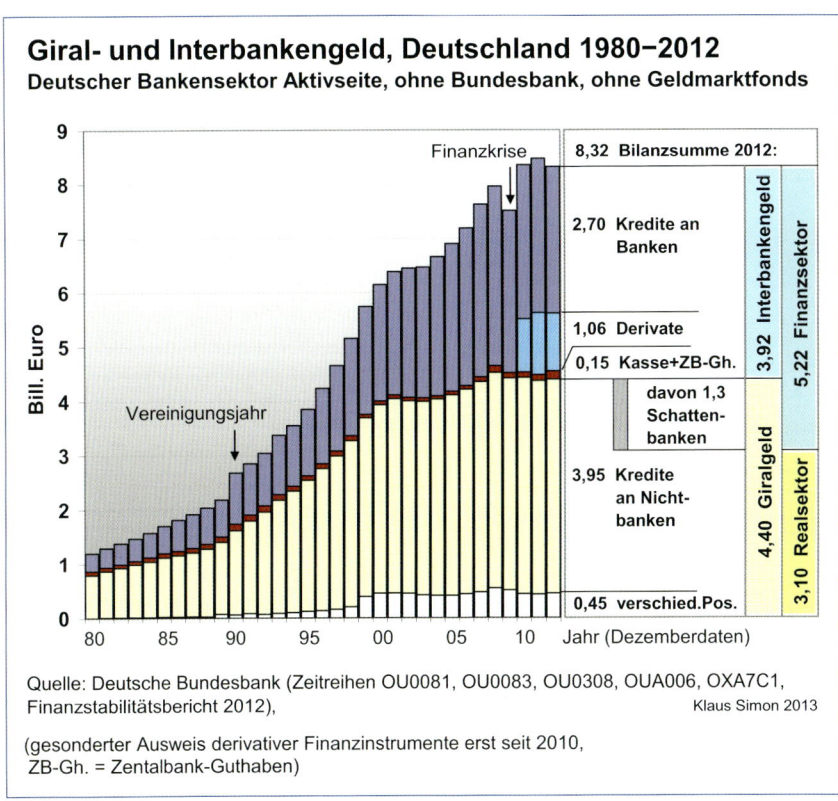

Giral- und Interbankengeld, Deutschland 1980–2012
Deutscher Bankensektor Aktivseite, ohne Bundesbank, ohne Geldmarktfonds

Finanzkrise

8,32 Bilanzsumme 2012:

2,70 Kredite an Banken

1,06 Derivate

0,15 Kasse+ZB-Gh.

davon 1,3 Schatten-banken

3,95 Kredite an Nicht-banken

0,45 verschied.Pos.

3,92 Interbankengeld
5,22 Finanzsektor
4,40 Giralgeld
3,10 Realsektor

Vereinigungsjahr

Bill. Euro

80   85   90   95   00   05   10   Jahr (Dezemberdaten)

Quelle: Deutsche Bundesbank (Zeitreihen OU0081, OU0083, OU0308, OUA006, OXA7C1, Finanzstabilitätsbericht 2012),

Klaus Simon 2013

(gesonderter Ausweis derivativer Finanzinstrumente erst seit 2010, ZB-Gh. = Zentalbank-Guthaben)

Abb. 13: Interbankengeld

Wir sehen mit Verblüffung, dass zusätzlich zur Geldmenge eine weitere Menge Interbankengeld in gleicher Größenordnung existiert, die gar nicht in die Volkswirtschaft gelangt. Diese Menge ist von 1980 bis 2012 auf das 11-Fache aufgebläht worden und umfasst nunmehr 3,92 Billionen Euro. Dem steht ein Giralgeldanteil von 4,40 Billionen gegenüber, von dem aber 1,3 Billionen auf die Schattenbankenbilanz entfallen (s. o.). Somit umfasst der Finanzsektor ein Volumen von 5,22

fast so viel Interbankengeld wie Geldmenge

Billionen, während dem Realsektor ganze 3,10 Billionen Euro zur Verfügung stehen.

Die Kreditmittel des Finanzsektors dienen überwiegend der Spekulation. Doch auch im Realsektor wird ein Gutteil der Nichtbankenkredite zu Spekulationszwecken verwendet. 59 Prozent des Geldvermögens der deutschen Realindustrie bestehen aus Wertpapieren (1,41 Billionen Euro).[44] Unterstellt man vom verbleibenden Rest des Realsektors wiederum die Hälfte als Spekulationskapital (Großvermögen von Privatpersonen und Kommunen), so wären auch im Realsektor rund 2,26 Billionen Euro zu Spekulationszwecken eingesetzt.

---

durch Hebeln
von Krediten

Wie konnte das Interbankengeld derart wachsen? Kundeneinlagen scheiden als Quelle aus, denn die werden – über den gesamten Bankensektor gesehen – in nahezu gleicher Höhe als Kredite an Nichtbanken wieder ausgereicht (vgl. Abbildung 2). Speist sich die riesige Menge Interbankengeld also aus Zentralbankkrediten? Nein, denn die Summe aller *EZB*-Kredite an Banken sämtlicher Mitgliedstaaten lag 11/2012 bei nur 1,35 Billionen Euro.[45] Das Interbankengeld wird vielmehr per Kredit geschaffen, indem auf ein Kreditguthaben erneut Kredit aufgenommen wird – und so immer weiter. Beispiel:

A-Bank hat 100.000 Einheiten Geldkapital. Davon kauft sie Wertpapiere in Höhe von 100.000 und nimmt auf deren Deckung 80.000 Kredit bei B-Bank. Davon kauft A-Bank wiederum Papiere, auf die sie von C-Bank 64.000 Kredit erhält, für die sie nochmals Papiere kauft. Macht zusammen 244.000 an Wertpapieren sowie 144.000 Kreditschuld bei B- und C-Bank. A-Bank hat ihr Kapital von 100.000 auf 244.000 gehebelt – ohne dazu einen einzigen Cent zu be-

nötigen. Das Beispiel funktioniert, solange die Erträge aus zusätzlichen Wertpapieren in Höhe von 144.000 größer ausfallen als der Kapitaldienst für 144.000 Geldeinheiten Kreditschuld. Jahrelang funktionierte dieses Strickmuster gut.

Den Aufbau einer solchen Kreditkaskade nennt man Hebeln von Krediten (*Leverage-Effekt*). Wie in einem Schneeballsystem lässt sich der Kredithebel vielfach hintereinander nutzen; die Hebelrate errechnet sich aus dem Verhältnis von Bilanzsumme zu Eigenkapital. Kurz vor der Finanzkrise hatten sich auf diese Weise Interbankkredite in Höhe von 3,31 Billionen Euro aufgetürmt, deren Guthaben überwiegend zur Spekulation eingesetzt wurden. Die Hebelraten waren enorm, z. B. 59 (!) bei der Deutschen Bank (Tabelle 1):

Hebelraten deutscher Banken Mitte 2008

	Bilanzsumme Mrd. Euro	Eigenkapital Mrd. Euro	Hebelrate
BayernLB	415,6	11,5	36,1
Helaba	174,4	4,8	36,4
Commerzbank	615,2	15,4	39,9
HSH Nordbank	204,4	4,3	47,5
WestLB	267,8	5,1	52,5
Postbank	228,6	4,3	53,2
LBBW	500,4	8,7	57,8
Deutsche Bank	1990,7	33,7	59,1
Summe	4397,4	87,8	50,1

Quelle: Joachim Jahnke, Grafik 03802

Tab. 1: Hebelraten

Die Kette der gehebelten Kredite ist gefährlich, weil die Kreditbesicherung oft auf erwartetem Spekulationsgewinn beruht, und der ist eben nie ganz sicher. Fällt eines der hintereinandergereihten Kettenglieder aus, stürzt der Rest der Kette ab. Wie groß das Ausfallrisiko tatsächlich ist, hat die Finanzkrise gezeigt.

Globalisierung

weltweite Arbeitsteilung

Der Begriff *Globalisierung* beschreibt den fortschreitenden Prozess der weltweiten Arbeitsteilung,[46] im weiteren Sinne auch den Prozess der weltweiten Verflechtung von Wirtschaft, Politik und Kultur. Ökonomisch ist der Prozess gekennzeichnet durch den Abbau von Handelsschranken, weltweit agierendes Kapital sowie neue Transport- und Kommunikationstechnologien. Ohne Internationalisierung hätte der Finanzmarktkapitalismus in seiner globalen Form nicht Fuß fassen können. In den 1990er-Jahren wurde die Liberalisierung der Kapitalmärkte weltweit vorangetrieben. Schon bald konstatierte der *IWF* eine enorme Zunahme der internationalen Kapitalströme, die seitdem rund um den Globus profitable Anlagen suchen.

Nach Joachim Jahnke, ehemals Vizepräsident der Europäischen Bank für Wiederaufbau und Entwicklung in London, lag 2007 der Handel von Hedgefonds-Kapital bei weltweit 1.100 Milliarden, der Währungshandel bei 1.900 Milliarden und der Derivatehandel bei 3.859 Milliarden US-Dollar täglich. Zum Vergleich: Der weltweite Warenverkehr umfasste 2007 einen Wert von 26 Milliarden US-Dollar pro Tag. Nur weniger als 0,5 Prozent aller Kapitalbewegungen hatten noch mit realen Gütern zu tun, alles andere war Spekulation![47]

Auch beim Warenhandel zeigt sich eine zunehmende Internationalisierung: 1960 bis 2011 stieg die Weltwarenproduktion um Faktor 5,5, der Warenexport aber um Faktor 15,7.[48] Und die transnationalen Unternehmen exportieren nicht nur, wohin sie wollen. Sie fertigen nun auch, wo sie wollen. Damit erzielen sie zusätzliche Gewinne, unter anderem durch lange Wertschöpfungsketten (sog. Spezialisierungsgewinne) und durch Auswahl kostengünstiger Standorte. Abbildung 14 zeigt die Auslandsinvestitionen deutscher Unternehmen.

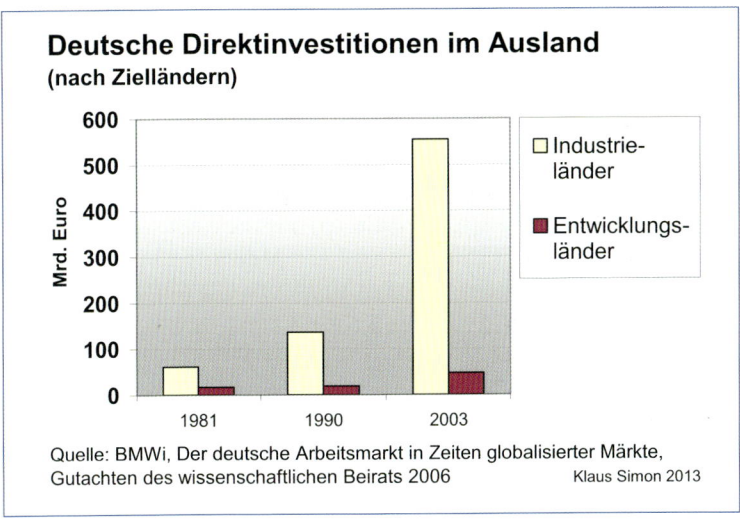

Abb. 14: Auslandsinvestitionen

Das Auslandsengagement blieb nicht ohne Folgen. Nach einer *IXIS*-Analyse hatten bereits 2006 die 40 größten multinationalen Unternehmen weltweit nur 41 Prozent des Umsatzes und 45 Prozent ihrer Belegschaft im jeweiligen Heimatland. Bei den *DAX30*-Unternehmen entfiel im gleichen Jahr nur noch ein Drittel des Umsatzes auf Deutschland.[49]

nur noch ein Drittel des Umsatzes im Heimatland

Dass die gesellschaftliche Entwicklung seit den 1980er-Jahren im globalen Finanzmarktkapitalismus mündet, ist

*weder zufällig noch umkehrbar. Es ist dies die Folge der
zunehmenden Macht des Finanzsektors sowie neuer
Transport- und Informationstechnologien, die ein weltweit verflochtenes Agieren ermöglichen. Nicht zuletzt
stand auch die Politik Pate, welche die Liberalisierung der
Märkte bereitwillig vollzog. Mittlerweile bereuen manche
Politiker ihre Mitwirkung und würden das Rad am liebsten
zurückdrehen. Doch der Geist ist aus der Flasche.*

Unterinvestition
und immer mehr
Wertpapiere

Bei alledem ist die Realindustrie stark mit der Finanzindustrie verflochten, und die spöttische Bezeichnung „Bank mit
angeschlossener Produktion" ist für große Unternehmen oft
zutreffend. Das Geldvermögen der deutschen Realindustrie
stieg von 1991 bis 2011 zulasten des Sachvermögens von 31,9
auf 41,8 Prozent. Das sind 2.386 Milliarden Euro per 2011,
davon entfallen allein 1.408 Milliarden auf Wertpapiere.[50] Die
Folge ist *Unterinvestition*. „So hatte Deutschland in den Jahren
2003 und 2004 die niedrigste Nettoinvestitionsquote unter allen *OECD*-Ländern. Und im Jahr 2005 lagen die inländischen
Nettoinvestitionen mit einem Wert von nur 57 Mrd. Euro
gerade einmal bei zwei Dritteln der Nettokapitalexporte, die
85 Mrd. Euro betrugen."[51]

*„Rund ein Viertel ihrer Gewinne (24 Prozent) erzielen die
Kapitalgesellschaften aus Vermögenseinkommen. Statt in
neue Produktionsanlagen oder in Forschung und Entwicklung zu investieren, werden Betriebsüberschüsse immer
stärker auf den internationalen Finanz- und Kapitalmärk-
ten angelegt."[52]*

Zunehmende Machtkonzentration

147 Konzerne kontrollieren die Welt

Das internationale Geflecht von Real- und Finanzindustrieunternehmen weist eine starke Tendenz zur Machtkonzentration auf – dies belegt eine Studie der *ETH Zürich*:[53] Aus 37 Millionen Unternehmen und Investoren weltweit (Stand 2007) wurden insgesamt 43.060 international tätige Unternehmen ermittelt. Unter diesen sind 1.318 Konzerne, die im Durchschnitt mit 20 weiteren Unternehmen über Beteiligungen verbunden sind und 80 Prozent der internationalen Umsätze kontrollieren. Von diesen wiederum üben nur 147 Konzerne eine rund 40-prozentige Kontrolle über alle international tätigen Unternehmen aus; drei Viertel von ihnen sind Finanzinstitute.

Unter den 50 einflussreichsten Superunternehmen sind 49 Finanzkonzerne – ein exklusiver Club von Banken, Fondsgesellschaften und Versicherungen. „Angeführt wird die Macht-Rangliste von der britischen Barclays Bank. Die UBS ist die Nummer 9, die Deutsche Bank die 12 und Credit Suisse die 14."[54] Das einzige Nicht-Finanzunternehmen ist die China Petrochemical Group (Rang 50), von den klassischen Industrieunternehmen ist keines dabei.

Seit 2007 hat sich dieser Konzentrationsprozess noch fortgesetzt. Er ist eher nicht das Ergebnis gezielter Verschwörung, denn sein „Entstehen lässt sich ganz normal durch Marktmechanismen erklären. So gehören gegenseitige Beteiligungen zu den gängigen Anti-Übernahme-Strategien."[55]

Einer dieser anonymen Allherrscher ist die New Yorker Investmentfirma *BlackRock*. Sie verwaltet ein Vermögen von 3,65 Billionen Dollar und übernimmt für zehn Billionen Dollar Investorenkapital Finanzdienstleistungen weltweit. Keine Großbank beherrscht so viel Kapital. *BlackRock* hält über Fonds und Gesellschaften Anteile an ziemlich allen namhaften deutschen Unternehmen. „Nahezu unbemerkt von der Öffentlichkeit ist

BlackRock zu einem Großeigentümer der Deutschland AG geworden."[56] In Tabelle 2 sehen wir eine Auswahl:

BlackRock-Anteile in Deutschland	
BASF	6,7 %
Heidelberg Cement	6,7 %
E.ON	6,5 %
Merck	6,3 %
Allianz	6,2 %
Daimler	5,7 %
Lufthansa	5,7 %
K+S KALI	5,5 %
SAP	4,7 %
MAN	4,6 %
RWE	4,5 %
Technologiekonzern Linde	4,3 %
Thyssen Krupp	3,7 %
Rhön-Klinikum	3,4 %
Volkswagen	2,1 %
Siemens	1,9 %
Quelle: Handelsblatt 1.6.2011	

Tab. 2: BlackRock-Anteile

1.5 – Woher kommen Finanzindustrie-gewinne?

In der Finanzindustrie entsteht *Gewinn ohne Mehrwert*. Es gibt also keinen Mehrwert zu verteilen, und so können die Gewinne der einen nur aus den Verlusten der anderen bestehen. Oft ist zu lesen, dass die Finanzindustrie in einer separaten Sphäre agiere: von der realen Welt abgekoppelt. Das stimmt jedoch nicht ganz. Zwar wechselt Kapital zunehmend im Finanzsektor den Besitzer. Dies aber hat erhebliche Folgen für die Realsphäre.

Aktien

Aktienbesitz garantiert einen Anteil an einer Aktiengesellschaft nebst entsprechenden Mitgliedschaftsrechten. Aktien dienen der AG zur Eigenkapitalbeschaffung, der Überlasser des Kapitals erhält dafür Rendite. Sie treten in Form von Nennwertaktien (z. B. in Euro) oder Stückaktien auf (Beteiligung am Grundkapital ohne Nennbetrag). Aktien haben den Charakter *fiktiven Kapitals*: Sie verbürgen einen Rechtsanspruch auf *erhofften Ertrag*. Ihr Marktwert gemäß Börsenkurs spiegelt die öffentliche Erwartung künftiger Renditen und Kursgewinne wider. Von 2007 auf 2008 ist Aktienkapital im Wert von 31 Billionen Dollar (!) vernichtet worden.[57] „Diese hohen Wertberichtigungen für Aktienkapital stehen logischer Weise in keinem konsistenten Zusammenhang mit gleichlaufenden Wertänderungen von Sachkapital in der Realsphäre der Produktion – es handelt sich um bloße Preisänderungen für Eigentumstitel (,fiktives Kapital') […].“[58]

Der Kurs vieler Finanztitel und insbesondere auch vieler Aktien war vor der Krise überbewertet – eben *fiktiv*. Nach dem Verlust 2008 hatten manche Aktionäre allerdings *real* ihr Geld verloren. Sehr reale Auswirkungen bestehen auch für eine AG mit fallendem Aktienkurs: Sie kann sich am Markt nur noch schwer Kapital beschaffen und ist akut übernahmegefährdet. Der Marktwert der Aktien bestimmt den Marktwert der AG, nicht die Produktivität.

fiktives Kapital

Derivate, Zertifikate

Derivat (lat. *derivare*: „ableiten“) ist ein Überbegriff für Finanzprodukte, deren Kursentwicklung sich von der Wertentwicklung anderer Produkte ableitet. Man unterscheidet sog. Hebelprodukte und Zertifikate (Letztere bilden den weitaus größten Teil der Derivate). Jedem Zertifikat liegt ein Basiswert zugrunde (*Underlying*). Die gebräuchlichsten Basiswerte sind Aktien, Zinsen, Rohstoffpreise oder Währungen.[59] Rückzahlung und Ertragszahlung des Zertifikates hängen von der Entwicklung des vereinbarten Basiswertes ab. Das ist wie bei einer Wette, zum Beispiel:

Mit einem Zertifikat auf Aktienentwicklung wird man eine Ertragszahlung erwarten, falls der Basiswert am Stichtag die im Zertifikat vereinbarte Bedingung erfüllt, z. B. der betreffende Aktienkurs um 10 Prozent gefallen ist.

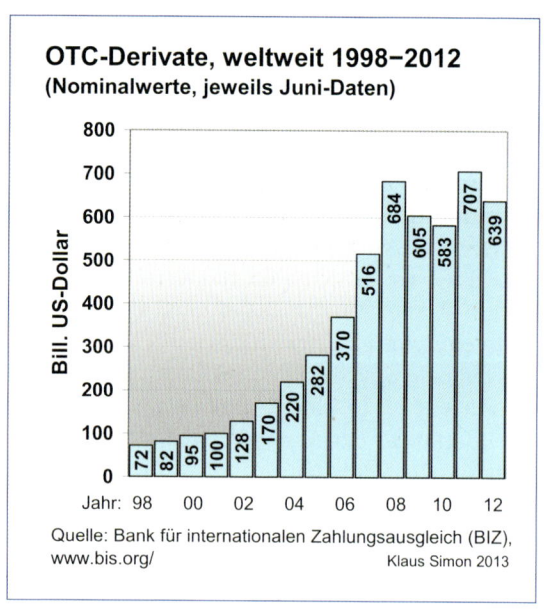

Abb. 15: Derivatebestand

Derivate werden zum Teil an Terminbörsen gehandelt, überwiegend aber direkt zwischen den Marktteilnehmern: *OTC* (*over the counter*). Das Gesamtvolumen der OTC-Derivate besteht hauptsächlich aus Zins- und Devisengeschäften und lag 2012 bei astronomischen 639 Billionen (!) US-Dollar (Abbildung 15). Dabei handelt es sich allerdings um Nominalwerte. Sie ergeben sich aus den zugrunde liegenden Basiswerten und entsprechen *nicht* der Geldsumme, die bei Ablauf der Kontrakte fällig wird. So viel Geld gibt es gar nicht.

Derivate funktionieren wie Wetten

Eine Sonderform der Derivate sind Kreditausfallsicherungen (*Credit Default Swaps, CDS*). Sie sind im Grunde eine ebenso vernünftige Sache wie Gebäudeversicherungen. Doch kurioserweise kann man CDS auch für „Gebäude" abschließen, die man gar nicht besitzt (sog. *nackte CDS*). Das heißt, man gewinnt, falls „einem anderen das Haus abbrennt". So lässt sich beispielsweise auf den Bankrott eines Unternehmens oder Staates wetten, Letzteres ist seit November 2012 im Euroraum verboten.[60]

Lehman Brothers hatte zum Zeitpunkt der Insolvenz einen CDS-Bestand von nominal 365 Milliarden Dollar in den Büchern. Analysten rechneten jedoch damals nach Aufrechnung der beteiligten Gegenpositionen und Absicherungen mit einer Auszahlung von nur 8 Milliarden Dollar: ganze zwei Prozent der Nominalsumme.[61] Die *Bank für Internationalen Zahlungsausgleich (BIZ)* veröffentlicht halbjährlich eine Schätzung des Bruttomarktwerts aller OTC-Derivate nach Gegenrechnung bilateraler Vereinbarungen (*Gross Credit Exposure*). Dieser Wert betrug im Juni 2012 3,7 Billionen bei 639 Billionen US-Dollar Nominalwert.[62] In Abbildung 15 wäre das ein kaum wahrnehmbarer Strich, in der Realität aber sind 3,7 Billionen Dollar kreuzgefährlich viel Geld. Derivate sind „finanzielle Massenvernichtungswaffen" (*Warren Buffett*),[63] und die Aussicht einer Kettenreaktion durch Zahlungsverzug aus CDS-Kontrakten „hängt wie ein Damoklesschwert über dem Markt" (*George Soros*).[64]

ein Damoklesschwert

> *Sogar auf den eigenen Untergang wird gewettet: Bei zwei Commerzbank-Papieren konnten die Anleger 2011 Gewinn erwarten, falls die Commerzbank-Aktie auf das Niveau unter 1 Euro fallen würde (2006 war sie noch 25 Euro wert).*[65]
> *Das alles erscheint irgendwie absurd ...*

Hedgefonds und Private-Equity-Unternehmen

absolute Rendite ohne Wenn und Aber

Das erklärte Ziel von *Hedgefonds* (engl. *hedge*: „Hecke, Einfriedung; absichern") ist die „Erzielung der absoluten Rendite ohne Rücksicht auf wirtschaftliche oder soziale Komponenten und Folgen" (sog. *Absolut Return*).[66] „Da Hedgefonds keinen Anlagerichtlinien unterliegen und alle Formen der Kapitalanlage nutzen, zeichnen sich Hedgefonds durch ein höheres Risiko als normale Investmentfonds aus."[67] Sie agieren mit hohen Kreditanteilen professioneller Kapitalanleger. Mit dem eingesammelten Kapital übernehmen sie große Unternehmen. Sie „zerlegen diese aufgekauften Unternehmen und verkaufen sie, nachdem zuvor die Kredite der Hedgefonds den zerlegten Unternehmen aufgezwungen wurden."[68] *Private-Equity*-Firmen arbeiten nach demselben Prinzip, zeigen aber auch an mittelständischen und kommunalen Unternehmen Interesse. „Die angestrebten Gewinnraten sind mit 15 bis 40 % pro Jahr sehr hoch. Drei bis vier Jahre gelten als erstrebenswerter ‚Verwertungszyklus'."[69] In dieser Zeit erfolgen oft rigide Umstrukturierungen und Entlassungen. Am Ende wird verscherbelt, was noch übrig ist.

wie Heuschrecken

Die zutreffend als *Heuschrecken* bezeichneten Fonds stammen überwiegend aus den USA und Großbritannien. Sie kaufen gern in Deutschland ein, denn hierzulande haben Fonds gegenüber privaten Anlegern den Vorteil, „dass sie Beteiligungen sehr kurzfristig halten können, ohne Veräußerungsgewinne versteuern zu müssen."[70]

Bankerbezüge und der Zwang zur Kapitalverwertung

Die Renditeleistung von Hedgefonds liegt bei durchschnittlich 11 bis 14, maximal 21 Prozent (Stand 2004).[71] Solche Renditen, die zumindest anteilig an die Kunden weitergegeben werden, setzen die Realsphäre unter Druck, da dort nun ebenfalls höhere Renditen erwartet werden. Und die Sache hat noch einen weiteren Haken: „Um hochqualifizierte Spezialisten für das Management eines Hedgefonds gewinnen zu können, ist eine erfolgsabhängige Vergütung von 15 bis 20 % des erzielten Gewinns üblich.“[72] Nach ähnlichen Maßstäben zahlen auch die Investmentsparten des regulären Bankensektors, die ja ihre Spezialisten nicht verlieren wollen.

2007 verteilte Lehman Brothers 9,5 Milliarden Dollar Boni an seine Angestellten, Morgan Stanley 16,5 Milliarden. Und auch die Gehälter der Oberspezialisten sind nicht ganz schlecht: So verdiente Stephen Schwarzman, Gründer des US-Investors Blackstone, im Krisenjahr 2008 ungefähr 702 Millionen Dollar,[73] das sind 2,8 Millionen je Werktag.

Derartige Einkünfte gelten nicht als irgendwie daneben, sondern als Indikator erfolgreichen Managements. Manche Autoren sehen in dieser Praxis den Antrieb des Finanzmarktkapitalismus. In der Tat setzen die Bonuserwartungen jene treibende (bei Bedarf auch kriminelle) Kraft der Manager frei, die am Ende zu enormen Renditen führt. Der wirkliche Antrieb liegt jedoch im *Zwang zur Kapitalverwertung*. Versicherungs-, Pensions- und Publikumsfonds müssen das von ihnen verwaltete Vermögen auf Gedeih und Verderb mit Gewinn anlegen. Und es geht um wirklich viel Vermögen: Per 3. Quartal 2012 waren es insgesamt 84,1 Billionen US-Dollar, davon 33,6 Billionen Dollar allein in Pensionsfonds.[74] Folglich kommt alles was Rendite verspricht ins Visier: Rohstoffe, Nahrungsmittel, Im-

Kapitalverwertung auf Gedeih und Verderb

mobilien, Ackerland, regionale Wasservorräte – und natürlich auch Unternehmen.

Der Soziologe *Paul Windolf* nennt institutionelle Investoren wie Hedgefonds, Versicherungen und Pensionsfonds die *neuen Eigentümer*. In den USA hielten solche Investoren 1965 11 % des Aktienkapitals an den 1.000 größten Aktiengesellschaften, 2009 aber lag dieser Anteil bei 73 %! Und 40 % davon sind bei den 20 größten Fonds konzentriert, welche dementsprechend die Hauptversammlungen der AGs dominieren. In Deutschland ist es ähnlich: „Der Anteil dieser Investoren am Aktienkapital der Deutschen Bank beträgt 75 %, bei der Daimler AG sind es 69 %, [...].“ Sie nötigen die Unternehmen zur kurzfristigen Gewinnmaximierung; z. B. durch Aktienrückkaufprogramme, welche den Kurs der Restaktien erhöhen und aber die Rücklagen schmälern. Kommt es dann zu Verlusten, sind jene Eigentümer längst anderswo engagiert.[75] Institutionelle Investoren sehen sich gegenüber den Unternehmen nicht zur Loyalität verpflichtet. Sie röntgen deren Finanzindikatoren in kommerziellen Datenbanken, schöpfen ab was möglich ist und steigen danach aus. „Die Kontrolle, die durch Finanzmärkte ausgeübt wird, ist abstrakt, anonym und sachlich, d. h. sie erscheint nicht als persönliche Abhängigkeit, sondern durch anonyme und globale Marktkräfte vermittelt.“[76] Vorbei sind die Zeiten, da ein Unternehmer seine Firma durch den Sturm führte und Risiken übernahm. Die großen Unternehmen sind heute ein Spielball anonymer Fonds.

In Deutschland gibt es 10,5 Millionen Besitzer von Aktien, Fondsanteilen und anderen Wertpapieren[77] und der normale lohnabhängig Beschäftigte agiert mit seiner kapitalgedeckten Altersvorsorge zugleich als Kapitaleigner. Der Fonds, der seine Pensionsansprüche verwaltet, hat diese vielleicht gerade eben einem Hedgefonds als Kredit vergeben, welcher morgen die Firma des Arbeitnehmers aufkauft und ihn entlässt: So verflixt ist die Realität!

1.6 – Das generelle Schuldenproblem

Selbstverständlich sollte niemand – auch ein Staat nicht – über seine Verhältnisse leben und mehr Schulden machen, als er je zurückzahlen kann. Die Realität sieht jedoch anders aus.

In den USA wuchs das BIP von 2000 bis 2010 um 2,2 Billionen Dollar, die Staatsschulden dagegen um 6,7 Billionen Dollar. Und in den EU-Staaten standen in dieser Zeit dem BIP-Wachstum von 1,9 Billionen Dollar wachsende Staatsschulden von 4,2 Billionen Dollar gegenüber.[78] Man kann es auch so formulieren: Ohne weitere Staatsverschuldung (z. B. für Konjunkturprogramme) wären die Wirtschaft der USA und die Europas schon lange geschrumpft statt gewachsen.

Hinter dem Wirtschaftswachstum auf Pump waltet freilich eine prinzipielle Ursache für das Schuldenmachen. Es sei nochmals daran erinnert: *Giralgeld ist Schuldgeld*: Zur Guthabenmenge besteht systemnotwendig eine nahezu gleich große Menge an Kreditschuld. Die Sektoren Staat, Realindustrie, Finanzindustrie sowie private Haushalte müssen die wachsende Kreditmenge aufnehmen, die als Kehrseite der wachsenden Geldvermögen besteht. Wenn nun einer der Sektoren – z. B. der Staat – seinen Schuldenstand *abbaut*, werden diese Anteile in die anderen Sektoren der Volkswirtschaft oder ins Ausland übergehen müssen; sie bewirken dann an anderer Stelle einen Schulden*aufbau*. Sparen kann also gar nicht zum Abbau der astronomischen Schuldenberge führen, sondern allenfalls zu deren Umverteilung.

irgendjemand muss die Schulden nehmen

Es gibt kein Giralgeldguthaben, das nicht zugleich ein Kredit wäre. Das generelle Schuldenproblem ist demnach nur durch Abbau der Gesamtmenge an Geldvermögen

> *wirklich lösbar. Dabei können die Schuldenberge „prinzipiell nur noch durch Zahlungen aus den ihnen symmetrisch gegenüberstehenden Großvermögen jemals wieder getilgt werden."*[79]

Aber auch die Mechanik des Schuldgeldprinzips beschreibt das Wesen der Schuldenhybris noch nicht zur Gänze. Denn es ist etwas sehr Grundsätzliches geschehen: Mit der globalen Verschuldung findet erstmals in der Menschheitsgeschichte eine *globale zeitliche Entgrenzung* statt:

> *„Die Finanzspekulation importiert die Zukunft in die Gegenwart und beutet sie in der Gegenwart aus. [...] Wir befinden uns hier auf einem ganz anderen Planeten als dem unserer Ahnen."*[80]

die Zukunft wird in der Gegenwart ausgesaugt

Es handelt sich um einen wirklichen Paradigmenwechsel, der die gesamte Gesellschaft erfasst hat. Der Postwachstumsökonom *Niko Paech* lässt es nicht an Klarheit fehlen: „Um sich nicht mit dem zufriedengeben zu müssen, was kraft eigener Leistungen gegenwärtig erreichbar ist, wird der Vorrat an zukünftigen Möglichkeiten geplündert. Es erfolgt ein Vorgriff auf Leistungen, die noch gar nicht erbracht wurden. Das gegenwärtige Verschuldungssyndrom ist nicht nur ein Gradmesser für Gier und Ungeduld, sondern für organisierte Verantwortungslosigkeit – und zwar im buchstäblichen Sinne: Jene, denen eine Antwort auf die Frage nach den Folgen eines gegenwärtigen Lebens über die Verhältnisse zu geben wäre, leben noch nicht."[81]

Doch das in eine surreale Zukunft ausgelagerte Tilgungsproblem holt uns leider in der realen Gegenwart ein: in Form einer riesigen Zinslast, die von der Menge der Kredite (= Vermögen) ausgeht. Die Gesellschaft hat sich auf jenes Schachbrettspiel eingelassen, wo – beginnend mit einem Reiskorn – jeweils auf das nachfolgende Feld die doppelte Menge Körner zu legen ist. Das ging jahrelang ganz leicht. Nun aber stellen wir staunend fest, dass uns die Körner über den Kopf wachsen. Längst sind Nachfolgekredite erforderlich, um überhaupt den Zinsdienst zu schaffen. Abbildung 16 zeigt die Staatsanleihen der USA und anderer überschuldeter Länder Stand 2011. 45 Prozent aller 2010 aufgenommenen Schulden entfielen allein auf die USA.[82] Die öffentliche Pro-Kopf-Verschuldung der USA ist größer als die von Griechenland, Portugal, Italien, Irland oder Spanien.[83]

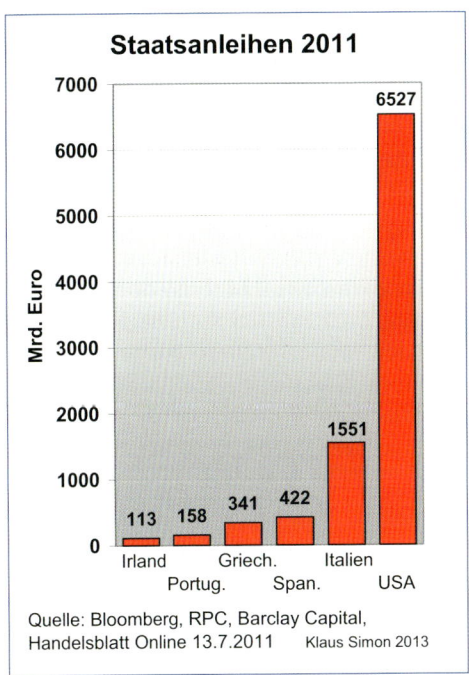

Abb. 16: Staatsanleihen

Schlimmer geht immer: Japan übertraf 2012 das gezeigte Ausmaß der US-Staatsanleihen mit Staatsschuldverschreibungen in Höhe von 948 Billionen Yen, das sind 9.548 Milliarden US-Dollar.[84]

Schulden
überall

In Tabelle 3 ist die Staatsverschuldung ausgewählter Länder zusammen mit der Verschuldung aller weiteren Sektoren zu sehen. Nicht nur die Staaten – auch die übrigen Sektoren vieler Volkswirtschaften sind hoffnungslos überschuldet! Doch anders als beim Staat ist bei jenen schwer abschätzbar, welche Gegenwerte den Bruttoschulden gegenüberstehen und wie sich diese innerhalb des Sektors verteilen. Wenn z. B. die privaten Haushalte insgesamt weit mehr Vermögen als Bruttoschulden haben, so sagt das nichts darüber aus, ob nicht dennoch ein Drittel aller Haushalte völlig überschuldet ist. Man sieht eigentlich nur, wie groß das Rad ist, das da gedreht wird. Und man sieht die Tendenz: In fast allen Segmenten nehmen die Schulden zu (am wenigsten noch bei den privaten Haushalten).

Nun könnte man meinen: na und? Die Schulden wachsen und die Vermögen ebenso; das Eine ist doch nur das Spiegelbild des Anderen. Zwar müssen zum Begleichen der immer höheren Schulden immer größere Werte erarbeitet werden, doch dieses Problem besteht ja erst in der Zukunft. Wie anfällig aber gerade diese Konstellation für das Platzen von Spekulationsblasen in der Gegenwart ist, werden wir im nächsten Kapitel sehen.

Brutto-Verschuldung in Prozent des BIP

■■ **2010** (Staat 2011)   ■■   **2012**

	Staat		private Haushalte		Real- industrie		Finanz- industrie	
Griechenland	152	171	68	69	71	73	21	40
Irland	114	118	129	117	278	289	664	706
Italien	120	126	50	51	119	114	99	105
Portugal	91	119	103	104	154	158	65	59
Spanien	64	91	90	87	205	186	113	115
Belgien	97	99	55	55	161	186	139	123
Frankreich	88	90	69	67	157	134	148	172
Deutschland	80	83	62	58	69	64	95	97
Großbritannien	83	89	107	99	128	116	735	232
USA	100	107	91	86	76	89	97	88
Japan	229	237	74	76	138	145	188	188

Quelle: International Monetary Found,
Global Financial Stability Report April 2011, Oct. 2012

Tab. 3: Bruttoschulden nach Sektoren

Falls die Gesellschaft dem Verschuldungsdilemma entkommen möchte, bevor in einem Finanzcrash das Geschehen weltweit außer Kontrolle gerät, stehen theoretisch nur zwei Auswege offen:

- Gestaffeltes Abschmelzen der großen Geldvermögen bei gleichzeitigem Abschreiben der entsprechenden Menge Schulden. Dieser Weg wäre der vernünftigste – aber aufgrund der derzeitigen Machtverhältnisse zugleich der unwahrscheinlichste. *nur zwei Auswege*
- Wertverlust aller Geldvermögen durch Inflation (oder eine Zwangsabgabe auf die Nettogeldvermögen aller Bürger) bei gleichzeitiger Entwertung der Schulden. Doch während die Oberschicht mit der Hälfte ihres Geldvermögens noch immer reich bleibt, zerrinnen die Ersparnisse der

Mittelschicht: mit allen wirtschaftlichen und sozialen Konsequenzen.

Man darf gespannt sein …

Ein Blick auf das kapitalistische System stimmt nachdenklich. Es zeigen sich offensichtliche Systemmängel. Wie schlimm ist das nun für den Einzelnen? Wie wirkt es sich konkret aus? Diesen Fragen geht das nächste Kapitel nach – und da werden wir bisweilen unseren Augen nicht trauen.

2 – KONKRETE AUSWIRKUNGEN DES SYSTEMS

Die im Kapitel 1 gezeigten Fakten wirken irgendwie übertrieben. Mag schon sein: Die Geldmenge steigt, die Finanzindustrie zockt und 147 Konzerne teilen die Welt unter sich auf. Aber leben wir nicht ganz gut dabei? Stimmt, wir hier in Deutschland leben (überwiegend) noch ganz gut dabei. Doch von den negativen Auswirkungen, die das System der Allgemeinheit beschert, sind wir alle direkt betroffen – viel stärker als man vermuten würde.

2.1 – Monetäre Konsequenzen

Eine unmittelbare Folge des kapitalistischen Systems ist die fortwährende *Umverteilung von unten nach oben*. Wesentliche Instrumente dafür sind Inflation, Privatisierung und Zins. Eine weitere Konsequenz ist die anhaltende Gefahr von Finanzkrisen durch Platzen von Spekulationsblasen. Um die Auswirkungen solcher Krisen in Grenzen zu halten, übernimmt die Gesellschaft die Schulden der Banken. Das ist die ins Extrem getriebene Form der allgemeinen Tendenz zu *einerseits privatisierten Gewinnen bei andererseits vergesellschafteten Verlusten* und somit die massivste Form der Umverteilung von unten nach oben.

Inflation

Inflation (lat. *inflare*: „aufblähen“) nennt man „einen über mehrere Perioden anhaltenden Anstieg des Preisniveaus. Wenn die Preise einzelner Güter steigen, ist das noch keine Inflation. Kennzeichnend für eine Inflation ist, dass das Geld generell an Kaufkraft verliert.“[85] Aus monetärer Sicht entsteht Inflation vor allem durch Ausweitung der Geldmenge *und* Anstieg der Geldumlaufgeschwindigkeit (wenn also das Geld schneller als bisher wieder ausgegeben wird, z. B. aus Angst vor Entwertung). Eine Geldmengenausweitung ohne Anstieg der Geldumlaufgeschwindigkeit wird normalerweise nicht zu einer Verbraucherpreisinflation führen, kann aber eine Vermögensinflation bewirken.

Verbraucherpreisinflation

Die Teuerungsrate gegenüber dem Vorjahr wird im sog. Verbraucherpreisindex ausgewiesen, der auf der Grundlage eines statistischen Warenkorbs ermittelt wird. Abbildung 17 zeigt die Entwicklung in Deutschland; von 2000 bis 2011 lag die durchschnittliche Teuerungsrate bei moderaten 1,61 Prozent. Der Index ergibt sich allerdings als eine Art Mittelwert der im

Durchschnitt stabilen *Gebrauchs*güterpreise und der überwiegend ansteigenden *Verbrauchs*güterpreise.[86] Die wahrgenommene Inflationsrate ist demnach höher, wenn man vor allem mit Verbrauchsgüterpreisen konfrontiert ist. Ein Brötchen kostet mit 30 Cent heute sechsmal so viel wie 1970 mit 10 Pfennig, und für viele Menschen ist *das* die Inflationsrate.

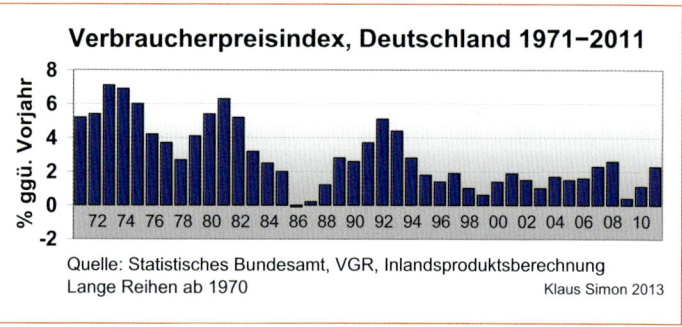

Abb. 17: Verbraucherpreisindex

Preisindex nach Warenkorb

Für die Zukunft ist mit einem stärkeren Anstieg der Verbraucherpreise zu rechnen – allein schon weil wichtige Rohstoffpreise steigen (erhöhte Nachfrage, Verknappung, Spekulation). So stieg beispielsweise der Rohölpreis von 2000 bis 2011 um den Faktor 3,9.[87] Derart starke Anstiege bleiben auf Dauer nicht ohne Wirkung auf die Güterpreise.

Vermögensinflation

Geld in Vermögenswerten parken

Von Vermögensinflation (*Asset Inflation*) ist die Rede, wenn „anlagesuchendes überschüssiges Geld statt in reale Investitionen auf Sachwerte (Edelmetalle, Rohstoffe, Ländereien, Immobilien) ausweicht, die allein zum Horten beziehungsweise zur Spekulation auf Preissteigerungen gekauft werden […]"[88] – und das gilt für Aktien und andere Wertpapiere ebenso. Die Preise solcher Vermögensobjekte steigen dann deutlich stärker als die sonstigen Lebenshaltungskosten. Nach diesen Kriterien „waren die vergangenen Jahre bereits von Inflation geprägt."[89] Die Gefahr dabei besteht zum einen im Platzen spekulativer Blasen (Aktien, Immobilien, Goldpreis usw.), zum anderen ist die Vermögensinflation „Vorbote einer Konsumpreisinflation, weil sie die Mieten und die Preise der mit den Rohstoffen produzierten Konsumgüter steigert."[90]

Inflation als geldpolitisches Instrument

Inflation als Schuldenschnitt

Eine Inflationsrate von vier Prozent erscheint auf den ersten Blick harmlos. Sie entwertet jedoch ein Guthaben binnen sieben Jahren um fast ein Viertel. Einen Schuldenberg allerdings ebenso. Somit rückt gezielte Inflation in den Mittelpunkt des Interesses – zum Eindämmen der Schuldenprobleme wie auch zum Ausgleich europäischer Ungleichgewichte. *IWF*-Chef-Ökonom *Olivier Blanchard* erklärt mittlerweile offen, einige Euro-Länder könnten Inflationsraten von bis zu 6,0 Prozent verkraften.[91] Auch die *Deutsche Bundesbank* lässt gegenüber dem Finanzausschuss des Bundestages verlauten: „Deutschland dürfte künftig eher überdurchschnittliche Inflationsraten aufweisen, wobei die Geldpolitik dafür zu sorgen hat, dass die Inflation dem Stabilitätsziel entspricht und die Inflationserwartungen fest verankert bleiben".[92]

Inflation ist immer zum Nachteil der kleinen Leute und zum Vorteil der großen Investoren. Betrachten wir als Beispiel eine Inflation von 10 Prozent im Zeitraum von 10 Jahren:

---

a) Ein Sparer legt 10.000 Euro als Altersvorsorge zurück. Nach 10 Jahren entspricht dieser Betrag noch einem Gegenwert von 3.860 Euro. Trotz Sparzins von beispielsweise 4 Prozent wird er pro Jahr 6 Prozent verlieren. Für ihn ist Inflation ein Verlustgeschäft.

b) Im gleichen Zeitraum nimmt eine Firma einen 1-Millionen-Kredit auf, der nach 10 Jahren rückzuzahlen ist.

Bei 10 Prozent Inflation wird sie die Preise jährlich um etwa 10 Prozent anheben, sie hat durch Inflation keinen großen Verlust. Bei Rückzahlung nach 10 Jahren aber muss die Firma nur noch einen Gegenwert von 386.000 Euro entrichten: Sie hat durch Inflation einen enormen Gewinn.[93]

Inflation ist eine Dauererscheinung im kapitalistischen System, s. o. Brötchenbeispiel. Sie nagt fortwährend an den Ersparnissen der Unter- und Mittelschicht. Die Reichen hingegen haben ihre Großvermögen mit Renditen oberhalb der Inflationsrate unter Verwaltung und verdienen bei Investitionen am Inflationseffekt.

Die Armen werden ärmer, die Reichen werden reicher: eben Umverteilung von unten nach oben.

Privatisierung

Wenn ehemalige Gemeingüter (Grund und Boden, Ressourcen im weitesten Sinne) privatisiert werden, so fließt deren Mehrwert nun nicht mehr an die Allgemeinheit, sondern als Rendite an private Kapitaleigner. Der Wirtschaftswissenschaftler *Dirk Löhr* sieht hierin ein gleich dreifaches Kostenproblem für die Gesellschaft:

▷   *Verzichtskosten: Die nunmehr privatisierte Rendite steht zur Finanzierung öffentlicher Leistungen nicht mehr zur Verfügung.*

▷   *Kosten der Inwertsetzung: Die Gesellschaft stellt Infrastruktur zur Verfügung, welche die Nutzung der Ressourcen überhaupt erst ermöglicht; sie erhält dafür aber keinen entsprechenden Gegenwert.*

▷ *Folgekosten: Zum Ausgleich des nun privat abfließenden Mehrwerts werden dem Produktionsfaktor Arbeit verstärkt Kosten aufgebürdet, um die öffentliche Finanzierung sicherzustellen.*

Es besteht somit ein *gravierender Mangel an Gegenseitigkeit.* „Nutzen und Kosten sind weitgehend entkoppelt. Die Nutzen werden von gut organisierten Spielern vereinnahmt, die Kosten des Verzichts und der Inwertsetzung aber auf die Allgemeinheit abgewälzt."[94] Das nachfolgende Beispiel lässt erahnen, in welch hohem Maße solcher Mehrwert der Allgemeinheit verlorengeht:

Eigentum wird zum Diebstahl

Die Gewinne der Ölkonzerne entstehen zum Großteil nicht bei der Verarbeitung oder dem Verkauf der Endprodukte, sondern unmittelbar an den Ölquellen: „So verdiente BP in Raffinerie und Vertrieb vor Zinsen und Steuern in 2011 rd. 5 Mrd. US-Dollar, bei der Förderung hingegen mehr als 30 Mrd. Dollar (abseits der öffentlichen Diskussion) – also das 6-fache (BP 2012)."[95]

Zu den „Ressourcen im weitesten Sinne" zählen auch Infrastruktur und Einrichtungen der öffentlichen Daseinsfürsorge – und die nun werden ebenso von Privaten vereinnahmt: Seit den 1990er-Jahren wurden große Einrichtungen und Sondervermögen des Bundes formell privatisiert (Bundesbahn, Bundespost, Lufthansa, Flugsicherung, Bereiche der Energieversorgung und des Gesundheitswesens ...). Auch bei kommunalen Unternehmen ist eine Privatisierungswelle gelaufen (Stadtwerke, Wohnungsunternehmen ...). Die zunehmende Privatisierung ist die logische Folge der wachsenden Menge Geldkapital, die Anlagemöglichkeiten sucht. Und auch der

öffentliches Vermögen wird privat ausgebeutet

Mehrwert aus diesen Ressourcen geht nun der Allgemeinheit verloren.

Im Rahmen sog. öffentlich-privater Partnerschaften (*Public Private Partnerships, PPP*) verkaufen Kommunen in Finanznot Objekte der öffentlichen Hand an private Träger, um sie sogleich wieder anzumieten – z. B. um Geld für anstehende Sanierungen zu sparen. Der kurzfristige Vorteil ist dann oft mit Belastungen in der Zukunft verbunden. Bezeichnend ist, dass PPP-Verträge im Interesse der beteiligten Firmen grundsätzlich geheim sind und sich somit der demokratischen Kontrolle entziehen: „Die jeweiligen Stadtverordneten entscheiden zwar über das Projekt per Grundsatzbeschluss, sie bekommen aber die Verträge nicht zu sehen!"[96] Wiederum ein Beispiel:

Die Teilprivatisierung der Berliner Wasserwirtschaft führte zu einer „verheerenden Bilanz": zum Verlust von 2.000 Arbeitsplätzen (und weiteren 8.000 in Zulieferbetrieben) sowie zu Gebührenerhöhungen statt versprochener Preissenkungen. Die Gewinngarantien bescherten obendrein dem Berliner Senat Konzessionszahlungsverluste von jährlich 54 Millionen Euro.[97]

Die Privatisierung öffentlicher Unternehmen soll Kosten senken, weil Kreativität und Effektivität der Privatwirtschaft dem eher trägen Agieren von Verwaltungsbürokratien überlegen seien. Da ist zwar etwas dran, doch wird der Grund dieser unbestrittenen Effektivität übersehen: Er besteht in der Profiterwirtschaftung, und der Profit fließt dann aber auch tatsächlich ab!

Es ist ganz einfach: Bei einer privatisierten Dienstleistung müssen die Verbraucher das zusätzlich bezahlen, was die Kapitaleigner einstecken. Die Preise derselben Dienstleis-

tung in öffentlicher Hand sind von diesem Renditeanteil frei.

Unser täglich Zinstransfer

Eine weitere Form verdeckter Umverteilung von unten nach oben stellen die Zinsanteile an den Preisen dar. Damit ist der Anteil aller privaten Konsumausgaben gemeint, der auf die Kapitalkosten entfällt. Wenn man Miete zahlt, wird der Wohnungsbauinvestor einen Gutteil davon für den Zins seiner Kredite nutzen. Aber auch der Kaufpreis, den er für den Wohnhausneubau gezahlt hat, enthielt Zinsanteile: für den Bürohauskredit des Auftragnehmers, für die Grundstückspacht der Baufirma und den Kredit des neuen Krans, für die Beschaffung der Ausgangsstoffe usw. Im jeweiligen Endpreis verbirgt sich immer eine ganze Kaskade von Zinslast. Ihr durchschnittlicher Anteil wird zwischen 30 bis 40 Prozent (*Helmut Creutz*) und 10 Prozent (*Gerhard Niederegger*) geschätzt.[98] Wir versuchen uns einmal grob vorzustellen, wie man zu solchen Angaben gelangen kann:

Die Summe aller Kapitaleinkünfte schätzt *Dirk Löhr* für 2010 auf 305 Milliarden Euro[99] (das entspricht der knappen Hälfte der Unternehmens- und Vermögenseinkommen bzw. 16 Prozent des Volkseinkommens). Damit lässt sich der Zinsanteil an den Preisen abschätzen:

in allen Güterpreisen stecken Kapitalkosten

Die Konsumausgaben je Haushalt gibt das Statistische Bundesamt für 2010 mit monatsdurchschnittlich 2.168 Euro an[100] – macht etwa 26.000 Euro pro Jahr. Bei 36,6 Millionen Haushalten verweist das auf private Konsumausgaben von rund 952 Milliarden Euro (ein Drittel davon entfällt allein auf Miete). Die genannten 305 Milliarden Kapitaleinkünfte entsprechen somit 32 Prozent aller für Konsumausgaben entrichteten Preise.

jährlich 5.000
Euro je Haushalt
an die Kapital-
eigner

Doch es ist nicht ganz so einfach, denn nicht alle Firmen können ihre Kapitalkosten vollständig auf die Preise umlegen. Einen Teil davon finanzieren sie durch fortwährende Ausweitung des Geschäfts (s. o. *Binswanger*). Aber selbst wenn wir beispielsweise einen Zinsanteil von „nur" 20 Prozent an den Konsumausgaben der Haushalte unterstellen, wären das über 5.000 Euro im Jahr: So viel etwa führt jeder Haushalt über die Preise an Kapitaleigner ab, ohne es auch nur zu ahnen. Für alle Haushalte aber, die nicht zugleich über wenigstens 5.000 Euro Zinseinkünfte verfügen, ist das Zinsprinzip demnach mit Verlust verbunden. Bei einem Sparzins von derzeit rund 2 Prozent auf längerfristige Einlagen verweist das auf ein Geldvermögen oberhalb von 250.000 Euro …

Wer wenig auf der Kante hat, ist Nettozinszahler und verliert dadurch ständig Geld. Wer viel hat, ist Netto-zinsempfänger und gewinnt noch mehr. Der Wirtschafts-mathematiker Jürgen Kremer nennt diesen Zinstransfer in Anlehnung an Adam Smith „eine andere unsichtbare Hand des Marktes."[101]

Steuerflucht

Steuern sind der Preis der Zivilisation (*Robert Wagner*). Über Steuern finanziert der Staat öffentliche Güter (Bildung, Infrastruktur usw.) und stellt so die Voraussetzungen für das Funktionieren der Wirtschaft bereit. Nun sind es ausgerechnet die großen Wirtschaftsakteure, die sich jenen Steuern entziehen, die ihr Agieren erst ermöglichen.

Betrug durch
Bankgeheim-
nis geschützt

Nach Angaben der *Hans Böckler Stiftung* verliert Deutschland jährlich rund 100 Milliarden Euro Einnahmen durch Steuerhinterziehung. „Die Elite hat Oasen gefunden, um Gelder aus Steuerhinterziehung zu parken. Geschützt vom Bankgeheimnis in Andorra, Monaco und der Schweiz, von

Stiftungskonstruktionen in Liechtenstein und Luxemburg, haben sich immer mehr EU-Bürger der Steuerpflicht entzogen. Wiewohl die Definition einer Steueroase in der Literatur variiert, kommen diese fünf europäischen Länder in diversen Steueroasenlisten vor. Die OECD, die seit 2000 jährlich eine solche Liste erstellt, bezeichnete sie als nicht kooperative Steueroasenländer. Doch 2009 wurden – nach diplomatischen Interventionen und Anpassungen – alle genannten Länder von der Liste entfernt. Die Probleme sind geblieben."[102]

Das Ausmaß des Aderlasses kann man nur ahnen. Dementsprechend gehen die Schätzungen auseinander. *Norbert Walter-Borjans*, Finanzminister in Nordrhein-Westfalen, geht EU-weit von jährlich einer Billion Euro Schaden durch Steuerhinterziehung und Steuervermeidung aus. „Auf Deutschland bezogen sind das mehr als 160 Milliarden Euro. [...] Es ist zu befürchten, dass dem Gemeinwesen durch internationale Konzerne, die gezielt Schlupflöcher in der Gesetzgebung ausnutzen, noch mehr Geld verloren geht als durch gesetzwidrige Steuerhinterziehung."[103] Gutverdienende Großkonzerne verschaffen sich auf diese Weise Steuerquoten, von denen die Bezieher mittlerer Einkommen nur träumen können. Und das Spiel funktioniert grenzenlos:

jährlich 160 Mrd. an die Kapitaleigner

„So flossen 2010 in die Steuerparadiese Barbados, Bermuda und die British Virgin Islands insgesamt 5,1 Prozent aller weltweiten Direktinvestitionen – mehr als nach Deutschland."[104]

Teile der Elite wälzen auf diese Weise ihren Beitrag zur Aufrechterhaltung der Zivilisation auf die steuerzahlenden Normalbürger des jeweiligen Landes ab. Die müssen für diesen fehlenden Anteil nun zusätzlich aufkommen: direkt in Form von entsprechend höheren Steuern (vgl. 2.2) und indirekt in Form von Staatsschulden.

Steuerflucht überschreitet nicht nur Ländergrenzen. Sie überschreitet die Grenze von der organisierten Privataneignung des Mehrwerts zum organisierten Verbrechen.

Deutsche Staatsverschuldung und „Banken-rettung" national

Die Programme zur Bekämpfung der Rezession 1966/1967 wurden erstmals durch Aufnahme von Krediten finanziert. Ab Anfang der 1970er-Jahre erhielt schließlich die staatliche Kreditaufnahme „den Status eines gleichrangigen Finanzierungsinstruments neben den Steuereinnahmen."[105] Das Ergebnis zeigt Abbildung 18: Die deutsche Einheit begann bereits mit 1 Billion DM Staatsschulden, mittlerweile sind wir beim Vierfachen.

Die sog. Schuldenbremse wird dem deutschen Staat künftig nur noch eine jährliche Nettokreditaufnahme von 0,35 Prozent des BIP gestatten,[106] sie tritt ab 2016 in Kraft. Doch das kommt ein bisschen spät, die erreichten 2,17 Billionen Staatsschulden Stand 2012 sind eine sehr endgültige Tatsache. Ihnen stehen 261 Milliarden erhoffte Steuereinkünfte für 2013 gegenüber,[107] d. h. die Schuldensumme entspricht den kompletten Steuereinnahmen von acht Jahren!

Es kann den Politikern unmöglich entgangen sein, dass sie über diesen Schuldenberg einen permanenten Zinsdienst mit quasi Ewigkeitscharakter installiert haben; die Schuldentilgung anhand regulärer Staatseinnahmen scheint jedenfalls ausgeschlossen.

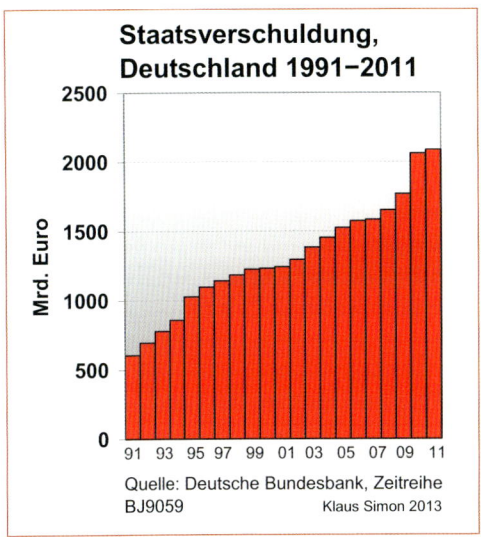

Abb. 18: Staatsschulden D

Der Wirtschaftsanalytiker *Helmut Creutz* hat die staatlichen Zinszahlungen von 1970 bis 2010 summiert, sie ergeben 1.625 Mrd. Euro. Dem stellt er die Summe der Neukreditaufnahmen des Staates gegenüber, sie belaufen sich in den betrachteten 40 Jahren auf 2.013 Mrd. Euro. „Das aber bedeutet, dass die Neukreditaufnahmen zu 81 % in den Zinsendienst geflossen sind und lediglich die Differenz zwischen beiden Beträgen, also 388 Mrd. €, dem Staat für Investitionen oder Personalausgaben zur Verfügung standen."[108]

Wer hat die 1.625 Zins-Milliarden jetzt, welche die Steuerzahler bis 2010 bezahlt haben? Die *Bundesrepublik Deutschland Finanzagentur* veröffentlicht die Bietergruppen für Staatsanleihen in der Reihenfolge der gewichteten Zuteilungsbeträge. Hier die Bieter 2012: „*Morgan Stanley & Co. International PLC, Deutsche Bank AG, Goldman Sachs International Bank, UBS Deutschland AG, HSBC Trinkaus & Burkhardt AG, Société Générale S.A., Barclays Bank PLC* ..."[109] Diese und weitere

Neukreditaufnahmen zu 81 % Zinsdienst

Banken – genauer gesagt: die hinter ihnen stehenden Groß-
vermögenseigner – leihen dem deutschen Staat das Geld, mit
dem jener dann seine Zinsen begleicht. Sie tun es gern (gegen
weiteren Zins natürlich), ihnen kann nichts Besseres passieren.

---

*Um in 40 Jahren effektiv 388 Milliarden Euro zu nutzen
(das sind 9,7 Milliarden pro Jahr), hat der deutsche Staat
1.625 Milliarden Euro Zins gezahlt und sitzt auf zwei Billionen Schulden, für die auch weiterhin Zins zu zahlen ist!*

---

jährlich 50 Mrd. an die Kapitaleigner

In den letzten Jahren lag die staatliche Zinszahlung zwischen
63 und 68 Milliarden Euro,[110] denen der genannte durchschnittliche Nutzen von 9,7 Milliarden gegenübersteht: ein
jährliches Geschenk der Steuerzahler von über 50 Milliarden
an die Kapitaleigner! Doch damit nicht genug:

Im Jahr 2010 war der Sprung der Staatsverschuldung
besonders hoch, es kamen schlagartig 304 Milliarden Euro
hinzu. Ab diesem Zeitpunkt entfielen auf jeden deutschen
Staatsbürger 24.450 Euro Schulden. Hauptursache für diese
enorme Kreditaufnahme war die „Bankenrettung". Allein
die „Übertragung von Risikopapieren der Hypo Real Estate in
die FMS Wertmanagement sowie die Stützungsmaßnahmen
der Ersten Abwicklungsanstalt für die WestLB erhöhten den
Schuldenstand zum Jahresende um 232,2 Milliarden Euro."[111]

---

*Zusätzlich zu den 1.625 Milliarden Euro Zinszahlungen für
aufgenommene Kredite bis 2010 kamen also noch 232
Milliarden Euro für „Bankenrettung" hinzu. Als Nettoerlös
der Zwei-Billionen-Verschuldung bei den Banken blieben
in 40 Jahren ganze 156 Milliarden Euro übrig, das sind
durchschnittlich 3,9 Milliarden Euro pro Jahr!*

Wären die Bankgeschäfte gut gelaufen, hätte den Kapitaleig-
nern selbstverständlich der Gewinn zugestanden. Es ist leider
schiefgegangen. Da übernimmt der Steuerzahler per „Bankenrettung" die Verluste; wir alle haben seit 2010 nun 232+x
Milliarden mehr Schulden, weil sich Banken verzockt haben:
Das ist *Umverteilung von unten nach oben.*

Eurokrise und „Bankenrettung" international

Die sog. Eurokrise ist keine *Euro*krise. Die Ursache liegt in   große wirtschaftliche
makroökonomischen Ungleichgewichten, die sich durch das   Ungleichgewichte
Zusammenfassen von Ländern unterschiedlicher Wirtschafts-
kraft unter dem Dach einer starken Gemeinschaftswährung
entwickelt haben. Die wirtschaftlich schwächeren Länder, die
seit der Euro-Einführung keine Wechselkursanpassungen
mehr vornehmen konnten (Währung abwerten), verloren
dramatisch an Wettbewerbsfähigkeit. Die stetige Auseinan-
derentwicklung der Lohnstückkosten unter den Euroländern
war bereits ab 2002 zu sehen. Zugleich verschuldete sich der
Privat- und Bankensektor der wirtschaftlich schwächeren
Länder enorm, denn die Kreditzinsen waren ja im Euroraum
nun einheitlich niedrig.

Die billigen Kredite lagen bei Ländern mit hoher Inflations-   maßloser Import
rate (z. B. Spanien jahrelang rund 4 Prozent) real im negativen   und maßloser
Bereich! Das ist eine Einladung sondergleichen. Es kam zu   Export
einem ungeheuren Spekulationsboom sowie zu verstärktem
Warenimport auf Kredit. Der maßlose Import (dem ein maß-
loser Export der starken Länder gegenüberstand) führte zum
Aufbau von Handelsungleichgewichten. Abbildung 19 zeigt als
Beispiel die deutschen Exportüberschüsse und die Defizite der
Krisenländer (*GIIPS*), beide entwickelten sich zwischen 2004
und 2008 nahezu spiegelbildlich.

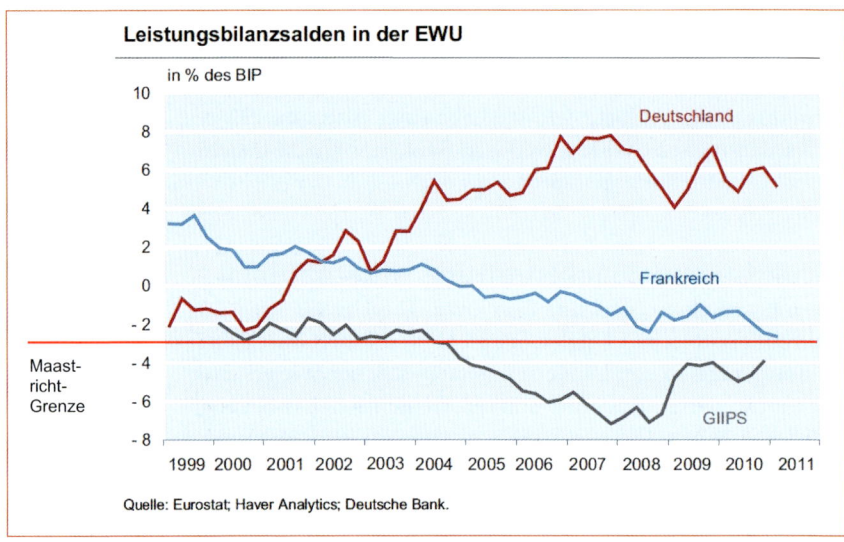

Abb. 19: Leistungsbilanz[112]

Keiner der Akteure *beider Seiten* hat sich darum geschert, mithilfe welcher Einkünfte die Kredite je getilgt werden sollen. Die Rolle Deutschlands dabei kann man nur scheinheilig nennen. Bis 2009 vor Ausbruch der Eurokrise hatten deutsche Banken „mehr als eine halbe Billion Euro nach Spanien, Irland, Italien, Griechenland und Portugal geschaufelt, allein seit 2005 mehr als 300 Mrd. Euro."[113] Dasselbe Deutschland, das nun zum Sparen mahnt, hat mit Krediten und Exporten diese Länder überhaupt erst in die Schuldenfalle gebracht. Das alles war lange schon bekannt. Selbst in einem Gutachten für das Bundeswirtschaftsministerium wurde der Exportboom auf Pump kritisiert:

Eine „Warnung ist gegenüber jenen angebracht, die die hohen deutschen Überschüsse im Außenhandel als Beleg für Deutschlands Wettbewerbsstärke sehen. [...] Sie

*übersehen nämlich, dass der Leistungsbilanzüberschuss
definitorisch ein Kapitalexport ist.*"[114]

Als dann der Zins für weitere Staatsanleihen der überschulde-
ten Länder anstieg, brach die Krise offen aus. Und schließlich
platzten auch die Spekulationsblasen. Allein in Spanien standen 2011 rund 700.000 Neubauten leer.[115] Im Gegenzug sitzen
nun spanische Banken auf faulen (nicht fristgerecht getilgten)
Krediten; im September 2013 lag deren Umfang bei 188 Milliarden Euro.[116] Insgesamt ist die Situation noch brenzliger als
vor der Finanzkrise: Nach Berechnungen von *Pricewaterhouse-
Coopers* standen Ende 2011 faule Kredite in Höhe von rund
1,05 Billionen Euro in den Büchern europäischer Banken (auch
die deutschen Banken sind mit 196 Milliarden dabei). 2008
waren es „nur" 0,5 Billionen.[117]

> doppelt so viele faule Kredite wie 2008

Alles, was seit Krisenbeginn dann an „Rettungsmaßnah-
men" geschah, konnte die Krisenländer gar nicht wirklich retten: Man gewann lediglich Zeit. Diese Zeit nutzten einerseits
die reichen Inländer, ihr Vermögen außer Landes zu bringen,
und andererseits die ausländischen Banken, ihr Kapital
abzuziehen. Beliefen sich Anfang 2008 die ausländischen
Bankenforderungen an die Krisenländer auf 1.152 Milliarden
US-Dollar, so waren es 2011 nur noch 363 Milliarden.[118] Auch
wenn es in wenigen Fällen zur Verlustbeteiligung kam – an
der generellen Tendenz des überwiegend verlustfreien Abzugs
privaten Kapitals besteht kein Zweifel. In Abbildung 20 ist
anhand von IWF-Daten zu sehen, in welchem Maße das aus
den Krisenländern abwandernde Privatbankenkapital durch
Geld des öffentlichen Sektors ersetzt wurde.

> wir „retten" die Reichen, nicht die Griechen!

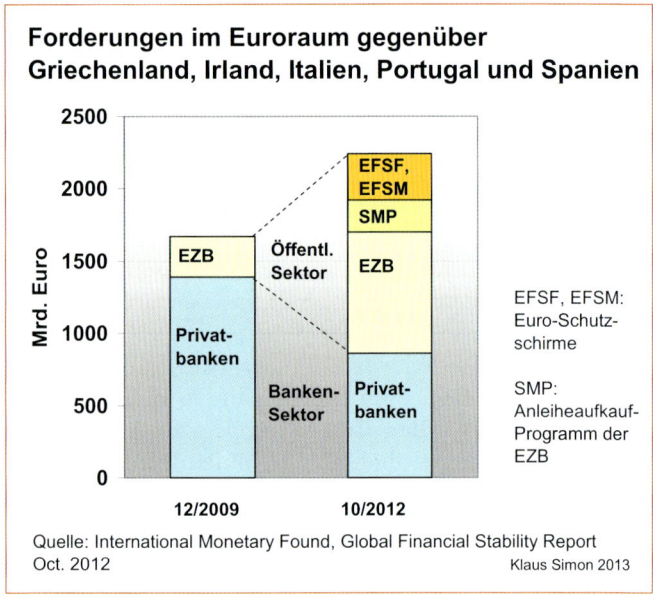

Abb. 20: Forderungen Euroraum[119]

1 Billion Steuer-
zahlergeld für
die Eurokrise

Wie Abbildung 20 zeigt, wurden zwischen 2009 und 2012 rund 530 Milliarden Euro Privatbankenkapital aus den Krisenländern abgezogen und durch öffentliches Kapital ersetzt. Zusätzlich flossen als Folgekosten der Exportparty noch weitere 570 Milliarden Euro. Die Eurokrise hat somit den europäischen Steuerzahler bereits zum Stand 2012 über eine Billion Euro gekostet. Hinzu kommt die tickende Zeitbombe übernommener Garantien, welche übrigens nicht nur Geld kosten, falls sie fällig werden, sondern auch bereits während ihrer Laufzeit (sog. Avalgebühren.)[120]

Im Klartext: Die Hilfspakete „retten" nicht etwa die Krisenländer, sondern Privatkapital, das dort zur Spekulation eingesetzt bzw. fehlinvestiert wurde! Allein in Griechenland flossen seit Mai 2010 von insgesamt 207 Milliarden Euro Hilfsgeldern 160 Milliarden direkt in den Finanzsektor.[121] *„Die Erwartung der Rettung durch den Steuerzahler verleiht den Banken teuflische Anreize, viel zu hohe Risiken einzugehen"*[122] *– und bisweilen feixen ihre Manager dreist am Telefon ...*

Von den Euro-Mitgliedstaaten stecken heute fünf in der Krise und die wirtschaftlich starken Länder sehen sich unwägbaren Haftungs- und Transferproblemen gegenüber. „Die Deutschen" waren nie Gewinner des Euro, er bescherte ihnen eine beispiellose Niedriglohnentwicklung (vgl. 2.2). „Die Südländer" waren ebenso wenig Nutznießer, ihre Volkswirtschaften sind nun am Boden. Gewinner waren Exportkonzerne und Banken. Sie verdienten gut – bis das Kartenhaus einfiel. Die danach entstandenen Verluste übernehmen nun staatenübergreifend die Steuerzahler. *Die Umverteilung von unten nach oben hat längst internationale Dimensionen erreicht.*

Finanzkrise 2008/09

Die Finanzkrise ging von einem überzogenen Immobilienboom in den USA aus. Als die Blase platzte, kam die hinlänglich bekannte Kettenreaktion in Gang: Immer mehr Wertpapiere wurden wertlos, *Lehman Brothers* ging in Konkurs, der Kreditversicherer *AIG* kam in Schieflage. Was danach in Deutschland geschah, wird gern als unvorhersehbare Folge von US-Krise und *Lehman*-Insolvenz dargestellt. Doch wie unschuldig waren die deutschen Banken und die deutsche Politik in Wahrheit? Ein kurzer Auszug aus dem Dossier „Die Lehman-Lüge" des Schweizer Wirtschaftsjournalisten *Leo Müller* kann diese Frage beantworten:[123]

▷ **„30. Juni 2000:** *Die Commerzbank gründet auf der Insel Jersey ihre erste Zweckgesellschaft, um faule Hypotheken im Wert von fünf Milliarden Euro zu verstecken. […]*

▷ **20. Februar 2003:** *Die Dresdner Bank gründet eine ‚Institutional Restructuring Unit'. Die Einheit soll ‚ausfallgefährdete und strategisch unwichtige' Darlehen aufnehmen – eine heimliche Bad Bank. […] Geplant ist ein Topf mit bis zu 30 Milliarden Euro fauler Kredite. […]*

▷ **18. Juli 2005:** *Die Landesbank Baden-Württemberg (LBBW) will sich nun auch mit Conduits am Kapitalmarkt finanzieren, vor allem mit verbrieften US-Hypotheken. […] Die Deutschen kommen viel zu spät: An der Wall Street laufen bereits die ersten Wetten gegen die Immobilienfinanzierer. […]*

▷ **18. November 2005:** *Die Große Koalition um Angela Merkel erhebt den Ausbau des Verbriefungsmarkts zum politischen Programm. Das Land würde damit wettbewerbsfähiger. […]*

▷ **Dezember 2007:** *Im Konferenzraum der Federal Reserve of New York treffen sich Finanzwissenschaftler und Notenbanker. Ein Vortrag offenbart, dass zwei Drittel der Refinanzierungsprogramme im Verbriefungsmarkt in Dollar aufgelegt sind, während 80 Prozent der Werte von europäischen Banken betrieben werden. ‚Who are those guys?', fragt die Fed [wer sind diese Jungs?]. Es sind Commerzbank, Dresdner, Deutsche, HSH Nordbank und neun Landesbanken."*

So weit ein Blick auf die Vorgeschichte. „Diese Jungs" werden bald schon Milliardenverluste abschreiben. 2007 haben sie aber erst noch mal ordentlich eingekauft. Die Umstände dabei möchte man beinahe nicht glauben:

Im April 2007 brachte *Goldman Sachs* (*GS*) das Wertpapier *ABACUS 2007AC1* auf den Markt, welches an den Wert amerikanischer Hypotheken gebunden war und von der Firma *ACA* als relativ sicher bewertet wurde. Im Hintergrund hatte der Hedgefonds *Paulson* die Papiere so ausgewählt, „daß der Verlust besonders wahrscheinlich war und *Paulson* selbst mit Hilfe von *GS* eine relativ sichere Wette auf den Verlust abschließen konnte." Tatsächlich waren die Papiere wenige Monate später wertlos, die Kunden (unter anderem die deutsche *Mittelstandsbank IKB*) verloren insgesamt 1 Milliarde Dollar. Die gingen an *Paulson*, „der seine Wetten natürlich gewonnen hatte. *Paulson* seinerseits bezahlte *GS* 15 Millionen Dollar für die Strukturierung und Vermarktung des Papiers, gegen das er dann hatte wetten können."[124]

Ein Ausnahmefall? Nein, das Paket *Gemstone-VII* („*Edelstein*") der *Deutschen Bank* hatte dasselbe Strickmuster. Am 15. März 2007 wurden Anteile in Höhe von 700 Millionen Dollar gepriesen und verkauft, die laut internen Mails längst als Schrott bekannt waren: „Daumen drücken, aber ich glaube, wir können es gerade noch absetzen, kurz bevor der Markt in den Abgrund stürzt." Chefhändler *Greg Lippmann* hatte längst auf den Zusammenbruch des US-Wohnungsmarkts gewettet (und erzielte damit später 1,5 Milliarden Dollar Gewinn für die *Deutsche Bank*). Die *Gemstone-VII*-Käufer aber verloren fast ihr ganzes Geld, unter ihnen die *Commerzbank* und wiederum die *IKB* in Deutschland.[125] Der Vorsitzende des Komitees des US-Senats *Carl Levin* sprach von beunruhigenden Praktiken bei der Deutschen Bank: „Wir sind auf eine Schlangengrube voller Gier, Interessenkonflikten und Fehlverhalten gestoßen."[126]

unglaubliche Schweinerei…

…und Schlangengrube

Bei all diesen Erscheinungen spielen ohne Zweifel die Gier und Skrupellosigkeit von Managern eine Rolle. Aber es ist für das Verständnis wichtig, die Systemzwänge zu erkennen. Denn die Akteure verhalten sich systemgemäß richtig! Wenn sie ihre Marktmacht und Renditen nicht mit allen Mitteln und unablässig steigern, dann drohen Kapitalflucht, Übernahme oder Konkurs. Ein Fonds mit nur moderatem Ertrag pro Risiko-Einheit wird im Folgejahr die Einlagen seiner Investoren verlieren. Jede Mäßigung riskiert den Untergang. Das System treibt seine Akteure in einen immer rasanteren Kampf gegeneinander, gegen die Gesellschaft und gegen die Umwelt.

US-Steuergeld-Billionen an die Kapitaleigner

Die weltweiten Folgekosten dieses „systemgemäß richtigen Fehlverhaltens" sind enorm. 2008 wurde Aktienkapital im Wert von 31 Billionen US-Dollar vernichtet (vgl. Abbildung 10). Die Kosten der Finanzkrise allein für den amerikanischen Steuerzahler beziffert die US-Organisation *Better Markets* auf 12,8 Billionen Dollar.[127]

Beim Platzen von Spekulationsblasen droht generell die Gefahr, dass die Finanzkrise in eine Wirtschaftskrise ausartet, wenn „die Banken nicht nur die Kredite zur Finanzierung von Vermögenskäufen, sondern auch die Kredite zur Finanzierung realer Investitionen einschränken. [...] Dies war der Fall in der Krise 2008/09. Um dieser Drohung zu begegnen, mussten die Staaten den Banken unter die Arme greifen, und um dies zu ermöglichen, sich selber verschulden. Um die Schuldenlast der Staaten nicht zu stark ansteigen zu lassen, und allgemein die Wirtschaft wieder anzukurbeln, waren die Zentralbanken veranlasst, die Zinsen erneut zu senken. Dadurch wurde und wird aber wieder das *Potential zu einer nächsten Spekulationsblase und damit zu einer neuen Krise* aufgebaut. Die Gefahr ist gross, dass sich dabei wegen der zunehmenden Schuldenlast der Staaten die negativen Folgen potenzieren."[128]

Genau das billige Geld, das zur Überwindung der letzten Krise nötig ist, füttert also längst wieder Spekulationsblasen und bereitet damit die nächste Krise vor. *William White*, ehemaliger Chef-Volkswirt der *BIZ*, warnt: „Ich weiß nicht, ob wir es überhaupt noch schaffen werden, die Weltwirtschaft

zu stabilisieren, bevor es zu einer ganz großen Krise kommt
[…] Wir bewegen uns auf einen Punkt zu, wo wir nichts mehr
machen können."[129]

2.2 – Der soziale Konflikt

Die fortwährende Umverteilung des Reichtums von unten
nach oben führt zwangsläufig zur fortschreitenden sozialen
Polarisierung. Das lässt sich sowohl für Deutschland als auch
weltweit belegen.

Arbeitslosigkeit, prekäre Beschäftigung, Überforderung

Die Teilhabe am Erwerbsleben ist ungleich verteilt. Arbeitslosigkeit kann jeden treffen. Für viele Menschen ist das ein
katastrophaler Vorgang, der sie aus dem normalen gesellschaftlichen Leben ausgrenzt und in tiefe Krisen stürzt. Während
von den Krankengeldtagen bei Erwerbstätigen 18 Prozent auf
psychische Störungen entfallen, sind es bei Arbeitslosen 31,2
Prozent.[130]

Die Mittel für Arbeitslosengeld II / Grundsicherung
betrugen 2012 19,6 Mrd. Euro,[131] das entspricht 0,7 Prozent
des BIP (zum Vergleich: Die Unternehmens- und Vermögenseinkommen lagen 2012 mit 647 Mrd. Euro bei 24,5 Prozent
des BIP,[132] ein Gutteil davon entfällt auf – ebenso arbeitslos
empfangene! – Kapitaleinkommen).

---

*Menschen sind verschieden. Nicht alle Kapitaleigner „lie-
gen faul auf ihren Polstern" – obwohl es auch das gibt. Und
nicht alle Arbeitslosengeldempfänger „wollen bloß nicht
arbeiten" – obwohl es das ebenfalls gibt.*

Abbildung 21 zeigt die rückläufige Entwicklung der Unterbeschäftigung in Deutschland einschließlich der Stillen Reserve
(sie gibt die verdeckte Arbeitslosigkeit an, z. B. Arbeitsuchende
in Beschäftigungsmaßnahmen usw.). Anfang 2013 waren
insgesamt 4,38 Millionen Menschen von Unterbeschäftigung
betroffen (das Zehnfache der offenen Stellen). 3,16 Millionen
waren arbeitslos gemeldet, davon 1,1 Millionen langzeitar-
beitslos. Die Arbeitslosenquote lag bei 7,4 Prozent.[133]

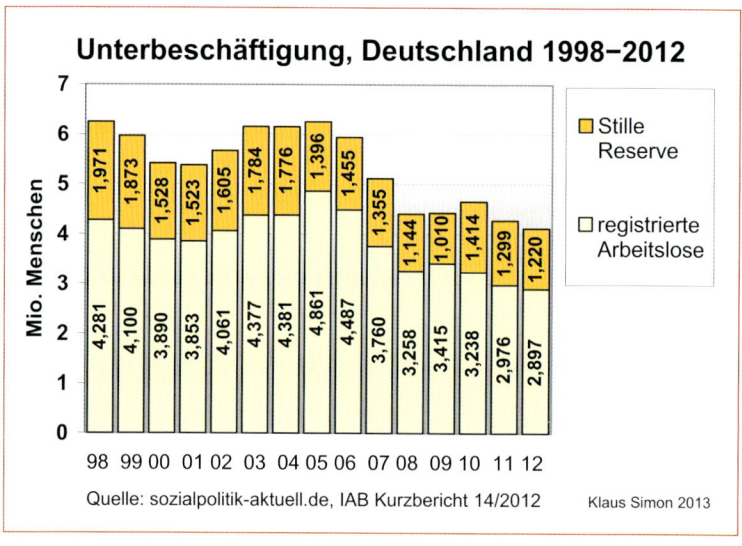

Abb. 21: Arbeitslosigkeit D

Der Rückgang der Arbeitslosigkeit in Deutschland ist hoch-
erfreulich, doch er wurde mit einem Anstieg *prekärer Beschäftigung* erkauft. Zwischen 1995 und 2010 ist deren Anteil
von 15 auf 22,2 Prozent gestiegen,[134] d. h. von je 4,5 abhängig
Beschäftigten ist mittlerweile einer im Niedriglohnsektor
tätig und erhält damit weniger als zwei Drittel des mittleren
Bruttolohns. Diese Zahlen zeigen das „deutsche Jobwunder"
in weniger glanzvollem Licht.

1,38 Millionen Erwerbstätige mussten 2010 Aufstockungs-leistungen der Bundesagentur für Arbeit beziehen (ALG II), weil das Erwerbseinkommen nicht zur Sicherung des Existenzminimums ausreichte. „6,8 Millionen Beschäftigte erhielten im Jahr 2010 einen Lohn unterhalb dem von den DGB-Gewerkschaften geforderten Mindestlohn von 8,50 € und 2,5 Millionen verdienten sogar weniger als 6,00 € die Stunde."[135]

Blickt man über Deutschland hinaus, dann ist das massive Arbeitslosenproblem in der EU auffällig. Besonders schlimm ist die hohe Jugendarbeitslosigkeit (Tabelle 4). Welche Zukunft hat ein System, das einem knappen Viertel der Jugendlichen eines ganzen Kontinents keine Perspektive bieten kann?

Arbeitslosigkeit ausgewählter EU-Länder
(Oktober 2013)

	Arbeitslosenquote	Jugendarbeitslosenquote
Griechenland	27,3 %	58,0 %
Spanien	26,7 %	57,4 %
Portugal	15,7 %	36,5 %
Irland	12,6 %	26,0 %
Italien	12,5 %	41,2 %
Frankreich	10,9 %	25,8 %
Deutschland	5,2 %	7,8 %
EU	10,9 %	23,7 %

Quelle: statista.com

Tab. 4: Arbeitslosigkeit EU

Doch nicht nur Arbeitslosigkeit und prekäre Beschäftigung – auch normale Erwerbsarbeit wird zum sozialen Problem. Nach dem Stress-Report 2012 der *Bundesanstalt für Arbeitsschutz und Arbeitsmedizin* klagen 52 Prozent aller Befragten über

um den Faktor 8 mehr Burnouts

starken Termin- und Leistungsdruck. Etwa 60 Prozent müssen verschiedene Aufgaben gleichzeitig betreuen, und jeder Vierte hat bei mehr als 6-stündiger Arbeit keine Pause.[136] Der Fehlzeiten-Report 2012 der *AOK* nennt 59 Prozent der Beschäftigten, die im letzten Jahr trotz Krankheit gearbeitet haben. Und die Fälle von Arbeitsunfähigkeit wegen Burnout sind zwischen 2004 und 2011 um den Faktor 8 gestiegen.[137] Eigentlich aber könnte Arbeit doch Spaß machen.

Arbeit und Familie nicht gut vereinbar

Selbst der Geburtenrückgang in Deutschland hat mit den Arbeitsbedingungen zu tun. 88 Prozent der Väter und 78 Prozent der Mütter sind „der Meinung, dass sich Familie und Beruf in Deutschland nicht gut miteinander vereinbaren lassen. [...] Arbeiten beide Partner Vollzeit, sind 46,6 Prozent der Frauen kinderlos"[138] (erschwerend kommen finanzielle Risiken hinzu, Kinderlosigkeit „rechnet sich" besser: ohne Zweifel eine Fehlleistung des Steuersystems).

Zunehmend ungleiche Einkommensentwicklung

Von 1950 bis 2000 sind in Deutschland die Unternehmens- und Vermögenseinkommen netto fast viermal stärker gestiegen als die Einkommen der abhängig Beschäftigten.[139] Abbildung 22 zeigt die Fortsetzung dieser Entwicklung nach 2000.

unglaublich niedrige Nettoeinkommen

Das *Deutsche Institut für Wirtschaftsforschung (DIW)* hat die Nettolohnentwicklung 2000 bis 2010 untersucht. Dabei wurden alle Arbeitnehmer nach der Höhe ihrer realen Nettolöhne in zehn gleich große Gruppen aufgeteilt und das Durchschnittseinkommen je Gruppe gebildet. So lässt sich die Entwicklung jeder einzelnen Gruppe verfolgen. Ausgewertet wurden Daten der Langzeitstudie *Sozioökonomisches Panel SOEP*. Abbildung 23 (übernächste Seite) zeigt das Ergebnis: Im Durchschnitt aller zehn Gruppen fiel das reale Nettoentgelt in diesem Zeitraum von 1.429 Euro auf 1.403 Euro. Auch Abbildung 22 zeigt das Fallen der Nettolöhne bei gleichzeitigem Anstieg der Nettoeinkommen aus Unternehmen und Vermögen.

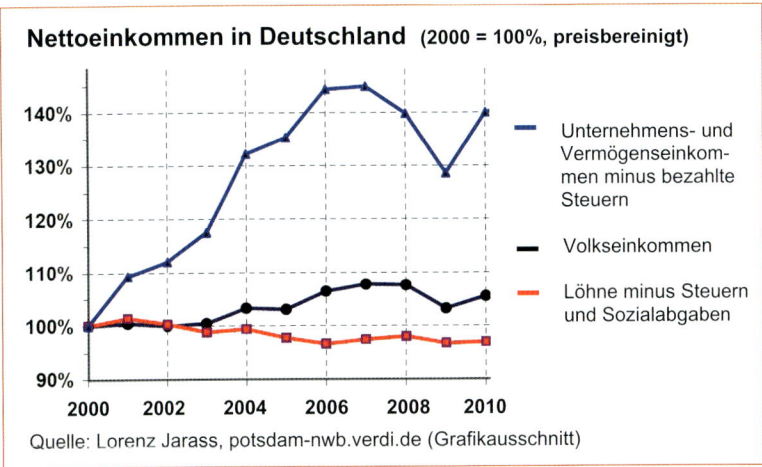

Abb. 22: UuV/AN-Entgelt D

In Abbildung 23 sehen wir bei allen Nettolohngruppen außer der obersten Stagnation und Verluste (die Prozentzahlen rechts zeigen diese je Gruppe an). Und bei den beiden unteren Gruppen reibt man sich die Augen. So sieht er aus, der deutsche Niedriglohnsektor: monatliche Durchschnittseinkommen von 217 bzw. 440 Euro – und 48 Prozent davon entfallen auf Vollzeitjobs![140]

Das oberste Zehntel enthält anteilig auch die Spitzengehälter. Das höchste DAX-Vorstandsgehalt lag 2011 bei 16,6 Millionen Euro im Jahr (Martin Winterkorn, VW).[141] Ein Vollzeitarbeiter mit 6 Euro Stundenlohn kommt dagegen auf rund 12.100 Euro brutto. Wir sind eine Leistungsgesellschaft, und dieser Unterschied kann wohl nur bedeuten, dass der VW-Chef werktäglich 1.371,9-mal so viel leistet wie jener Arbeiter. Donnerwetter, kann er das denn wirklich?

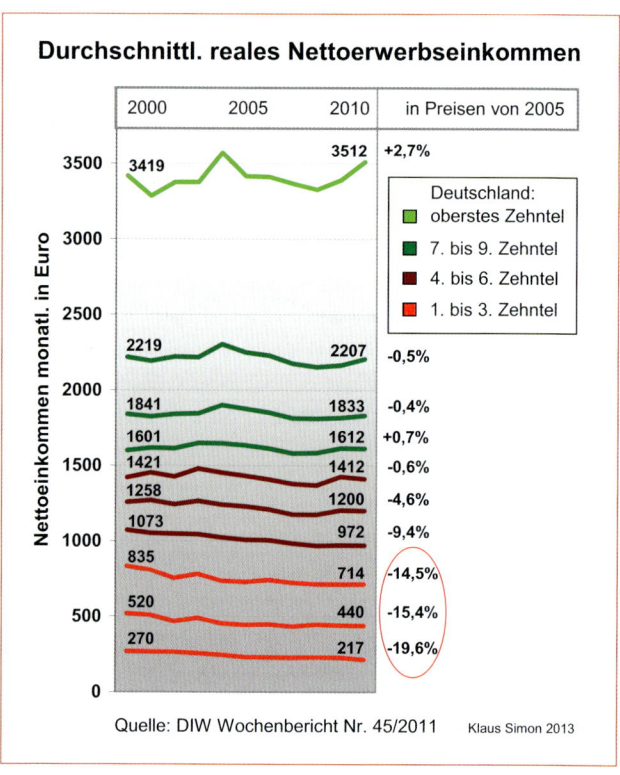

Abb. 23: DIW Nettoeinkommen D

Essensmarken
für jeden siebten
US-Bürger

International entwickelten sich die Einkommensverhältnisse ähnlich. In den USA z. B. entfielen zwischen 2002 und 2007 zwei Drittel aller Einkommenszuwächse auf das oberste Prozent der Bevölkerung.[142] Das ist rekordverdächtig. Doch auch die Unterschicht meldet Rekorde: Im Dezember 2012 waren 47,8 Millionen Amerikaner auf Essensmarken des Landwirtschaftsministeriums angewiesen: mehr als jeder siebte US-Bürger![143] Weltweit hatte das reichste Fünftel 1960 ein 30-mal so hohes Pro-Kopf-Einkommen wie das ärmste Fünftel und 1995 war dieses Verhältnis dann bereits auf 82:1 gestiegen.[144] Das

Wirtschaftswachstum dieser 35 Jahre hat also keineswegs zu mehr Verteilungsgerechtigkeit geführt – auch wenn dies noch so oft behauptet wird.

Zu welchen internationalen Ergebnissen die fortdauernde Fehlverteilung mittlerweile geführt hat, werden wir in Abbildung 26 sehen. Doch zunächst noch einmal zurück nach Deutschland.

Zunehmend ungleiche Steuerlast

Der beobachtete Abwärtstrend der Nettolöhne in Deutschland ist auch eine Folge der hohen Steuerbelastung von Arbeitseinkommen. Die Steuern und Abgaben auf Arbeitnehmerentgelt lagen zwischen 2000 und 2010 stets über 45 %.[145] Der tatsächlich bezahlte Ertragssteuersatz auf Einkommen der Kapitalgesellschaften fiel dagegen allein von 2000 bis 2005 um ein Drittel.[146]

hohe Steuern auf Arbeit, niedrige Steuern auf Kapital

Vermögensbezogene Steuern liegen in Deutschland bei etwa 0,8 % des BIP (EU-15: 2,1 %, Frankreich: 3,4 %).[147] Der Spitzensteuersatz sank zwischen 1996 und 2010 um 11 %.[148] Und auch der Anteil direkter Steuern (vorwiegend von Wohlhabenden entrichtet) ging von 56 % (1992) auf 48 % (2010) zurück,[149] entsprechend stieg der Anteil indirekter Steuern.

Abbildung 24 zeigt die Verteilung der Steuerlast in Deutschland. Der Wirtschaftswissenschaftler *Lorenz Jarras* gibt für 2009 die tatsächlich bezahlte Steuer auf Unternehmens- und Vermögenseinkommen (einschließlich Grundsteuer, Erbschaftssteuer usw.) mit 20 Prozent an, 80 Prozent der Last wurden dagegen von der Allgemeinheit getragen.

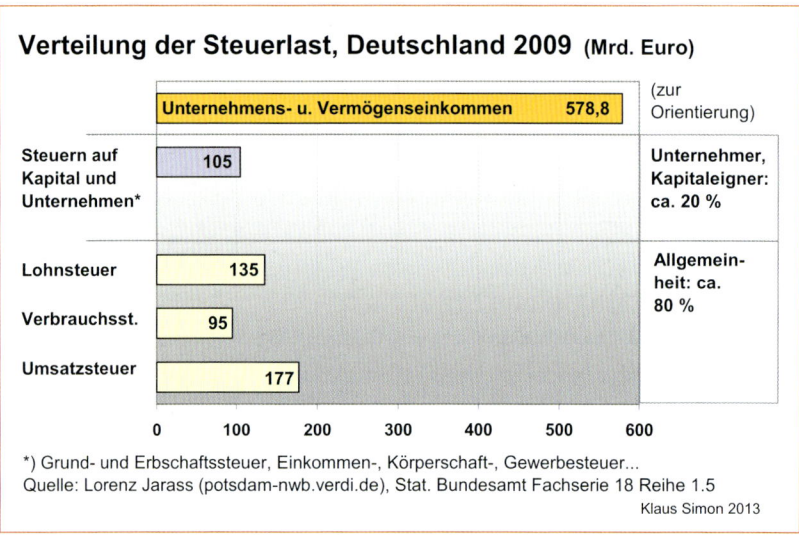

Abb. 24: Steuerlast D

Zunehmend ungleiche Vermögensentwicklung

Die gezeigte Einkommensentwicklung blieb nicht ohne Folgen. Längst besteht eine extrem ungleiche Verteilung des Netto-gesamtvermögens der deutschen Privathaushalte. Nach dem jüngsten *Armuts- und Reichtumsbericht der Bundesregierung* wächst das Vermögen des obersten Zehntels kontinuierlich zulasten der unteren neun Zehntel. Die Hälfte aller Deutschen hielt 2008 nur noch ein Prozent allen Vermögens in Händen, das oberste Zehntel aber hatte 53 Prozent (Daten auf Basis der Einkommens- und Verbrauchsstichprobe EVS).[150]

die untere Hälfte hat nix und das oberste Zehntel hat fast zwei Drittel

Die Vermögenserfassung ist mit Unwägbarkeiten verbunden – angefangen von der Datenerhebung mittels Umfragen bis zur marktnahen Bewertung von Immobilien oder wertvollem Hausrat. Die genutzten Verfahren führen zu unterschiedlichen Ergebnissen. Jedenfalls fallen die Zahlen des Armuts- und Reichtumsberichts moderater aus als die Berechnungen des

DIW (Abbildung 25), denen *SOEP*-Daten zugrunde liegen. Danach hielt bereits 2007 das oberste Zehntel nicht 53, sondern 61 Prozent allen Vermögens und die untere Hälfte besaß statt 1 Prozent im Mittel gar nichts.[151]

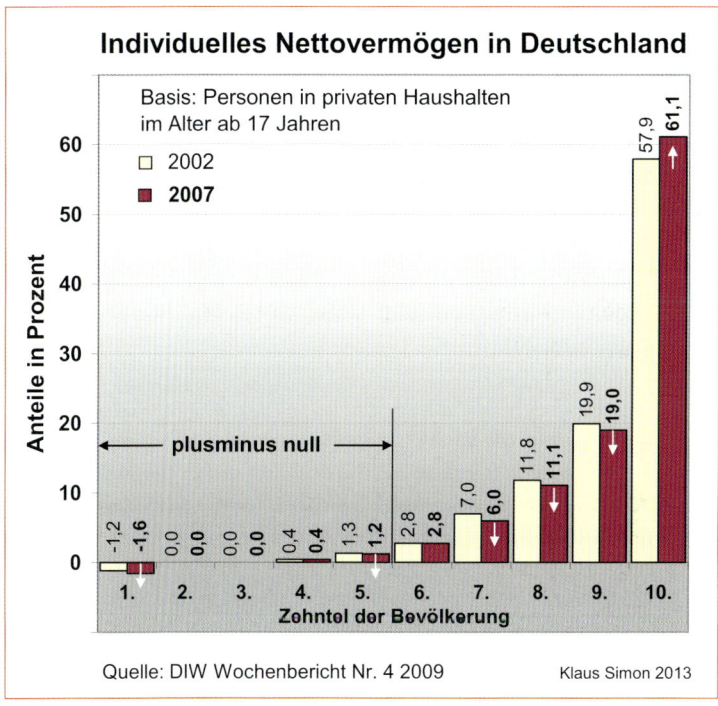

Abb. 25: Nettovermögen D

Schränkt man die Betrachtung auf das oberste Hundertstel ein, so zeigt sich die extreme Vermögenskonzentration noch deutlicher: Nach einer Erhebung der *Valluga AG* verfügte 2010 das oberste Prozent der sogenannten D.A.CH-Region (Deutschland, Österreich und Schweiz) über 33,2 Prozent allen Privatvermögens; das Vermögen dieser Region entfällt zu rund drei Vierteln auf Deutschland.[152] Und die Initiative *Vermögens-*

steuer jetzt nennt Stand 2013 ein Nettoprivatvermögen von 3.512 Milliarden Euro für das oberste Prozent in Deutschland, das entspricht nun bereits einem Anteil von beachtlichen 35,7 Prozent.[153]

Millionäre auf
Rekordkurs

Dieses oberste Hundertstel besteht aus Euro-Millionären; der *Valluga*-Report 2011 listet für Deutschland insgesamt 830.000 Millionäre auf – rund 1 Prozent der Bevölkerung. Das Wachstum des Gesamtvermögens der einprozentigen Oberschicht erreichte allein 2008 bis 2010 sagenhafte 19,2 Prozent.[154] Das Gesamtvermögen aller privaten Haushalte Deutschlands wuchs im gleichen Zeitraum aber nur um 6,6 Prozent.[155] Der enorme Unterschied verweist auf das erreichte Ausmaß der immer rasanteren Umverteilung von unten nach oben: Was die oben überdurchschnittlich hinzugewinnen, verlieren Mittelstand und Unterschicht (vgl. weiße Pfeile in Abbildung 25).

International ist die Vermögenskonzentration bei den Superreichen noch krasser: 2012 besaßen ganze 0,6 Prozent der Weltbevölkerung fast 40 Prozent des weltweiten Gesamtvermögens! Dabei ist der Anteil der Forbes 400 (400 reichste Amerikaner) 1993 bis 2010 von 300 auf 1.500 Milliarden US-Dollar gestiegen.[156] Zugleich müssen sich mehr als zwei Drittel der Weltbevölkerung in knappe drei Prozent aller Reichtümer teilen.

Abbildung 26 zeigt die weltweit erreichte Ungleichverteilung in Billionen Dollar:

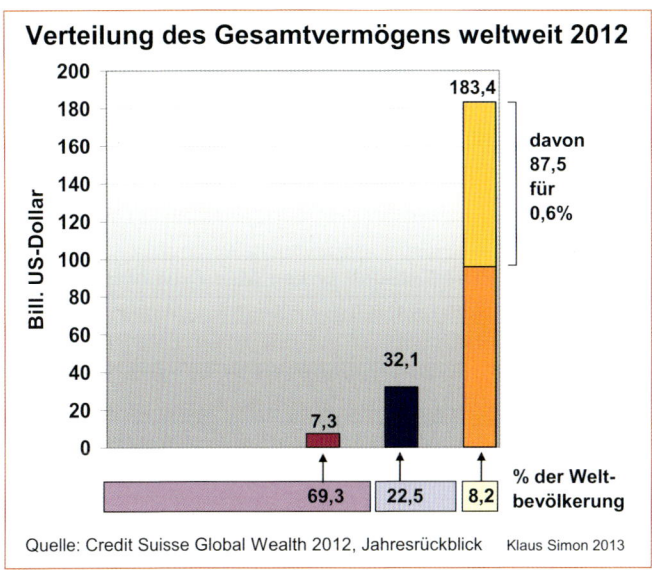

Abb. 26: Internationale Vermögen

Die Ungleichverteilung spaltet die Gesellschaft. Der Friedensforscher Horst Afheldt schreibt dazu: Ohne eine Umkehr der Verteilung „wird die Gesellschaft so desolidarisiert, dass sie zerbrechen muss."[157] Und der Soziologe Franz Schultheis kommt zu ähnlichen Ergebnissen: „Hauptproblem ist, dass der Mittelstand nicht mehr am Wohlstand teilhat. [...] Damit einher geht eine Tendenz der gesellschaftlichen Entsolidarisierung. Soziale Gruppen treten miteinander in Konkurrenz rund um das, was noch zu verteilen ist. [...] Dies ist für den Zusammenhalt einer Gesellschaft keine gute Voraussetzung." Das Fazit: „Wenn die Ungleichheit zunimmt, gehören letztlich alle gesellschaftlichen Schichten zu den Verlierern."[158]

Globaler Reichtum schafft globale Armut

Als absolut arm gelten Menschen, die über weniger als 1,25 Dollar Einkommen pro Tag verfügen. Die *Vereinten Nationen* haben 2012 eine Zwischenbilanz zur Erreichung der Millenniumsziele vorgelegt (Halbierung der weltweiten Armut bis 2015):

Die Zahl der weltweit absolut armen Menschen ging von 2 Milliarden im Jahr 1990 auf 1,4 Milliarden im Jahr 2008 zurück. Dieser Fortschritt ist vor allem der Entwicklung Indiens und Chinas zu verdanken. In Afrika südlich der Sahara sank die Zahl absolut armer Menschen dagegen nur wenig: von 395 Millionen im Jahr 2005 auf 386 Millionen im Jahr 2008. Trotz aller Erfolge ist noch immer ein Fünftel der Weltbevölkerung absolut arm.

Der Anteil unterernährter Menschen ist zwar prozentual zurückgegangen, doch dies ist einzig dem Bevölkerungswachstum geschuldet. Die tatsächliche Zahl unterernährter Menschen veränderte sich seit 1990 nur temporär und liegt nach wie vor bei 850 Millionen. In Afrika südlich der Sahara stieg sie sogar von 210 Millionen (2006) auf 231 Millionen (2008) an. Seit der Nahrungsmittelpreiskrise von 2008 schreitet in vielen Regionen die Behebung des Nahrungsmittelmangels „langsamer oder gar nicht voran."[159]

Verteilungsfehler des Systems

Wie innerhalb einer Volkswirtschaft lassen sich auch weltweit immer nur die hundert Prozent verteilen, die erwirtschaftet wurden. Wenn also die einen in Millionen schwimmen und die anderen hungern, so ist das schlicht ein *Verteilungsfehler des Systems*. Abbildung 27 zeigt den Zusammenhang. Dabei sind die durchschnittlichen Pro-Kopf-Gesamtvermögen von fünf (sehr unterschiedlich großen) Gruppen der Weltbevölkerung zu sehen. Bereits von einem Zehntel des Vermögens der winzigen Gruppe der Millionäre könnten Strukturmaßnahmen in Höhe von 6.250 Dollar pro Kopf der absolut armen Menschen finanziert werden. Selbstverständlich müssten in den betroffenen Ländern Korruption und Missmanagement ebenso beseitigt werden. Das aber ist kein Argument, welches die jetzige Verteilungssituation rechtfertigt: *8,2 Prozent der Menschen besitzen mehr als vier Fünftel von allem!*

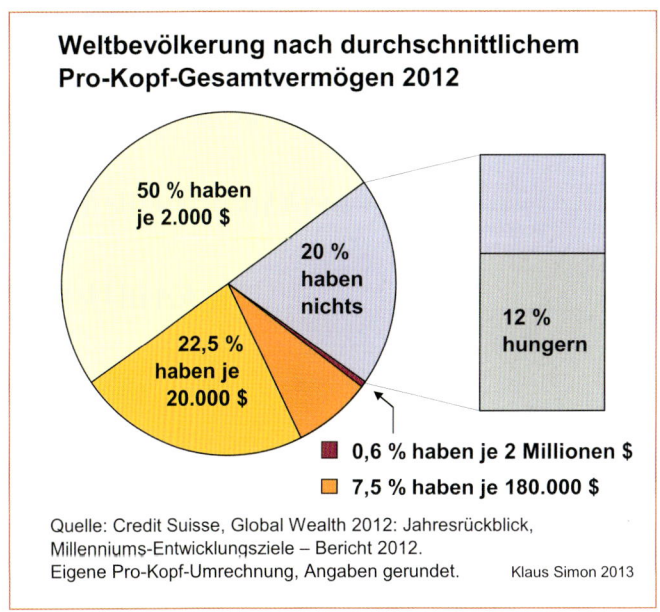

Abb. 27: Internationale Ungleichverteilung

Die Not der absolut Armen hat fürchterliche Konsequenzen. Nach *Jean Ziegler*, von 2000 bis 2008 *UNO*-Sonderberichterstatter für das Recht auf Nahrung, sterben derzeit jährlich 18 Millionen Menschen durch Hunger und Unterernährung[160] – in einer Welt, die dank heutiger Produktivität Nahrung für alle bieten könnte. Das Resultat unserer Wirtschafts"ordnung" ist schlimmer als im Krieg, ein fortdauerndes Massaker (Abbildung 28). Wer oder was erlaubt uns diese unsägliche Barbarei?

schlimmer als im Krieg

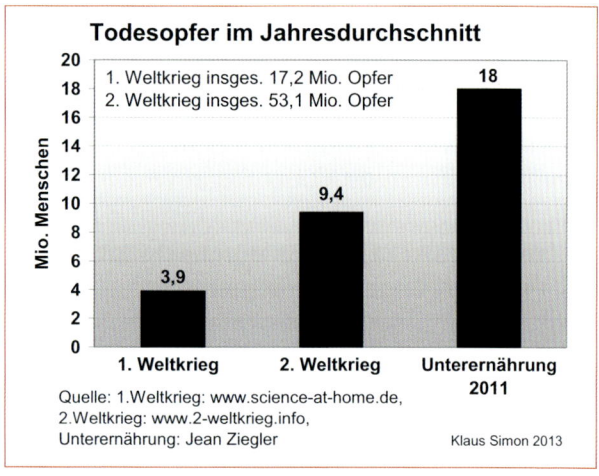

Abb. 28: Hungertote

Für dieses Massaker bestehen strukturelle Ursachen. Wir sehen den Anstieg der Nahrungsmittelpreise zur Finanzkrise 2008:

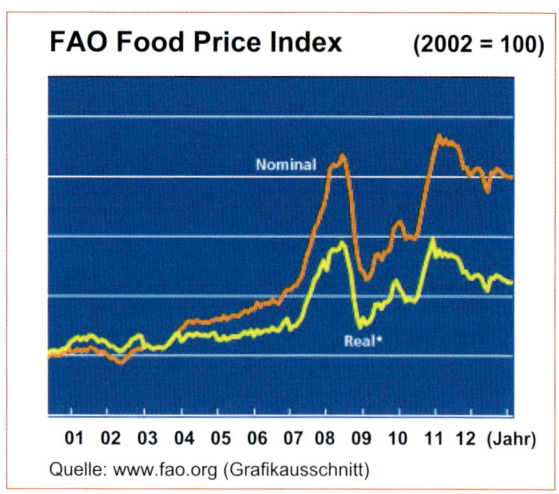

Abb. 29: Nahrungsmittelpreise[161]

Die Agrar- und Nahrungsmittelkonzerne sind eben nicht dem Kampf gegen den Hunger verpflichtet, sondern der Rendite ihrer Aktionäre. Die Finanzindustrie ebenso. Nochmals *Ziegler*: „Einer der mörderischsten Mechanismen, die für die Massenvernichtung von Millionen Menschen in der Dritten Welt verantwortlich sind, ist ganz sicher die Börsenspekulation auf Grundnahrungsmittel. Die wiederum ist total legal. [...] Mais ist um 63 Prozent in weniger als acht Monaten gestiegen. Die Tonne Weizen hat sich verdoppelt. Und die Tonne philippinischen Reises ist von 110 auf 1200 Dollar in zwölf Monaten gestiegen."[162]

(Randnotiz: Spekulation treibt die Nahrungsmittelpreise)

Die Hunger- und Armutsprobleme erfahren durch das rasante Bevölkerungswachstum zusätzliche Verschärfung. „Für das Jahr 2050 prognostizieren die Vereinten Nationen eine Weltbevölkerung zwischen acht und fast elf Milliarden Menschen. Welches dieser Szenarien eintritt, hängt wesentlich davon ab, inwieweit die Menschen in Entwicklungsländern Zugang zu Aufklärung, Familienplanung und Bildung haben werden."[163] Mit Verteilungsvorstellungen wie in Abbildung 27 ist dieser Zugang mit Sicherheit nicht erreichbar!

Jede Sekunde kommen 2,7 Erdenbürger hinzu (Geburten 4,5 und Todesfälle 1,8 pro Sekunde).

Aus Abbildung 30 geht hervor, wie bitter ernst die Situation ist. Nur falls ein extremer Rückgang der jährlichen Zuwachsraten gelingen sollte (hellgraue Säulen: bis zum Jahr 2100 zurück auf das Niveau von 1920!), könnte sich die Bevölkerungszahl bei elf Milliarden Menschen stabilisieren.

(Randnotiz: extremer Rückgang der Geburtenraten nötig)

Das Problem einer sozial gerechteren Verteilung stellt sich also national wie auch international in aller Dringlichkeit!

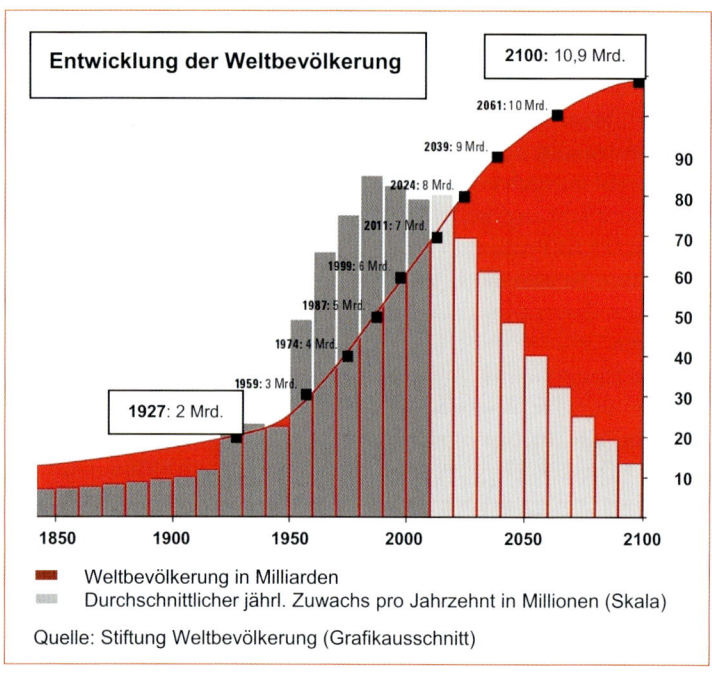

Abb. 30: Weltbevölkerung

2.3 – Der ökologische Konflikt des Systems

Gestörte Ökosystemdienstleistungen

Die Natur stellt uns Nahrung, Wasser, Rohstoffe usw. zur Verfügung. Sie baut Schadstoffe ab, reguliert das Klima, stellt den Nährstoffkreislauf und die Bodenbildung sicher – und noch vieles mehr. Für alle diese überaus wertvollen Funktionen hat sich der holprige Begriff Ökosystemdienstleistung eingebürgert.

Die Studie der *Vereinten Nationen „Millennium Ecosystem Assessment" (MA)* hat 24 solche Ökosystemdienstleistungen näher untersucht. Schon 2005 befanden sich 15 davon „in einem Zustand fortgeschrittener oder anhaltender Zerstörung."[164] Betrachten wir als Beispiel das komplexe System des Bodens, welches uns nicht nur landwirtschaftliche Erträge schenkt, sondern zugleich auch totes organisches Material abbaut, den Wasserhaushalt reguliert usw. Den Rückgang dieser Dienstleistungen bis hin zum völligen Verlust bezeichnet man als *Bodendegradation*. Nur 11 Prozent der weltweiten Landfläche sind landwirtschaftlich nutzbar, und davon aber zeigt heute bereits ein Fünftel Degradationserscheinungen. Das liegt nicht nur an Klimaänderungen. Durch Menschen wird jährlich ein landwirtschaftlicher Flächenverlust in der Größenordnung der Schweiz verursacht. Die Gründe reichen von der Bodenversiegelung (Städte, Industriegebiete, Verkehrsflächen) über Bodenverdichtung (Einsatz schweren Geräts) oder Versalzung (Bewässerungsanbau) bis hin zur Schädigung durch Monokulturen, anorganische Düngung und sonstigen Schadstoffeintrag. In der Ukraine ist heute bereits 40 Prozent des Bodens verdichtet und im mediterranen Raum sind 157 Millionen Hektar Boden durch Erosion gefährdet.[165] Als Folge davon werden für die nächsten Jahrzehnte Einbußen bei der weltweiten Nahrungsmittelproduktion erwartet. Dies wird zur Intensivierung der Landwirtschaft führen, was wiederum den Degradationsprozess beschleunigen könnte ... Das Problem ist ernst – und nur eines von vielen.

Weitere Störungen reichen vom Schadstoffeintrag in Grundwasserschichten über die Schädigung der Wälder bis zum Absterben ganzer Meeresregionen.

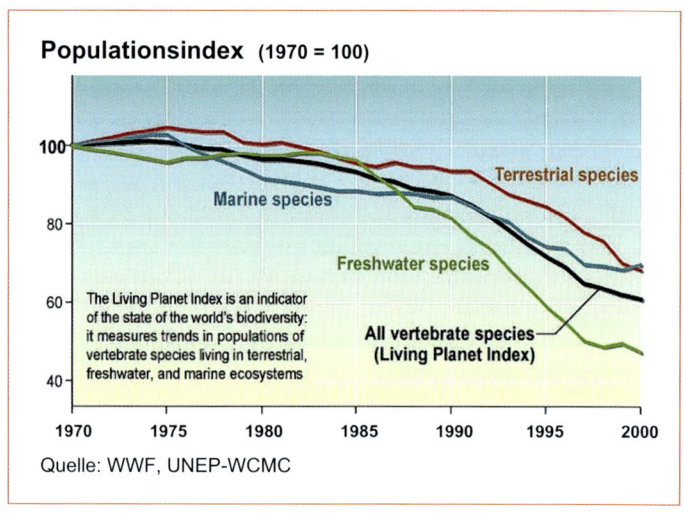

Abb. 31: Populationsindex[167]

Das tragische Gesamtresultat bereits eingetretener Störungen des Ökosystems zeigt sich im Verlust an biologischer Vielfalt zwischen 1970 und 2000. Der in Abbildung 31 dargestellte *Living Planet Index* beruht auf Daten zur Verbreitung von Wirbeltierarten in der ganzen Welt, von denen 555 an Land, 323 im Süßwasser und 267 im Meer leben. Der Index sank im Mittel seit 1970 um 40 Prozent, bei Süßwasserarten sogar um 70 Prozent. Man kann das nüchtern sehen. Doch eigentlich sind diese Tiere unsere Verwandten, aus Arten wie ihnen sind wir einst hervorgegangen.

dramatischer Verlust biologischer Vielfalt

Derzeit deutet nichts auf eine Verlangsamung dieser traurigen Entwicklung hin. „Nie in der menschlichen Geschichte wurden Ökosysteme stärker belastet als in den letzten 50 Jahren und die Belastungen steigen weiter an. Die heute festzustellenden Schäden werden tiefgreifende Auswirkungen in der Zukunft nach sich ziehen."[166] Offenbar gelingt es uns nicht, nachhaltig zu wirtschaften. Der US-amerikanische Ökologe *Herman Daly* nennt drei einleuchtende Grundregeln, nach

denen sich beurteilen lässt, wo die Grenzen für einen nachhaltigen Durchsatz von Rohstoffen und Energie liegen:

▷ *Erneuerbare Ressourcen (Nahrung, Land, Boden,
Wasser ...): Ihre Nutzungsrate darf nicht größer sein
als die Regenerationsrate (z. B. nicht mehr Fische
fangen als nachwachsen).*

▷ *Nicht erneuerbare Ressourcen (fossile Brennstoffe,
Material ...): Ihre Nutzungsrate darf nicht größer sein
als das Resultat erneuerbarer Ressourcen, das aus
ihnen gewonnen wird (Beispiel: Teile des Ertrags eines
Ölvorkommens werden für den Aufbau von Wind-
parks o. Ä. verwendet, sodass nach Erschöpfung des
Vorkommens ein gleichwertiger Strom erneuerbarer
Energien vorhanden ist).*

▷ *Schadstoffsenken (Abfälle, Abgase ...): Die Emissions-
rate darf nicht größer sein als die Rate, mit der der
Schadstoff abgebaut, absorbiert oder unschädlich
gemacht werden kann.*[168]

Diese Regeln sind ebenso wenig umstritten wie sie Anwendung
finden. *Dennis Meadows* fasst zusammen: „Die menschliche
Wirtschaft verbraucht heute viele kritische Ressourcen und
produziert Abfälle mit Durchsatzraten, die nicht nachhaltig
genannt werden können. Quellen werden erschöpft, Senken
gefüllt, bisweilen sogar überfüllt. In den meisten Fällen lassen
sich selbst die gegenwärtigen Durchsatzmengen auf lange Sicht
nicht aufrechterhalten, und höhere erst recht nicht."[169]

*wir wirtschaf-
ten nicht
nachhaltig*

---

*Hat sich die menschliche Wirtschaft denn wirklich so rasant
entwickelt, dass die Umweltbelastung derart anwächst?
Ein verlässlicher Gradmesser industriellen Wachstums ist
die jährliche Rohstahlproduktion. Sie ist weltweit zwischen*

1900 und 2012 von 28,3 auf 1.548 Millionen Tonnen gestiegen, das ist Faktor 55![170]

Uns stehen nicht ansatzweise technische Lösungen zur Verfügung, welche die Ökosystemdienstleistungen des Planeten ersetzen könnten, z. B. die globale Primärproduktion der Algen, falls die Weltmeere immer weiter verschmutzen oder versauern. Jedes zweite Sauerstoffmolekül, das wir atmen, stammt aus der Fotosynthese der Algen und jedes zweite ausgeatmete Molekül Kohlendioxid wird von Algen wieder gebunden.[171] Die Sorglosigkeit, mit der wir die Beeinträchtigung solcher Grundvoraussetzungen unseres Weiterlebens riskieren, ist – zurückhaltend formuliert – überraschend.

Fußabdrücke und Rucksäcke

Umrechnung des Stoffdurchsatzes in dafür benötigte Landflächen

Mathias Wackernagel und *William Rees* entwickelten in den 1990er-Jahren das Konzept des *ökologischen Fußabdrucks*, das die Inanspruchnahme der Biosphäre durch den Menschen darzustellen versucht. Der ökologische Fußabdruck „schätzt die Energie- und Materialflüsse in einer Wirtschaftseinheit und rechnet sie um in Wasser- und Landfläche, die nötig sind, um diese Flüsse aufrechtzuerhalten". Die Idee ist also, diejenige Fläche zu ermitteln, die man zur dauerhaften Lieferung der benötigten Ressourcen für die jeweils gewünschte Wirtschaftsleistung braucht (z. B. Rohstoffe) – und ebenso die Fläche zur Aufnahme der Endprodukte. Man kann dann sehen, ob die benötigte Fläche überhaupt zur Verfügung steht. Diese Vereinfachung, nämlich die „Übersetzung unterschiedlichster Konsumkategorien in Landnutzung", ist einerseits Anlass zur Kritik, macht das Konzept aber andererseits zu einem einfachen und anschaulichen Instrument.[172]

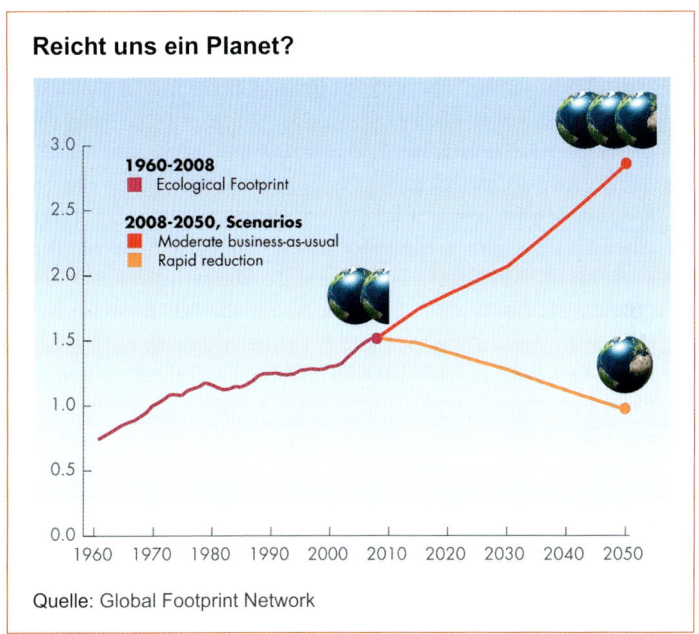

Abb. 32: Footprint[173]

Bei der Berechnung des weltweiten ökologischen Fußabdrucks variieren zwar die Ergebnisse je nach statistischem Material. Allen aber ist gemeinsam: Irgendwann zwischen 1970 und 1985 überstieg der ökologische Fußabdruck der Menschheit die zur Verfügung stehenden Flächen des Planeten, d. h. seitdem ist die Biokapazität der Erde überfordert. Nach Daten des *Global Footprint Network* brauchten wir Stand 2008 bereits anderthalb Erden für unsere wirtschaftlichen Aktivitäten, und 2050 wären es knapp drei Erden, wenn sich die jetzige Entwicklung fortsetzt (Abbildung 32).

Dabei haben viele Industrienationen einen ökologischen Fußabdruck noch weit über dem weltweiten Durchschnitt. US-Amerikaner verbrauchen im Mittel das Vierfache, Deutsche das 2,5-Fache dessen, was nachhaltig wäre.[174] Anders formuliert: Zum Stand heutiger Technologien müssten wir in Deutschland unseren Lebensstil um mehr als das Doppelte zurückschrauben, um überhaupt wieder nachhaltig zu leben. Kann denn das stimmen?

an unseren Produkten hängt ein Rucksack von Vorprodukten

Will man verstehen, warum unser ökologischer Fußabdruck so unerwartet groß ist, dann ist der sog. *ökologische Rucksack* eine wesentliche Vorstellungshilfe. Der Begriff wurde 1994 vom Umweltforscher *Friedrich Schmidt-Bleek* eingeführt. Alle Stoffe und Produkte, die wir nutzen, weisen einen „Rucksack" auf: „Jede Tonne Steinkohle, die wir verfeuern, trägt einen Rucksack von 5 Tonnen Abraum und Wasser. Dazu kommen ca. 3,3 Tonnen Kohlendioxidemissionen, die im Verbrennungsprozess entstehen. Der ökologische Rucksack von Steinkohle ist also knapp 8,5-mal, der von Braunkohle sogar insgesamt zehnmal so schwer wie die Kohle selbst."[175] Der ökologische Rucksack ist oft schwerer als man denkt, zum Beispiel:

Armbanduhr	12,5 kg
Jeans	30 kg
Laptop	300 kg
1 kg Weizen	1.000 bis 1.300 Liter Wasserverbrauch
Baumwolle für	
1 T-Shirt	75.000 Liter Wasserverbrauch[176]

sehr niedrige Materialproduktivität

Der ökologische Rucksack verweist nicht nur auf den extrem hohen Material*aufwand* unserer Produkte, sondern zugleich auch auf die unglaublich niedrige Material*produktivität*. Diese wird ermittelt als das Gewichtsverhältnis von Produkt zu Materialinput. „Global finden sich etwa 7 Prozent der genutzten Ressourcen tatsächlich in Produkten wieder; 93 Prozent werden schon vorher zu Abfall. Von diesen Produkten werden etwa 80 Prozent nur einmal genutzt, dann werden auch sie zu Abfall."[177]

Für all das verbrauchen wir Energie: weltweit derzeit 13 Milliarden Tonnen Erdöläquivalent an Primärenergie pro Jahr; auf jeden Deutschen entfallen jährlich 4,1 Tonnen. Und dabei ist auch die Energieproduktivität unglaublich niedrig: Zwei Drittel aller erzeugten Energie geht verloren! In Deutschland lagen 2008 die Umwandlungs- und Leitungsverluste bei 29,2 Prozent (Kraftwerke, Raffinerien usw.). Hinzu kamen weitere 36 Prozent durch Verluste beim Verbraucher,[178] und diese 36 Prozent sind nur ein Durchschnittswert; Autos z. B. funktionieren weit ineffektiver:

sehr niedrige Energieproduktivität

Ein herkömmlicher Ottomotor nutzt nur 26 Prozent seiner Kraftstoffenergie zur Kolbenarbeit (69 Prozent gehen über Wärmeabgabe und 5 Prozent über Reibungsverluste verloren).[179] Praktisch ergibt sich bei 10 Prozent Belastung ein Nutzwirkungsgrad für die eigentliche Transportaufgabe von nur noch 14 Prozent (Verluste durch Bremsen, Beschleunigen, Luftwiderstand usw.),[180] d. h. 86 Prozent der Kraftstoffenergie verpuffen wortwörtlich im Auspuff!

Eine naheliegende Schlussfolgerung aus diesen Zahlen heißt *Dematerialisierung*. Der Materialaufwand unserer Produkte muss sinken (*Schmidt-Bleek* spricht von Faktor 10) und die Materialproduktivität muss wachsen. Der Energieaufwand muss durch bessere Ausnutzung sinken und zunehmend mithilfe erneuerbarer Quellen erzeugt werden. Unsere Stoffkreisläufe müssen naturverträglicher werden und die Schadstoffemission muss sinken. Können wir so zur nachhaltigen Lebensweise zurückfinden? Der folgende Abschnitt bringt Ernüchterung.

Produktivität muss wachsen!

Eine Bilanz von 1995 bis 2005

1996 hat die Studie „Zukunftsfähiges Deutschland" des *Wuppertal Instituts für Klima, Umwelt, Energie* umweltpoli-

Ziele verfehlt

tische Ziele formuliert, die den Übergang zur nachhaltigen Entwicklung in Deutschland bis 2050 ermöglichen würden – einschließlich konkreter Zwischenergebnisse, die bis 2010 erreicht sein müssten. In der gleichnamigen Nachfolgestudie von 2008 wurde mit den Daten von 2005 Bilanz gezogen. Abbildung 33 zeigt das Ergebnis:

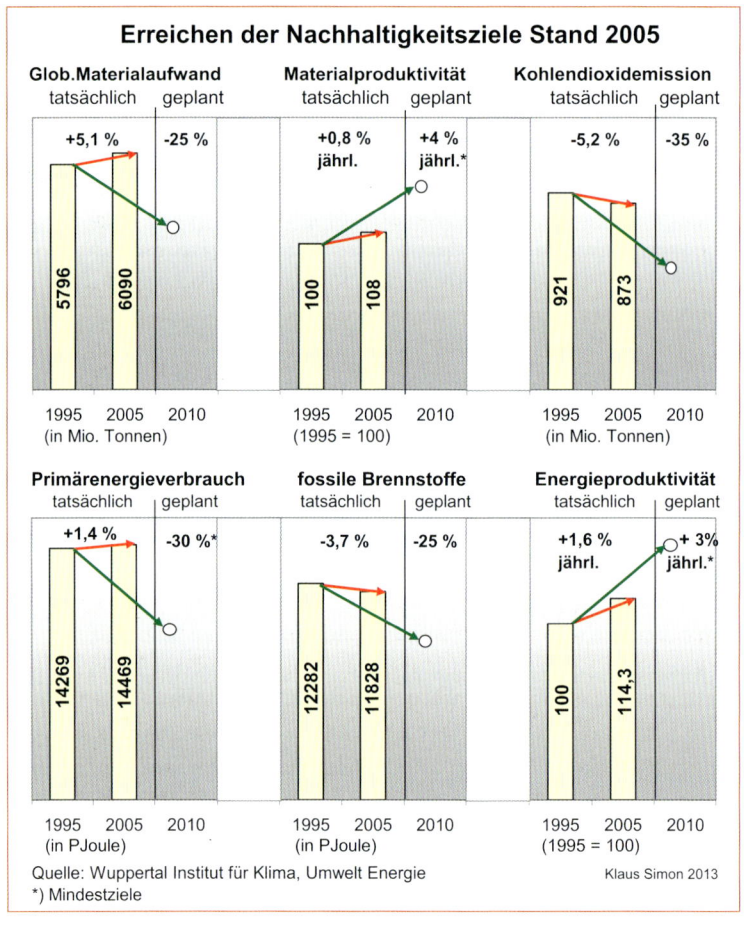

Abb. 33: Nachhaltigkeitsziele[181]

Wesentliche Nachhaltigkeitsziele wurden verfehlt: Der globale Materialaufwand ist nicht um 25 Prozent gefallen, sondern um 5,1 Prozent gestiegen. Auch der Primärenergieverbrauch ist von 1995 bis 2005 um 1,4 Prozent gestiegen, obwohl er doch bis 2010 um 30 Prozent sinken sollte – trotz Energie- und Klimaschutzprogramm sowie Nachhaltigkeitsstrategie der Bundesregierung. Wie konnte das passieren?

Entkopplungshoffnung und Rebound-Effekt

Wenn der Materialinput für Produkte sinkt, zugleich aber mehr Produkte nachgefragt werden, ist der volkswirtschaftliche Einspareffekt gleich null. Folglich besteht der dringliche Wunsch, das Wirtschaftswachstum vom Umweltverbrauch zu entkoppeln. Von *absoluter Entkopplung* wird gesprochen, wenn die Umweltauswirkungen stabil oder abnehmend sind, während die Wirtschaftsleistung zunimmt. *Relative Entkopplung* liegt vor, wenn die Umweltauswirkungen zwar wachsen, aber immerhin geringer als die Wirtschaftsleistung.[182] Die EU weist von 1970 bis 2000 eine relative Entkopplung von Ressourcennutzung und realem Wirtschaftswachstum auf (Abbildung 34).

> Umweltverbrauch von Wachstum entkoppeln?

Doch die Ressourcennutzung liegt auf viel zu hohem Niveau (ökologischer Fußabdruck!), und wenn auch nur schwach: Sie steigt – und mit ihr die Umweltprobleme. Vor allem steigt die Ressourcennutzung trotz gleichzeitiger Verlagerung ressourcenintensiver Produktion aus den europäischen Volkswirtschaften heraus! Der BIP-Anteil des produzierenden Gewerbes ist im Zeitraum 1970 bis 2000 stark gefallen, z. B. in Deutschland von 36,4 auf 22,7 Prozent.[184] Wir steigern die Effizienz und produzieren weniger – verbrauchen aber trotzdem mehr Ressourcen!

> weniger Produktion, aber mehr Umweltverbrauch

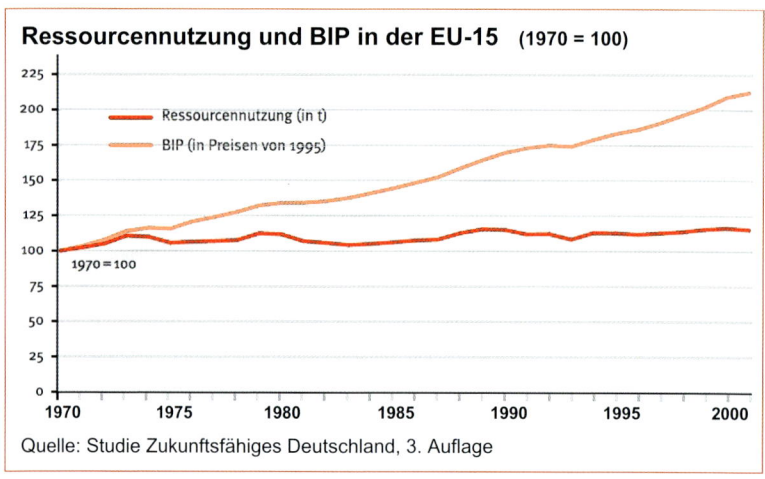

Abb. 34: Relative Entkopplung EU-15[183]

Umweltver-
brauch ganzheit-
lich erfassen

Diese Ungleichentwicklung ist der Grund, warum der Ressourcenverbrauch nicht nur auf die Produktion von Gütern,
sondern auf die Summe aller Dienstleistungen bezogen
werden muss. Denn neben der Produktion spielt schließlich
auch die Nutzung von Gütern eine Rolle. Möglichkeiten zu
solch ganzheitlicher Erfassung sind der sog. *Material-Input pro
Service-Einheit (MIPS)*[185] oder die Lebenszyklusanalyse *Life
Cycle Assessment (LCA)*. Mit ihrer Hilfe kann man feststellen,
welchen Ressourcenverbrauch eine typische Dienstleistung
verursacht, z. B. das Waschen von 5 kg Wäsche (unter anteili-
gem Einbeziehen des Herstellungs- und Entsorgungsaufwan-
des der Waschmaschine).

Das *Faktor-10*-Konzept erweist sich somit nicht nur als
Herausforderung für Entwicklungsingenieure, sondern auch
für Verbraucher. Beispiel: Wenn heute ein Pkw entwickelt
wird, der im Vergleich zu 1970 den halben Kraftstoffverbrauch
und die 1,5fache Lebensdauer aufweist, so ist dieser Pkw um
Faktor 3, nach Gegenrechnen des höheren Materialinputs
angenommen um Faktor 2 dematerialisiert. Wenn er nun

durch intelligente Nutzung (z. B. Fahrgemeinschaften usw.)
je Kilometer doppelt so viele Personen befördern würde wie
bisher, wären wir schon bei Faktor 4.

---

*Die Praxis sieht leider ganz anders aus: Die durchschnitt-
liche Pkw-Auslastung in Deutschland liegt nach wie vor
bei 1,5 Personen,[186] die Pkw-Flotte hat sich zwischen 1970
und 2000 von 14 auf 43 Millionen Pkw verdreifacht[187] und
die Pkw-Verkehrsleistung stieg von 380 auf 850 Milliarden
Personenkilometer.[188] Selbst wenn alle Pkw um Faktor 2
dematerialisiert wären (was bei Weitem nicht zutrifft!),
stünde diesem Effizienzgewinn ein deutlich höherer Mehrverbrauch durch verstärkte Nutzung gegenüber!*

Werden Einsparungen aus effizienten Technologien über
vermehrten Herstellungsaufwand (z. B. neue Produktionsanlagen) oder vermehrte Nutzung wieder reduziert, wird dies
Rebound-Effekt genannt (engl. *rebound*: „Abprall, zurücksprin-
gen"). Kommt es sogar zu höherem Verbrauch (s. o. Pkw),
spricht man von *Backfire*: Der Schuss geht dann nach hinten
los. Der Rebound-Effekt wurde 1865 durch den englischen
Ökonom *William Stanley Jevons* im Zusammenhang mit der
Brennstoffnutzung erstmals postuliert (*Jevons' Paradox*). Ein
frühes Backfire-Beispiel im 20. Jahrhundert war die Ablösung
der Kohlefadenlampen durch Glühlampen mit nur noch einem
Viertel des Energieverbrauchs. Trotzdem kam es zu steigendem Strombedarf, u. a. weil die effizienten und preiswerten
Glühlampen nun einen Massenmarkt erobern konnten.[189] Ein
neueres Beispiel liefert der Flugverkehr:

Rebound: Effizienz-
gewinne werden
zunichtegemacht

---

*1970 verbrauchten Flugzeuge durchschnittlich 12 Liter
Kerosin pro 100 Personenkilometer, ein Airbus A380-600
(Erstflug 2001) benötigt dagegen nur noch 4 Liter.[190] Das*

ist ein Effizienzgewinn von Faktor 3. Zugleich aber stieg das Luftverkehrsaufkommen in Deutschland 1970 bis 2000 von ca. 7 auf rund 42,5 Mrd. Personenkilometer um Faktor 6.[191] Damit ist trotz Effizienzgewinn der Kerosinverbrauch auf das Doppelte angestiegen (hinzu kommen noch das enorm gestiegene Luftfrachtaufkommen und die gestiegene Flughöhe, so dass Schadstoffe nun zunehmend in sensible atmosphärische Schichten gelangen).

Das Ausmaß von Rebound-Effekten wird kontrovers diskutiert. Manche Autoren sehen bei Energieeffizienzprogrammen einen negativen Einfluss durch Verhaltensänderungen nur im Bereich von 5 bis 30 Prozent der angestrebten Einsparziele.[192] Das will zu den gezeigten Beispielen nicht recht passen, und andere Quellen sind da auch weniger optimistisch: „So ist durch effizientere Ressourcennutzung bisher noch selten eine Umweltentlastung entstanden."[193]

erhebliche Bedeutung des Rebounds

Die *Enquete-Kommission „Wachstum, Wohlstand, Lebensqualität"* des *Bundestages* schätzt die Bedeutung des Rebound-Effekts jedenfalls hoch ein. Ihr geht es um eine grundsätzliche (absolute) „REDUKTION des Umweltverbrauchs in den als kritisch erkannten Bereichen". Dabei zeigt sich, „dass Rebound-Effekte viel relevanter sind als bisher in der Umweltdebatte angenommen und sich teilweise sogar ‚Backfire'-Effekte beobachten lassen." Der Bericht verhehlt nicht, warum der Effekt trotz der erheblichen Bedeutung des Rebounds in vielen globalen Übersichten und Berichten entweder gar nicht oder nur flüchtig Erwähnung findet: „Die im Raum stehende Behauptung ist, dass technische Effizienzsteigerung (auch) hinreichend sei, aber zudem den Vorteil habe, dass sie dem weiteren Wachstum des Bruttoinlandsprodukts (BIP) nicht im Wege steht und deshalb politisch akzeptabel ist."[194] Offensichtlich besteht ein wirklicher Konflikt zwischen absoluter Reduktion des Umweltverbrauchs und weiterem Wirtschaftswachstum, mehr dazu im Kapitel 3.

Energieerzeugung
Kein CO_2-Problem?

Das Leben in seiner jetzigen Form wäre ohne *natürlichen Treibhauseffekt* gar nicht möglich. Sonnenlicht durchdringt die Atmosphäre und erwärmt die Erdoberfläche. Wasserdampf in Wolken sowie Treibhausgase verhindern die vollständige Wärmerückstrahlung ins Weltall, und so kann ein Teil dieser Energiezufuhr auf der Erde verbleiben. Zu den Treibhausgasen, die das ermöglichen, gehört auch Kohlendioxid (CO_2). Mit Zunahme des atmosphärischen CO_2-Anteils seit der Industriellen Revolution besteht die Gefahr der Verstärkung des Treibhauseffekts mit der Folgewirkung eines lebensfeindlichen Klimawandels.

Nach einer *Spiegel*-Umfrage hatten 2010 nur noch 42 Prozent der Befragten in Deutschland Angst vor den Folgen des Klimawandels, 2008 waren es 62 Prozent. Der Grund wachsender Geringschätzung dieses Problems liegt zum einen in bisweilen überzogenen Positionen des *UNO-Welt-Klimarats IPCC*; z. B. die Prognose-Panne Ende 2009, nach welcher die Himalaja-Gletscher schon 2035 abgeschmolzen sein würden – die (vermutlich) richtige Jahreszahl liegt 300 Jahre später.[195] Zum anderen bleibt die kontroverse Diskussion zwischen Klimaforschung und „Klimaskeptikern" nicht ohne Folgen auf die öffentliche Wahrnehmung. Vor allem die Rolle des CO_2 steht im Mittelpunkt heftiger Auseinandersetzungen. So sehen manche „Klimaskeptiker" in den Warnungen der Klimaforscher eine „Angstmaschine, welche die öffentliche Stimmung generiert, die Merkel & Co. benötigen, um mit immer neuen Gesetzen immer mehr Abgaben und Steuern eintreiben" zu können: „Die Behauptung eines ,Treibhaus-Effektes' durch Kohlendioxid (CO_2) ist eine Lüge."[196] Die Befürworter der CO_2-Klimawandelthese sprechen dagegen vom „CO_2-Monster", und der US-amerikanische Klimaforscher *James Hansen* nennt Kohlekraftwerke „Todesfabriken".[197] Welche belastbaren Argumente stecken hinter dieser hochemotionalen Diskussion?

„Klimaskeptiker" kontra Befürworter der CO_2-These

Hier zunächst einmal die wesentlichen Gründe der Verunsicherung:

- Die Atmosphäre besteht zu nur 0,038 Prozent aus CO_2 (380
  Teile auf 1 Million: parts per million (ppm)). 2013 ergaben
  Messungen auf Hawaii einen Tagesdurchschnittswert von
  400 ppm[198] – d. h. nur maximal 0,04 Prozent CO_2 sind
  überhaupt in der Atmosphäre. Können denn so geringe
  Mengen problematisch sein?

- In Absolutwerten wird die atmosphärische CO_2-Menge
  zwischen 760 und 820 Gigatonnen angegeben (Milliarden Tonnen, Gt). „Die Umsatzzeit des atmosphärischen
  Kohlenstoffs beträgt nur wenige Jahre, und rund 210 Gt
  Kohlenstoff werden jedes Jahr zwischen Atmosphäre und
  Bio- sowie Hydrosphäre ausgetauscht.“[199] Der menschlich
  verursachte CO_2-Ausstoß beträgt aber nur rund 34 Gt
  jährlich (Stand 2011).[200] Kann denn dieser kleine Anteil bei
  6-fach größeren natürlichen Austauschprozessen und 24-
  fach größerem atmosphärischen CO_2-Reservoir schädliche
  Wirkungen haben?

- Wir befinden uns in einer Phase wechselnder Kalt- und
  Warmzeiten (Eiszeitalter), die durch Erdumlaufbahneffek-
  te und Neigungsänderung der Erdachse verursacht sind
  (*Milankovitch-Zyklen*). Globale Klimaveränderungen sind
  demnach ein natürliches und kein menschlich verursachtes
  Phänomen.

Eisbohrkerne
bilden die frühere
Entwicklung ab

Was nun das Argument des nur geringen atmosphärischen
CO_2-Anteils betrifft, so wissen wir von anderen Gasen um die
dennoch große Wirkung. Ozon z. B. ist ebenfalls ein Spurengas: Nur eines von 100.000 Molekülen in der Ozonschicht ist
tatsächlich Ozon. Dennoch genügt diese minimale Konzentration, um die schädliche UV-B-Strahlung aus dem einfallenden
Sonnenlicht weitgehend zu absorbieren, und eine Veränderung
ihres Anteils hat bekanntlich erhebliche Auswirkungen.[201] Aus
der geringen Menge können wir also nicht einfach auf geringe
Wirkung schließen. Aber es bleibt zu klären, in welchem Maße

sich Temperatur und atmosphärische CO_2-Konzentration denn nun wirklich geändert haben. Diese Fragestellung lässt sich anhand der antarktischen Eisbohrkerne recht gesichert diskutieren (auch „Klimaskeptiker" benutzen zum Teil diese Analysen).

Abbildung 35 zeigt die Schwankungen von Temperatur und atmosphärischer CO_2-Konzentration während der letzten 400.000 Jahre auf Basis antarktischer Eisbohrkerndaten. Deutlich ist die Abfolge von Eis- und Warmzeiten zu erkennen:

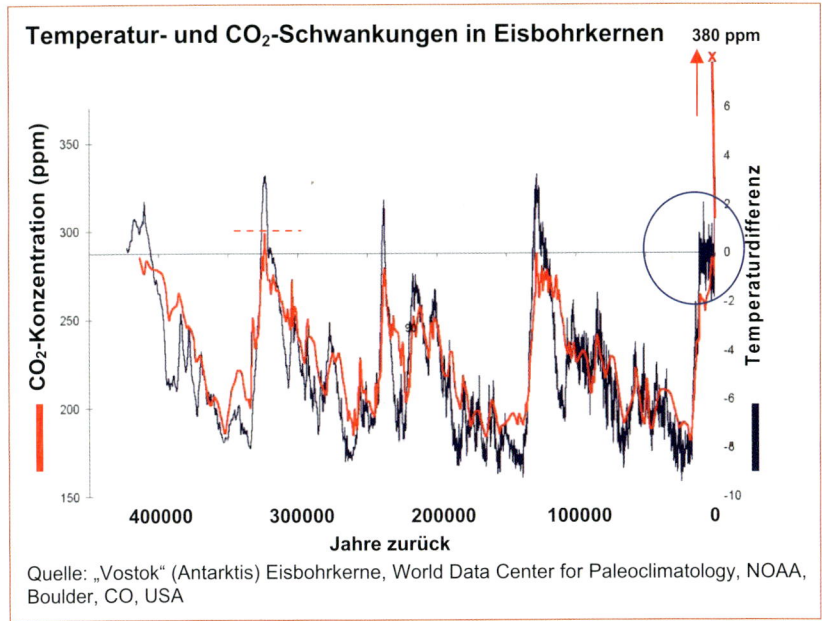

Abb. 35: CO_2/Temperaturkurve[202]

Im Nahzeitraum sind Temperaturschwankungen mit kurzen Ausschlägen zu sehen (blauer Kreis rechts). Es hat demnach auch in jüngerer Zeit mehrfach globale Erwärmungsphasen mit deutlichen Temperaturspitzen gegeben, ohne dass ein

Zusammenhang zu CO_2 erkennbar wäre. Gletscherdaten bestätigen diese Temperaturschwankungen: Die derzeit abschmelzenden Alpengletscher geben dicke Holzstücke und Moorreste frei. „Vor 1.900 bis 2.300 Jahren lagen die Gletscherzungen mindestens 300 Meter höher als heute."[203]

Auffälliger als die Temperaturschwankungen sind die CO_2-Daten: Sie betrugen vor 325.000 Jahren einmalig 300 ppm (gestrichelte rote Linie), lagen ansonsten aber in Warmzeiten immer bei 280 ppm und in Eiszeiten bei 180 ppm. Nur ganz rechts am Rand schnellen die Werte plötzlich auf 380 ppm empor. Abbildung 36 zeigt nun nochmals die CO_2-Konzentration. Zusätzlich sind aber hier die letzten tausend Jahre vergrößert: Noch 1860 lag der atmosphärische CO_2-Gehalt bei nur 280 ppm. Erst danach setzte der rasante Anstieg auf 380 (aktuell mittlerweile 400) ppm ein:

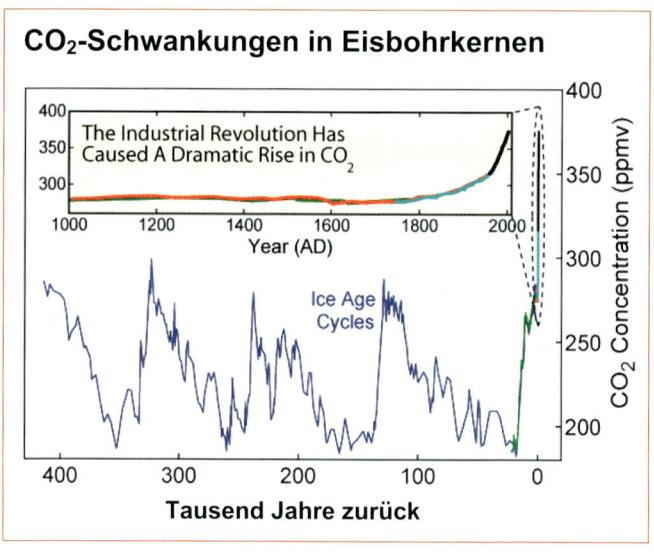

Abb. 36: CO_2-Kurve[204]

Damit stehen wir vor einem ganz anderen Erscheinungsbild als in den bisherigen natürlich verursachten Zyklen: Die CO_2-Konzentration schießt plötzlich auf Werte hinauf, die es gemäß Bohrproben innerhalb der letzten 400.000 Jahre nie gegeben hat. Die Veränderung ist mit über 100 ppm so gravierend, wie sie natürlicherweise nur als Differenz zwischen Eis- und Warmzeit auftrat. Jenseits aller Mutmaßungen für oder gegen einen von Menschen verursachten Anteil am Klimawandel ist also nüchtern festzustellen:

gravierender CO_2-Anstieg in jüngster Zeit

Der sprunghafte Anstieg der atmosphärischen CO_2-Konzentration existiert real und lässt sich mit den bisherigen Regeln natürlicher Schwankungen nicht erklären. Ebenso real beobachtbar ist die Gletscherschmelze während der letzten 150 Jahre, es gibt eindeutige Anzeichen globaler Erwärmung. Auch wissen wir, dass CO_2 ein Treibhausgas ist. Das alles sind Fakten. Wir wissen als Einziges nicht sicher, *in welchem Ausmaß* der Anstieg atmosphärischer CO_2-Konzentration die globale Erwärmung verursacht – denn die könnte ebenso auf natürliche Temperaturschwankungen zurückgehen.

Die mangelnde Kenntnis darüber, wie sensibel das Klima auf den messbaren CO_2-Anstieg tatsächlich reagieren wird, berechtigt keineswegs zur Annahme, der Anstieg stelle keine Gefahr dar! In diesem Punkt ist die Argumentation der „Klimaskeptiker" nicht skeptisch, sondern seltsam euphorisch. „Eigentlich sollte gerade die Unsicherheit uns zum Handeln anhalten: Es gibt eben keine Garantie, dass der beste Fall eintritt."[205]

Das CO_2-Problem ist nun freilich nur eines von vielen, die den menschlich verursachten Anteil am Treibhauseffekt bewirken können. Es gibt weitere Treibhausgase, z. B. Methan oder halogenierte Kohlenwasserstoffe. Auch Ruß auf Schnee spielt eine Rolle. Atmosphärischer Wasserdampf aus technischen

weitere mögliche Ursachen des Klimawandels

Anwendungen hat eine begrenzte Treibhauswirkung, denn seine Aufnahme in der Atmosphäre ist temperaturabhängig; bei gleichbleibender Temperatur kann der atmosphärische Wasserdampfgehalt also nicht stetig steigen. Zusätzlich zum Treibhauseffekt ist anzunehmen, dass die mit Energieverbrauch prinzipiell einhergehende Wärmeerzeugung direkten Einfluss auf die globale Erwärmung hat. Und schließlich gibt es auch gegenläufige Prozesse: Aerosole und Luftverschmutzungspartikel kompensieren einen Teil des Treibhauseffekts durch Reflektion der Sonneneinstrahlung.

Bei alledem bestehen Wechselwirkungen und Verstärkungseffekte, die einer beginnenden globalen Erwärmung nachfolgen können. So geschieht der jetzige CO_2-Anstieg in einer Phase relativ kühler Weltmeere, d. h. „der CO_2-Strom ist z. Zt. noch umgekehrt (nämlich aus der Atmosphäre in die Ozeane)". Kommt es zu einer Meereserwärmung im Klimawandel, wird eine verstärkte CO_2-Ausgasung und damit positive Rückkopplung des CO_2-Anstiegs in der Atmosphäre folgen.[206] Dann ist auch das Austreten großer Mengen Methan aus Meeresgrund und Dauerfrostböden zu erwarten. Zudem wird eine atmosphärische Temperaturerhöhung zur Aufnahme von mehr Wasserdampf führen, Wasserdampf wirkt insofern als Verstärker einer durch Treibhausgase verursachten Erwärmung. An der generellen Wirksamkeit dieser und weiterer Faktoren bestehen kaum Zweifel. Aber auch hier wird das Ausmaß der jeweiligen Wirkung kontrovers diskutiert. Niemand kennt derzeit genau quantifizierte Anteile – *und genau darin liegt die Gefahr!*

CO_2 als Indikator des Ressourcenverbrauchs

Neben seiner (im Ausmaß strittigen) direkten Klimawirkung kommt aber dem CO_2 eine generelle *Indikatorrolle* zu, denn die heutige Energiegewinnung beruht zu 91 Prozent auf kohlenstoffbasierten Primärenergieträgern (Abbildung 37) und ist also direkt mit CO_2-Emission verbunden:

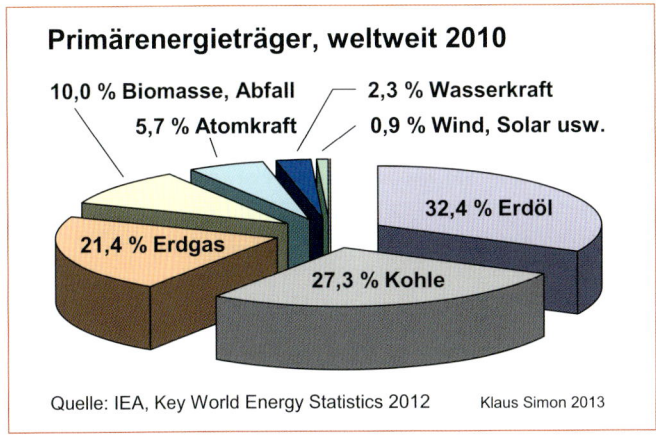

Primärenergieträger, weltweit 2010

10,0 % Biomasse, Abfall   2,3 % Wasserkraft
  5,7 % Atomkraft   0,9 % Wind, Solar usw.

32,4 % Erdöl

21,4 % Erdgas

27,3 % Kohle

Quelle: IEA, Key World Energy Statistics 2012   Klaus Simon 2013

Abb. 37: Primärenergieträger

Alle oben genannten klimarelevanten Ursachen stehen im Zusammenhang mit dem Energieverbrauch: technisch erzeugter Wasserdampf, CO_2 und Ruß sowieso, aber auch andere Treibhausgase (z. B. ist die Methanemission aus Massentierhaltung an den Energieverbrauch der industriellen Landwirtschaft gekoppelt). Überhaupt gibt es einen prinzipiellen Zusammenhang von Ressourcenverbrauch und Energieverbrauch, denn fast alle ressourcenintensiven Prozesse sind zugleich energieintensiv. Somit geht die notwendige Absenkung des Ressourcenverbrauchs mit einer Absenkung des Energieverbrauchs und damit zu 91 Prozent mit einer Absenkung der CO_2-Emission einher.

Ungeachtet der direkten Klimawirkung von CO_2 ist die Verringerung der CO_2-Emission allein aus Gründen des Ressourcenverbrauchs ein unumgängliches Ziel und wichtiger Indikator für nachhaltiges Wirtschaften.

Friedliche Kernenergienutzung?

Wäre es denn besser, die Energieerzeugung von Kohlenstoff auf Kernenergie umzustellen? Weltweit entfallen bisher erst 11 Prozent der Elektroenergieerzeugung auf Atomkraft;[207] umgerechnet auf alle Primärenergieträger sind es nur 5,7 Prozent (vgl. Abbildung 37). Kernenergie weist in der gesamten Prozesskette eine ähnlich geringe CO_2-Emission wie Windenergie auf,[208] und obendrein gilt Atomstrom als unschlagbar billig. Was also spricht dagegen? So ziemlich alles.

begrenzte Zukunfts-aussichten

Zunächst ist beim Rohstoff Uran ein (kontrovers diskutiertes) Ressourcenproblem zu nennen: Zwar meldet die OECD-Nuklearbehörde *NEA*, dass die identifizierten Uran-Reserven den Kernkraftwerks-Betrieb auf dem Niveau von 2008 noch mehr als 100 Jahre lang decken können.[209] Zugleich warnt aber die *Euratom Supply Agency (ESA)*, dass spätestens ab 2020 das Uran aus den erschlossenen Minen nicht mehr für den Jahresverbrauch der Atomkraftwerke ausreichen wird.[210] Wie auch immer, erheblich steigern lässt sich die Atomenergiegewinnung offenbar nicht. Der *IEA*-Strategiebericht von 2008 misst jedenfalls unter allen Technologien zur nachhaltigen Energiezukunft dem Ausbau der Kernenergie das geringste Potenzial zu – ganze 6 Prozent, während beispielsweise erneuerbare Energien mit 21 und Kraftstoffeffizienz mit 24 Prozent zu Buche schlagen.[211]

Atomstrom ist subventioniert…

Was nun die günstigen Kosten je Kilowattstunde Atomstrom anbelangt, so ist das nicht die ganze Wahrheit. In Deutschland betrug nach einer Studie des *Forums Ökologisch-Soziale Marktwirtschaft* zwischen 1950 und 2010 die öffentliche Förderung der Atomenergie 194,9 Milliarden Euro (ohne Kosten für DDR-Altlasten), d. h. pro „Kilowattstunde Atomstrom entspricht dies einer durchschnittlichen Förderung von 4,3 Ct/kWh real in Preisen 2010".[212] Greenpeace rechnet mit weiteren 100 Milliarden für die Restlaufzeit der deutschen Atomkraftwerke. Die Förderung wird aus Steuergeldern finanziert und nicht auf den Strompreis umgelegt; die Subvention erregt dadurch wenig Aufsehen.

Es bietet sich an, die Förderung der Kernenergie mit der EEG-Umlage bei erneuerbaren Energien zu vergleichen. Letztere lag 2012 bei 3,6 Ct/kWh – also unterhalb der Atomstromsubvention. Sie ist aktuell auf 5,3 Ct/kWh hinauf geschnellt, da die Ermäßigungsgrenze für stromintensive Firmen 2013 von 10 GWh auf 1 GWh abgesenkt wurde (diese Firmen zahlen nur 0,05 Ct/kWh, die Kosten der Energiewende werden so auf die Kleinabnehmer abgewälzt).[213]

In Wahrheit ist Atomkraft „nicht nur die gefährlichste, sondern auch die teuerste Form der Stromerzeugung".[214] Denn zu den Betriebs- und Subventionskosten kommen noch die Risiken. Neben einigen glimpflich verlaufenen Beinahe-Unfällen (z. B. Harrisburg 1979, Forsmark 2006) gibt es mit Tschernobyl und Fukushima leider auch zwei tatsächliche Super-GAUs zu beklagen. Gemäß nüchterner Statistik könnten weitere folgen. Es wirkt beinahe zynisch, die ökologische und menschliche Tragik solcher Katastrophen in Geld zu beziffern. Tut man es dennoch, dann reichen die Schätzungen für Deutschland bis zum Doppelten des Bruttoinlandsprodukts. Dabei „deckt der Versicherungspool der Betreiberseite Schäden bis zu 256 Mio. Euro ab. Weitere 2,2 Mrd. Euro zahlen die Atomkraftwerksbetreiber, die darüber hinaus mit ihrem Vermögen haften. Um etwa einen Schaden von 5 Billionen Euro zu versichern, wäre nach Berechnungen des *Forums Ökologisch-Soziale Marktwirtschaft* eine Haftpflichtprämie von 287 Mrd. Euro pro Jahr fällig. Atomkraft wäre unbezahlbar."[215] Darf man bei ungenügender Haftpflicht-Versicherung mit dem Auto losfahren?

Zu den Risiken des Betriebs gesellen sich Entsorgungsprobleme. Die hochradioaktiven Abfälle werden in einer Glasschmelze gebunden und in Edelstahlkokillen verfüllt. Einige der beteiligten Stoffe haben sehr lange Halbwertszeiten. Plutonium-239 braucht 24.110 Jahre, bis es die Hälfte seiner Radioaktivität verliert, nach weiteren 24.110 Jahren

... und im Grunde unbezahlbar

Endlagerung mehrere hunderttausend Jahre

wiederum die Hälfte – usf. Es geht also um eine *störfallsichere Endlagerung über mehrere hunderttausend Jahre* (bei einigen Uranisotopen sogar über Milliarden von Jahren)! Trotz aufwendiger Vorkehrungen lässt sich nur hoffen, dass das gelingt. Garantieren kann es niemand.

Atommüll
im Meer

Mindestens ebenso bedenklich ist der Verbleib schwach- und mittelradioaktiver Abfälle, die in großen Mengen anfallen. Sie lagern beispielsweise in Fässern unter sibirischem Himmel oder verschwinden im Asse-Schacht. Jahrzehntelang versenkten die Atommächte radioaktiven Müll im Pazifik und dem Atlantik.

Aus NEA-Daten geht hervor, „dass bis 1982 neun Staaten, darunter auch Deutschland, an 15 Stellen im Nordostatlantik 114.726 Tonnen Atommüll in 222.732 Fässern versenkten. An den Versenkungsstellen wurden erhöhte Konzentrationen von Plutonium-239, -240, Americium-241 und Kohlenstoff-14 gemessen. Auch Tritium wurde verklappt. Viele Atommüllfässer sind mittlerweile aufgeplatzt und löchrig." Erst 1993 wurde die Verklappung radioaktiver Abfälle durch ein internationales Abkommen verboten. Die direkte Einleitung radioaktiver Abwässer ist nach wie vor legal. In den Wiederaufbereitungsanlagen Sellafield und La Hague gelangen geschätzte 200.000 Kubikmeter pro Jahr ins Meer. „1997 maßen Greenpeace-Taucher am Abflußrohr in La Hague eine Radioaktivität, die 17 Millionen Mal höher war als die unbelasteter Gewässer."[216]

Infolge des jahrzehntelangen Umgangs mit Atommüll sind längst radioaktive Partikel in den Nahrungskreislauf gelangt – und das ist erst der Anfang.

Von einer Ent-Sorgung der radioaktiven Abfälle kann keine Rede sein. Zwar sind wir die Sorgen vorübergehend los. Doch was werden unsere Nachkommen von dieser Sorglosigkeit halten?

Die friedliche Kernenergienutzung ist *riskant* und zusammen mit den Folgekosten wahrscheinlich *unüberbietbar teuer*. Diese Einsicht ist mittlerweile – zumindest in Deutschland – im öffentlichen Bewusstsein angekommen. Es ist im Grunde nicht zu verstehen, warum wir für einen Primärenergieanteil von 5,7 Prozent (der sich doch bei nur leicht veränderten Gewohnheiten einsparen ließe) der Nachwelt dieses strahlende Erbe hinterlassen. Die weltweite Wertschätzung atomarer Technologie ist aus Sicht der Energieerzeugung völlig unbegreiflich. Und so besteht in Wahrheit ja auch ein ganz anderer Hintergrund: „Die zivile und die militärische Nutzung der Kerntechnik ähneln siamesischen Zwillingen: Sie sind so eng miteinander verbunden, dass sie sich kaum voneinander trennen lassen. Mit der zivilen Anwendung der Nukleartechnik kann Wissen, Material und Technologie gewonnen werden, das auch für ein militärisches Atomprogramm einsetzbar ist."[217] Damit sind wir beim nächsten Thema.

2.4 – Die militärische Gefahr

Krieg gab es seit Menschengedenken und in allen Gesellschaftssystemen. Heute aber kann man Krieg insofern als ein spezifisch kapitalistisches Problem begreifen, als Profitinteressen bei den Kriegszielen und in der Rüstungsindustrie eine wesentliche Rolle spielen. Dabei ist es naheliegend, einen Zusammenhang von Rüstungsgeschäft und Krieg herzustellen. Oftmals ermöglichen Rüstungsexporte überhaupt erst die bewaffneten Konflikte. Stell dir vor es ist Krieg, und keiner hat Waffen...

Krieg, Rüstung und Volkswirtschaft

Krieg als gezielte Zerstörung von Menschenleben und Sachwerten ist unter zivilisatorischen Gesichtspunkten die wohl absurdeste Form menschlichen Verhaltens. Seit 1945 gab es weltweit 113 Kriege und bewaffnete Konflikte, mindestens 25 Millionen Menschen sind dabei ums Leben gekommen.[218] Auch wenn diese Bilanz von 68 Jahren gering erscheinen muss gegenüber 18 Millionen Hungertoten jährlich (vgl. Abbildung 28), so ist sie doch für die Betroffenen nicht minder katastrophal. Hinzu kommen oft unermessliches Leid und Drangsal der Überlebenden.

Wirtschaftswachstum durch Rüstung und Krieg

Doch Krieg hat noch eine andere Seite, nämlich eine ökonomische: Krieg sorgt für Wirtschaftswachstum – zuerst durch Rüstungsproduktion, dann durch Wiederaufbau. „Statistische Analysen belegen zumindest in Ansätzen die empirische Stichhaltigkeit der These, dass ein Krieg langfristig das Wirtschaftswachstum fördere."[219] Wenn sich derart haarsträubende Vorgänge wie Kriege streng genommen als volkswirtschaftlich nützlich erweisen, dann stellt sich die Frage nach der Sinnhaftigkeit des Wirtschaftssystems.

Auch in Deutschland gibt es wirtschaftliches Interesse am Rüstungsgeschäft. Das Stockholmer Friedensforschungsinstitut SIPRI nennt Deutschland in den Jahren 2003 bis 2008 als drittgrößten Rüstungsexporteur der Welt. Nach Daten des britischen International Institute for Strategic Studies (IISS) lag Deutschland dagegen in dieser Zeit „nur" auf Platz 6. Die Unterschiede erklären sich aus den verwendeten analytischen Methoden.[220]

Rüstungsexport in problematische Länder

Deutschland hat 2011 Rüstungsgüter im Wert von 5,4 Milliarden Euro ausgeführt.[221] Das entspricht zwar nur 0,9 Prozent vom deutschen BIP-Anteil des produzierenden Gewerbes, und nicht alle Rüstungsgüter sind Kriegswaffen im engeren Sinne.

Dennoch ist die politische Bedeutung groß. Das *Bonn International Center for Conversion (BICC)* weist auf Probleme mit den Empfängerländern hin. So wurden 2011 Rüstungsgüter in 76 Staaten exportiert, „die hinsichtlich des EU-Verhaltenskodex als problematisch einzustufen sind".[222] Jüngstes Beispiel ist die Liefergenehmigung für 62 hochmoderne Kampfpanzer *Leopard 2 A7+* an das Emirat Katar. Oppositionspolitiker bezeichneten diesen Deal als „sicherheitspolitischen Wahnsinn".[223] Zustande gekommen ist er trotzdem.

Mit doppelter Zunge

Der Besitz von Waffen verbürgt Macht. Ihr Einsatz ermöglicht das Erreichen von Kriegszielen sowie das Geschäft der Nachrüstung verbrauchten Kriegsgeräts. Und auch Waffenexport erbringt Profit. Die aus alledem resultierenden Begierden sind mit Abrüstung und Deeskalation nicht wirklich vereinbar. Entsprechend doppelzüngig fällt die Praxis aus. Dies zeigt sich nicht nur bei Waffenlieferungen an problematische Staaten, sondern auch im Umgang mit völkerrechtlich geächteten Waffensystemen – z. B. *Streumunition.* Sie besteht aus einer Vielzahl von Untersystemen (*Bomblets*), die sich weitflächig verteilen und eine hohe Blindgängerrate aufweisen. „Ihre Wirkungsweise enthält immer das Inkaufnehmen umfassender Kollateralschäden im Zielgebiet."[224] Seit 2008 haben über 100 Staaten die Konvention zur Ächtung von Streumunition unterschrieben. Nicht unterschrieben haben die USA, Russland, China, Indien, Pakistan, Israel und Brasilien: Sie nutzen und produzieren Streumunition weiterhin.[225] Deutschland hat unterschrieben, aber Ausnahmeregelungen für sog. Punktzielmunition durchgesetzt.

Das Übereinkommen über Streumunition verbietet nicht nur Herstellung und Besitz der Munition an sich, sondern verpflichtet die Unterzeichnerstaaten, „unter keinen Umständen jemals irgendjemanden zu unterstützen, zu ermutigen oder zu veranlassen", diese herzustellen oder zu besitzen. Folgerichtig

Geschäft mit geächteten Waffen

gibt es in Belgien, Luxemburg, Irland und Neuseeland ein gesetzliches Investmentverbot bei Streumunitionsherstellern. Nicht so in Deutschland. Banken und Versicherungen „sind in einem Umfang von mindestens 1,3 Milliarden Euro an Unternehmen, die Streumunition herstellen, beteiligt. Unangefochtener Spitzenreiter ist dabei die Deutsche Bank mit einem Investment von 975 Millionen Euro, was Anleihen, Kredite und andere Finanzdienstleistungen einschließt." Sogar „Anbieter der ‚Riesterfonds‘ haben nachweislich mit ca. 500 Millionen Euro in die Hersteller geächteter Waffen investiert".[226] Die Waffen sind geächtet, aber beim Geschäft ist man gerne mit dabei.

Das Wettrüsten ist zurück
Nach dem Zusammenbruch des Ostblocks folgte zunächst eine vorübergehende Phase allgemeiner Abrüstung:

1997 waren die staatlichen Militärausgaben weltweit auf 686 Mrd. US-Dollar gesunken. Doch bereits 2004 überschritten sie mit 1.071 Mrd. US-Dollar den 1988 erreichten Höhepunkt des Kalten Krieges[227] und 2012 erreichten sie mit 1750 Mrd. US-Dollar das 2,6-Fache gegenüber 1997![228] Täglich werden heute 4,8 Mrd. US-Dollar für Militär und Rüstung verpulvert.

„Während kaum ein Industrieland die von der UNO angepeilten 0,7 Prozent des Bruttoinlandsprodukts für Entwicklungshilfe ausgibt, fließen weltweit 2,5 Prozent in den militärischen Bereich. Und während es in China etwa zwei Prozent sind, liegen die USA hier weiter deutlich über vier Prozent. In Deutschland machten die Militärausgaben im Vorjahr 1,4 Prozent des BIP aus – die Entwicklungshilfe aber nur 0,38 Prozent."[229] Tabelle 5 zeigt die zehn Staaten mit den höchsten Militärausgaben.

2012 waren die weltweiten Militärausgaben zwar erstmals seit Langem wieder leicht rückläufig (um 0,5 % gegenüber 2011) und in den USA sanken sie auf hohem Niveau um insgesamt 6 %. Parallel dazu stiegen aber die Ausgaben in China um 7,8 % und in Russland um 16 %. Auch Deutschland gehört mit einem Plus von 0,9 % zu den Ländern mit steigenden Militärausgaben. Insgesamt konstatiert *SIPRI* „den Beginn einer Verschiebung in der Balance der weltweiten Militärausgaben von den reichen westlichen Ländern zu den aufstrebenden Regionen".[230]

Militärausgaben 2012 (Mrd. US-Dollar)

USA	682,0
China	166,0
Russland	90,7
Großbritannien	60,8
Japan	59,3
Frankreich	58,9
Saudi-Arabien	56,7
Indien	46,1
Deutschland	45,7
Italien	34,0

Quelle: statista.com

Tab. 5: Rüstungsausgaben

Overkill

Durch das Inkrafttreten des *START*-Abkommens zwischen Russland und den USA wurde die Anzahl der Atomwaffen gegenüber dem Höhepunkt des Kalten Krieges auf weniger als ein Drittel reduziert. Diese Entwicklung wird von allseitigem Aufatmen begleitet, das Schreckgespenst einer atomaren Selbstvernichtung der Menschheit scheint gebannt. Doch dem ist nicht so. Stand 2013 befinden sich noch immer über 17.000 atomare Sprengköpfe im Besitz der Atomwaffenstaaten (Abbil-

noch immer 17.000 Sprengköpfe

1 Tonne
Sprengstoff je
Erdbewohner

dung 38), mehr als 4.400 sind sofort einsatzfähig. „Davon sind ca. 1.500 in ständiger Höchstalarmbereitschaft (*Launch-On-Warning*) und erreichen ihr Ziel in Minuten."[231]

Die Gesamtsprengkraft der Atomwaffenarsenale beträgt aktuell 7.500 Megatonnen TNT-Äquivalent. Diese Menge entspricht dem Sprengstoffeinsatz von 2.500 Zweiten Weltkriegen. Allein 300 Megatonnen würden genügen, um weltweit alle großen und mittleren Städte zu zerstören.[232] Und zu diesen 7.500 Megatonnen kommen noch die konventionellen Waffen hinzu. Die Menschheit hält zur „interessengeleiteten Friedenserhaltung, Konfliktverhütung, Krisenbewältigung und Kriegsführung" mehr als eine Tonne Sprengstoff-Äquivalent für jeden Erdbewohner bereit – und empfindet das als Sicherheitspolitik.

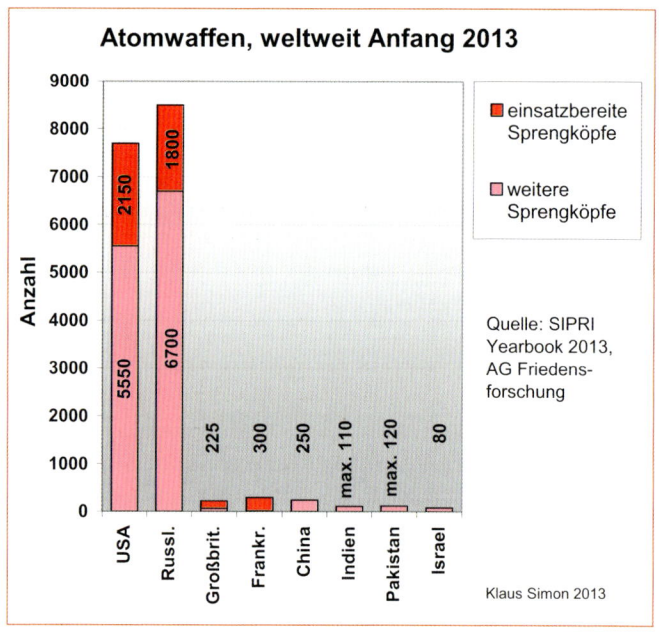

Abb. 38: Atomwaffen

Die irrsinnige Fähigkeit zur Mehrfachvernichtung wird *Overkill* genannt. Und dabei geht es nicht nur um bloße Sprengstoffwirkung. Nach *ISIS*-Schätzungen lag 2003 der weltweite Bestand an waffenfähigem Nuklearmaterial bei 3.700 Tonnen – genug für hunderttausend Atombomben; jährlich kommen ca. 70 Tonnen hinzu.[233] Kernwaffenexplosionen führen zu radioaktivem Niederschlag (*fallout*) und die Freisetzung auch nur eines Teils der genannten Mengen birgt unwägbare Risiken für das gesamte höhere Leben auf dem Planeten – für extrem lange Zeit: Plutonium-239 besitzt wie oben schon dargelegt nach 50.000 Jahren noch immer ein Viertel seiner tödlichen Radioaktivität, und das typischerweise in Kernwaffen eingesetzte Uran-235 sowie -238 hat Halbwertszeiten von 704 Millionen bzw. 4,5 Milliarden Jahren!

Trotz dieses seit Jahrzehnten bekannten Wissens ist kein Umdenken in Sicht. Der Leiter des *SIPRI*-Nuklearwaffenprojekts *Shannon Kile* schätzt 2013 ein: „Wieder einmal besteht nur geringe Hoffnung, dass die Atomwaffen besitzenden Staaten gewillt sind, ihre nuklearen Arsenale aufzugeben. Die bereits eingeleiteten langfristigen Modernisierungsprogramme dieser Staaten deuten darauf hin, dass Atomwaffen immer noch als Zeichen von internationaler Größe und Macht betrachtet werden".[234] Es bleibt also bei der bisherigen Doktrin und damit bei den bisherigen Risiken, insbesondere:

- Unbeabsichtigter Einsatz von Atomwaffen (z. B. der russische Fehlalarm am 26.9.1983, der nur dank des riskant-umsichtigen Verhaltens eines einzelnen Offiziers nicht zur Auslösung des Gegenschlags führte);[235] schon mehrfach stand die Welt ganz knapp am Abgrund eines Atomkriegs.
- Gewollter Einsatz im Rahmen der nuklearen Erstschlagsdoktrin, welche Russland und die USA nach wie vor verfolgen; einzig China und Indien haben bisher den Verzicht auf den Ersteinsatz von Atomwaffen bekanntgegeben.[236]
- Ständiger Druck zum Wettrüsten und zur Modernisierung der Arsenale.

3.700 t
waffenfähiges
Nuklearmaterial

kein Umdenken in Sicht

- Das Streben weiterer Länder nach Atomwaffenbesitz zwecks Aufwertung ihres Machtstatus. Infolge des Widerstands der heutigen Atomwaffenländer besteht dabei akute Kriegsgefahr.
- Atomschmuggel, Terrorgefahr, Entsorgung. Selbst wenn die Atomwaffen eines Tages geächtet und gänzlich abgerüstet sein sollten, bleiben sie für hunderttausende Jahre ein hochbrisantes Müllproblem.

Die Welt ist durch atomare Waffen ohne Zweifel anders geworden, doch sicherer ganz gewiss nicht.

2.5 – Fazit: Druck von allen Seiten

Die heutige Gesellschaft steht einem dreifachen Problem gegenüber: Soziale und ökologische Konflikte sowie militärische Gefahren setzen uns gleichzeitig immer mehr zu.

Die Armut von zwei Dritteln aller Menschen verweist auf massive soziale Ungleichheit. Das ist ein Pulverfass. Fanatisierung, gewalttätige Massenproteste, Einwanderungsdruck und Terrorismus können dadurch nur zunehmen. Menschen ohne jede Perspektive werden früher oder später zum Äußersten bereit sein. Zugleich stellt uns das gestörte Ökosystem vor immer größere Herausforderungen. Einmal aufgetretene ökologische Störungen können über lange Zeiträume bestehen bleiben. Anders als ein Währungssystem oder eine Volkswirtschaft kann man das Ökosystem nicht neu starten. Und schließlich bergen die sozialen Spannungen, der beginnende Kampf um knapp werdende Ressourcen, die fortdauernde Hochrüstung sowie die Zerbrechlichkeit eines auf (Ab-)Schrecken basierenden

Gleichgewichts eine reale Kriegsgefahr. Sollte es dabei zum weltweiten Einsatz von Kernwaffen kommen, so wäre dies ein ökologisches Desaster unvorstellbaren Ausmaßes.

Alle drei Konfliktfelder verlangen unbedingt Gegenmaßnahmen. Ob diese im Beeinflussen der Ursachen oder wenigstens im Reagieren auf Symptome bestehen – in jedem Fall müssen die Staaten dafür Geld aufbringen. Und genau das können sie nicht, weil sie einem vierten – dem monetären – Problem unterliegen: Das herrschende Geldsystem treibt die gesamte Gesellschaft mehr und mehr in die Verschuldung, während eine winzige Minderheit dabei unvorstellbar reich wird. Obendrein übernehmen die Staaten – wollen sie nicht Weltwirtschaftskrisen des Ausmaßes von 1930 riskieren – billionenschwere weitere Schulden des instabilen Bankensystems. In einer Zeit mit Handlungsbedarf wie noch nie sind der Politik die Hände gebunden wie noch nie.

Nochmals sei es gesagt: Das kapitalistische System hat vielen von uns bislang ungekannten Wohlstand gebracht. Bürgern westlicher Industrienationen geht es heute in vieler Hinsicht besser als früher einem König. Die vorliegenden Daten zeigen jedoch, dass dieser traumhafte Wohlstand mit enormen Risiken und Fehlentwicklungen verbunden ist. Das System bedarf dringend der Korrektur. Derzeitige Anreize für Vermögenskonzentration, soziale Polarisierung, Umweltzerstörung und Rüstung müssen unbedingt zurückgedrängt werden. Die Gesellschaft muss die Fähigkeit erlangen, die monetären, sozialen, ökologischen und militärischen Konfliktfelder von Grund auf zu entschärfen. Gelingt ihr das nicht, werden wir alle Verlierer sein. Auch die Superreichen.

3 – Reformen im Kapitalismus

Die Auswirkungen des kapitalistischen Systems verlangen nach Schadensbegrenzung und Reformen. Welche Reformansätze gab es in der Vergangenheit? Welche Versuche werden gegenwärtig unternommen? Welche künftigen Wege werden diskutiert? Sind Reformen – d. h. Veränderungen, die den Kern des kapitalistischen Systems unangetastet lassen – überhaupt in der Lage, die bestehenden Probleme zu lösen?

3.1 – Soziale Reformen

Das folgende Zitat aus dem *Ahlener Programm* der nord-
rhein-westfälischen *CDU* von 1947 belegt eindrucksvoll, dass
Kapitalismusreformen schon einmal deutlicher im Fokus
waren als heute:

---

*„Das kapitalistische Wirtschaftssystem ist den staatlichen
und sozialen Lebensinteressen des deutschen Volkes nicht
gerecht geworden. Nach dem furchtbaren politischen,
wirtschaftlichen und sozialen Zusammenbruch als Folge
einer verbrecherischen Machtpolitik kann nur eine Neuordnung von Grund auf erfolgen. Inhalt und Ziel dieser sozialen und wirtschaftlichen Neuordnung kann nicht mehr
das kapitalistische Gewinn- und Machtstreben, sondern
nur das Wohlergehen unseres Volkes sein."*[237]

Der amerikanische New Deal

Zur Überwindung der Großen Depression 1929 bis 1932
führte Präsident *Franklin Delano Roosevelt* unter Einfluss des
britischen Ökonomen *John Maynard* Keynes radikale Reformen durch: den sog. *New Deal*. Es kam zu Widerständen (z. B.
Verfassungsklagen) und Rückschlägen (die sog. *Roosevelt*-De-
pression 1937), doch die Reformentwicklung stabilisierte sich
schließlich. Im Mittelpunkt stand das Verhältnis der Einkommen aus Kapital und Arbeit. Die Spitzensteuersätze wurden
vier Jahrzehnte lang auf 70 bis 90 Prozent erhöht (Abbildung
39), und dies hat die Einkommen des obersten Zehntels dauerhaft niedrig gehalten (Abbildung 40):

*hoher Spitzen-
steuersatz*

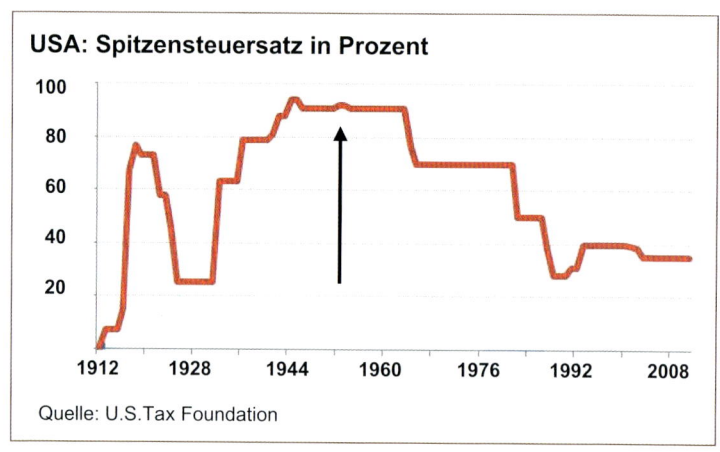

Abb. 39: US-Spitzensteuer[238]

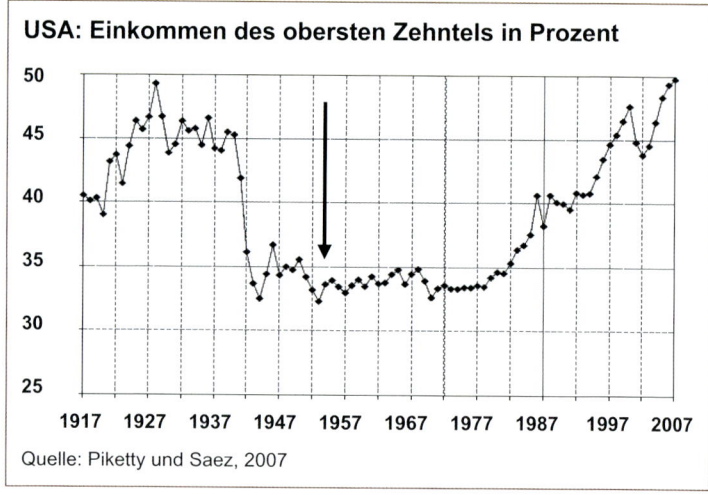

Abb. 40: US-Einkommen[239]

In Abbildung 40 ist zu sehen, dass zwischen 1942 und 1982 der Anteil des obersten Zehntels am U.S.-Markteinkommen auf ein

Drittel begrenzt war. So profitierten nun alle Schichten von
der wirtschaftlichen Entwicklung. Das Ergebnis war eine (aus
heutiger Sicht unglaubliche!) soziale Wohlfahrt. Der jährliche
Einkommenszuwachs verteilte sich über die gesamte Bevölkerung, am meisten profitierte das unterste Fünftel. Abbildung
41 zeigt dies im Vergleich zur Epoche nach 1973:

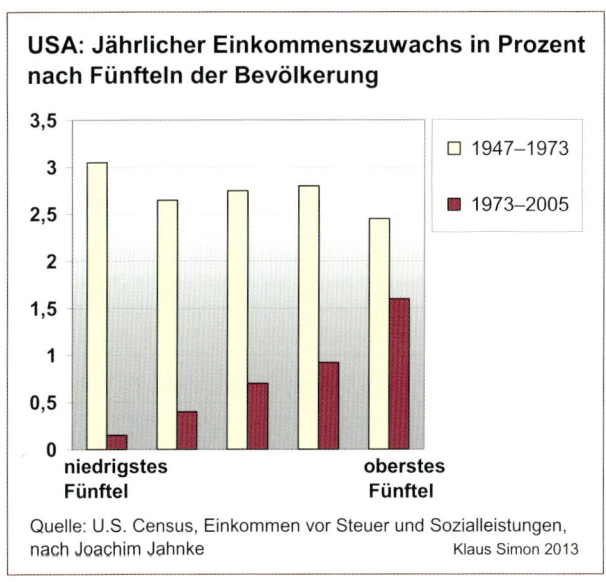

Abb. 41: US-Einkommenszuwachs

Mit dem New Deal konnte die soziale Schieflage im Land
korrigiert und die Unterkonsumtion überwunden werden. Es
ging um nationale Solidarität „aus wohlverstandenem Eigeninteresse“: „Als F. D. Roosevelt sagte, niemand solle mehr
verdienen können als 25.000 $, was heute 200.000 $ im Jahr
entspricht, hat ihn niemand bezichtigt, verrückt geworden zu
sein.“[240]

    Die Reformen stellten ohne Zweifel einen dirigistischen
Eingriff des Staates in die Marktwirtschaft dar. Eine Trans-

unglaubliche
soziale Wohl-
fahrt

Ausmaß des
Profits begrenzt

formation im Sinne grundlegender Systemveränderung fand dabei allerdings nicht statt. Das kapitalistische System war nicht etwa infrage gestellt. Nicht das Grundprinzip wurde geändert (die Aneignung des Mehrwertes in Privatverfügung), sondern das Maß, mit dem diese Aneignung erfolgen konnte. Und allein schon dieses geänderte Maß hat dem System ein anderes Gesicht gegeben.

Die deutsche Soziale Marktwirtschaft

auch in Deutschland sozialer Fortschritt

Nach Recherchen des Publizisten *Otto Köhler* geht der Name *Soziale Marktwirtschaft* auf den später gehenkten SS-Gruppenführer *Otto Ohlendorf* zurück. *Ludwig Erhard* übernahm den Begriff im Januar 1945 für seinen Entwurf der Finanz- und Wirtschaftsordnung der Nachkriegszeit, an der er seit 1944 im Auftrag der *Reichsgruppe Industrie* arbeitete.[241] Dem Inhalt nach wurde diese Nachkriegsordnung dann zweifellos durch die westlichen Besatzungsmächte geprägt. Es ist sicherlich nicht falsch, in der *Sozialen Marktwirtschaft* die deutsche Entsprechung zum amerikanischen New Deal zu sehen. Das Ergebnis lässt sich auf die gleiche Formel bringen: *Wirtschaftliche Leistung plus sozialer Fortschritt*. Abbildung 42 zeigt anhand der Nettoeinkommen die soziale Ausgewogenheit der Zeit bis 1970 im Vergleich zur völlig anderen Situation gegen Ende des Jahrhunderts.

Ende einer Ära

sang- und klangloses Ende

Die Geschichte des New Deal und die der Sozialen Marktwirtschaft lassen eher kein Primat der Politik vermuten, das sich gegen jedwede Kapitalinteressen durchgesetzt hätte. Vielmehr lag wohl eine *Übereinstimmung der Ziele von Politik und Kapital* zugrunde, nämlich den Binnenmarkt zu stärken. Die Lage der USA nach der Großen Depression ließ keine andere Wahl, ebenso die Lage Deutschlands nach dem Zweiten Weltkrieg.

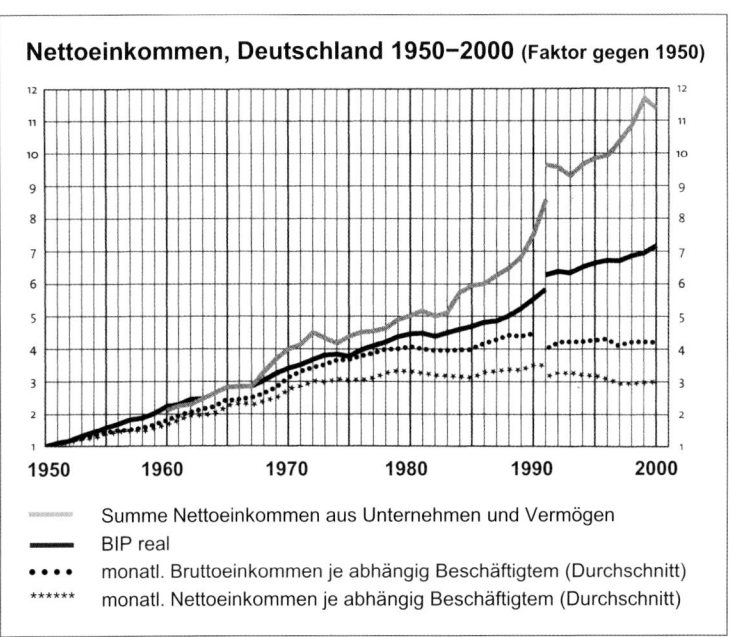

Nettoeinkommen, Deutschland 1950–2000 (Faktor gegen 1950)

Abb. 42: Nettoeinkommen D[242]

Unter den Bedingungen nationalstaatlicher Ökonomie konnte es keine Konsolidierung der Wirtschaft geben, die am Binnenmarkt vorbeiging. Diese Übereinstimmung fand dann ihr sang- und klangloses Ende, als die Internationalisierung der Märkte eine Rücksichtnahme auf den Binnenmarkt zunehmend entbehrlich machte. Die Politik hat dieses Finale willfährig umgesetzt. Abbildung 43 zeigt das Ende der Sozialen Marktwirtschaft in Deutschland Anfang der 1970er-Jahre: Einkommen- und Körperschaftsteuer runter, Lohnsteuer rauf.[243]

In den skandinavischen Ländern hat sich ein etwas sozialeres Modell noch bis in die Gegenwart erhalten. Die Steuereinnahmen einschließlich Sozialabgaben betrugen 2009 in Skandinavien 44,7 Prozent des BIP (Deutschland 37,0 Prozent), und dabei ist der Anteil von Einkommen- und Ge-

sozialeres Modell noch in Skandinavien

winnsteuern relativ hoch. Im Gegenzug liegt beispielsweise der Nettorentenquotient zum letzten Arbeitseinkommen in Dänemark bei 86,7 (Deutschland 58,0). Das Modell ist nicht nur sozial erfolgreich, sondern auch wirtschaftlich. „Zusammen erreichen die skandinavischen Länder mit 30 % der deutschen Bevölkerung eine Wirtschaftsleistung, die 43 % der deutschen entspricht."[244] Neben der Aussicht auf soziale Gegenleistung trägt auch Transparenz zur allgemeinen Akzeptanz der höheren Steuern bei. So ist in Schweden für jedermann sichtbar, wer wie viel Steuern zahlt. „Jährlich erscheint der Taxeringskalender, sortiert nach Postleitzahlen, wo jeder Bürger nachschlagen kann, welches Einkommen und Vermögen sein Nachbar oder Chef, ein prominenter Politiker oder Manager tatsächlich versteuert."[245]

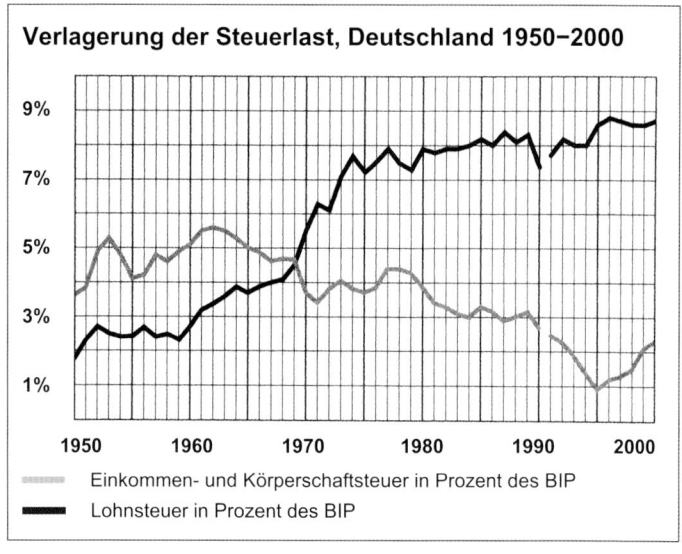

Abb. 43: Verlagerung Steuerlast D

Das kapitalistische System war und wäre noch immer zu sozialer Ausgewogenheit fähig, die sich durch Reformen vor allem des Steuersystems sicherstellen lässt. Allerdings ist die Bedeutung von nationaler Wohlfahrt und Binnennachfrage heute rückläufig. Für die Kapitaleigner besteht unter den Bedingungen wirtschaftlicher Globalisierung kein Grund zur sozialen Ausgestaltung des Systems im „wohlverstandenen Eigeninteresse". Und so folgte nach der Sozialen Marktwirtschaft eine Phase hemmungsloser Profitmaximierung (wenn auch in unterschiedlich starker Ausprägung). Nationalstaatliche Politik hat derzeit keine Chance, soziale Reformen gegen den international agierenden Finanzmarktkapitalismus durchzusetzen.

3.2 – Banken- und Finanzmarktreformen

Amerika gestern und heute

Die Not der Großen Depression, die den New Deal nötig wie auch überhaupt erst möglich machte, war ursächlich der Finanzkrise von 1929 geschuldet. Zahlreiche Bankenpleiten und große Banken-Runs folgten, das Vertrauen in das Finanzsystem war erschüttert. Dementsprechend zielten die ersten Maßnahmen der *Roosevelt*-Administration auf eine Regulierung des Bankensystems und des Wertpapierhandels:

Regulierung des Bankensystems

Mit der Emergency Banking Bill wurden die Banken unter staatliche Aufsicht gestellt. Der Glass-Steagall Act verbot den Geschäftsbanken riskante Wertpapiergeschäfte. Das für die Realwirtschaft wichtige Kredit- und Einlagengeschäft wurde somit vom risikoreichen Wertpapiergeschäft getrennt (Trennbankensystem), Letzteres war nun nur noch Investmentbanken gestattet. Es wurde der Einlagen-

sicherungsfonds Federal Deposit Insurance Corporation (FDIC) gegründet. Außerdem verpflichtete der Securities Act of 1933 die Wertpapieremittenten zu realistischen Informationen und es wurde die Securities and Exchange Commission (SEC) geschaffen, welche fortan die Aufsicht über das US-Wertpapiergeschäft führte.[246]

in den
1990er-Jahren
aufgeweicht

Diese und weitere Maßnahmen zähmten das „Monster" auf Jahrzehnte, bis dann schließlich die allmähliche Liberalisierung der Märkte Finanzgeschäfte jenseits nationalstaatlicher Disziplinierung ermöglichte. In den 1990er-Jahren wurden die letzten Kapitalverkehrskontrollen ausgehebelt und Schattenbanken erschlossen neue Geschäftspraktiken außerhalb von Regulierung und Transparenz. Krönender Abschluss waren 1999 die Aufhebung des Trennbankensystems (*Gramm-Leach-Bliley Act*) und 2000 die Deregulierung des Derivate-Marktes (*Commodity Futures Modernization Act*) unter *Bill Clinton*. Es sollte keine acht Jahre dauern, bis das nächste Desaster folgte ...

eher zahnlose
Reform

Auf dem Höhepunkt der Finanzkrise 2008 wurden die US-Investmentbanken gezwungen, sich in Geschäftsbanken zu wandeln (was ihnen neben strengeren Aufsichtsregeln auch den Zugang zur Refinanzierung einbrachte).[247] *Barack Obama* brachte mit dem *Dodd-Frank Act (DFA)* eine *Finanzmarktreform* auf den Weg.[248] Die US-Organisation *Better Markets*, die für mehr Regulierung auf den Finanzmärkten kämpft, hatte mehr als 140 Stellungnahmen bei den Regulierungsbehörden eingereicht.[249] Doch auch die Bankenlobby war nicht untätig, und so blieb schließlich die große *Dodd-Frank*-Reform weit hinter der *Roosevelts* zurück:

• Die strikte Trennung von Geschäfts- und Investmentbanken wurde nicht wiederbelebt und die sog. *Volcker-Rule*, wonach den Handelsbanken das spekulative Eigengeschäft gänzlich verboten werden sollte, wurde verwässert.

- Die großen „systemrelevanten" Banken wurden nicht in kleinere Einheiten zerschlagen (immerhin soll eine neue *Orderly-Liquidation-Authority*-Behörde systemrelevante Banken künftig geordnet auflösen können, falls sie in Schieflage geraten sind).
- Der Missbrauch von Ratingagenturen blieb ohne Konsequenz und die extreme Vergütung der Finanzmanager wurde nicht abgeschafft, sondern nur auf der Zeitachse gestreckt. Erst recht wurde keine Transaktionssteuer eingeführt (die international auf massiven Widerstand stößt, z. B. den von Großbritannien).

Ob sich mit diesen Maßnahmen die nächste Finanzkrise verhindern lassen wird, darf bezweifelt werden. Und im Background der Reformschritte geschahen hochmerkwürdige Dinge. So verschwand bei der 2008 erzwungenen Umwandlung der US-Investmenthäuser *Goldman Sachs* und *Morgan Stanley* „der Dezember mitsamt den in jenem Monat verbuchten Milliardenverlusten aus den Jahresabschlüssen – mit der Umfirmierung der beiden Konzerne zu Geschäftsbanken hat sich das Geschäftsjahr verschoben: Das alte endete im November 2008, das neue begann erst im Januar 2009."[250]

Insbesondere gehen auch die Rating-Agenturen weiter ihrer „unabhängigen" Bewertung von Finanzprodukten nach – wobei die beiden größten (Moody's und Standard & Poor's) zufällig zu 49 bzw. 38 Prozent in der Hand genau jener Großaktionäre liegen, deren Finanzprodukte sie bewerten sollen: The Capital Group, BlackRock, State Street, Fidelity, Morgan Stanley, Bank of New York, ...[251] Gut, oder?

Hase und Igel

Auch in Deutschland und EU-weit wird versucht, mit Reformschritten die Banken unter Kontrolle zu bringen. Manche dieser Schritte muten seltsam an, dazu vier Beispiele:

- 2008 wurde – mitten in der Finanzkrise – das Bilanzrecht EU-weit geändert, sodass Banken ein Wertpapier entweder a) „für den Handel" (es erscheint mit aktuellem Zeitwert in der Bilanz) oder b) „zur langfristigen Anlage" (es wird mit dem Anschaffungswert bilanziert) deklarieren können. Natürlich wurden nun sofort Papiere mit steigendem Kurs nach a) und Schrottpapiere nach b) bilanziert – auch wenn klar war, dass man beim Verkauf nie den Anschaffungswert würde erlösen können. „Die Deutsche Bank hat auf diese Weise einen Verlust von 431 Millionen Euro in einen Gewinn von 414 Millionen verwandelt, ein Plus von 845 Millionen." Durch die staatlich sanktionierte Bilanzfrisur müssen die Banken reale Verluste nicht mit Eigenkapital ausgleichen. Ein Vorteil für die Banken. Nicht aber für den Staat, denn in den Steuerbilanzen wurden weiterhin „Verluste bei Wertpapieren auch als Verluste gebucht und – natürlich – steuersenkend abgeschrieben".[252]

- Ebenso nimmt die von der Politik erzwungene Bankenabgabe für den sog. Restrukturierungsfonds einen wunderlichen Verlauf. Die Banken sollen einen Fonds füllen, der für künftige „Bankenrettungen" zur Verfügung steht, sodass der Steuerzahler nicht erneut einspringen muss. Doch der „Berechnung der Abgabe haben die Gesetzesmacher den Abschluss nach deutschem Handelsgesetzbuch zugrunde gelegt, nicht den internationalen Standard IFRS. Ergebnis: Statt der erhofften 500 Millionen Euro muss beispielsweise die Deutsche Bank nur mickrige 73 Millionen in den Fonds einzahlen."[253]

- Die 2011 vorgeschriebene *Erhöhung des Bankeneigenkapitals* wird EU-weit unterlaufen, denn man hat den Banken vorsorglich gestattet, eigene Bewertungsmodelle zu nutzen. Die Banken bewerten nun einfach ihre Schrottpapiere noch einmal neu und möglichst hoch: „Einem Bloomberg-Bericht zufolge haben die Banco Santander SA und Banco Bilbao Vizcaya Argentaria SA erklärt, dass sie nur die Hälfte der geforderten 13,6 Milliarden Euro aufbringen müssen. Die andere Hälfte werde durch die Neubewertung von Risiken erreicht. Die Methode trägt den wunderschönen Namen ‚risk-weighted asset (RWA) optimization'. Auch die Commerzbank ist eifrig dabei – der CFO hatte öffentlich angekündigt, dass RWA auch für das Problemkind der deutschen Banken selbstverständlich eine Option ist."[254]

- Das 2010 veröffentlichte *BIZ-Reformpaket Basel III*, wonach Banken nur das 33-Fache ihres Eigenkapitals an Krediten vergeben dürfen, soll erst 2018 voll wirksam werden (in den USA voraussichtlich gar nicht).[255] Und für die Reform des britischen Finanzmarkts gibt die Bankenkommission der Regierung den Banken erstmal Zeit bis 2019.[256]

Angeblich geschieht all das Entgegenkommen den Banken gegenüber zum Schutz der Ersparnisse des kleinen Mannes. *Joachim Jahnke* hält das jedoch für ein Scheinargument. Es geht wohl eher um die großen Fische, denn die Konten der Kleinsparer sind üblicherweise durch Einlagensicherungssysteme geschützt:

große Finanzierer werden geschützt

„Im Übrigen sind bisher in der Eurozone kaum Banken liquidiert worden, was die Voraussetzung für die Verlustbeteiligung wäre, während es in den USA seit Ausbruch der Kreditkrise bereits 445 Banken mit solchen Konsequenzen für die Finanzierer der Banken erwischt hat. Dabei verlief der Prozeß in den USA geordnet und ohne jede Panik am Markt. Kundeneinlagen wurden natürlich aus dem Sicherungsfonds der FDIC mit bisher 88 Mrd. US$ geschützt."[257]

Banken weichen
in Dark Pools aus

Der behutsame Umgang mit Banken und Großvermögenseignern hat andere Gründe. Es ist nicht selten die Finanzlobby selbst, welche die Reformgesetze unmittelbar zuarbeitet. So hat z. B. die Kanzlei *Freshfields Bruckhaus Deringer* sowohl am deutschen *Finanzmarktstabilisierungsgesetz* wie auch am *Gesetz über den Europäischen Stabilitätsmechanismus* maßgeblich mitgewirkt.[258] Dass die Gesetze den Banken dann nicht wehtun, verwundert wenig. Doch eine strengere Regulierung – selbst wenn sie beabsichtigt wäre – könnte gar nicht helfen, solange die Banken die Möglichkeit haben, bedarfsweise in den kaum regulierten Schattenbankbereich auszuweichen und z. B. geheime Handelsplätze (sog. *Dark Pools*) zu gründen. „Die Deutsche Bank etwa hat einen Dark Pool kurzerhand in Hongkong angesiedelt – hätte sie es in Deutschland getan, hätte sie sich wieder lästigem Regelwerk und Transparenzvorschriften unterwerfen müssen.“[259]

Eine etwaige Regulierung des Schattenbankbereichs scheitert nicht nur an der Uneinigkeit der führenden Industrienationen. Sie ist vielmehr prinzipiell kaum zu leisten. Jede beliebige Firma, die irgendwo auf der Welt und nach dortigem Recht Finanzgeschäfte betreibt, kann als Treuhänder für eine Bank tätig sein, ohne dass die Bank diesen Teil ihres Geschäfts bilanzieren muss. Regulierungsversuche können so nur den sich stets wandelnden „Innovationen" und Ausweichstrategien der Banken hinterherlaufen.

Durchgreifende Änderungen sind demnach nicht zu erhoffen. Das aber ist ein Problem, denn:

„Wenn es der Politik nicht gelingt, endlich die überfällige Reform der internationalen Finanzmärkte durchzusetzen,

sind die westlichen Demokratien in der jetzigen Form nicht mehr zu retten."[260]

Diese Warnung *Heiner Geißlers* bezieht sich nicht auf eine dubios-zukünftige Gefahr, sondern reflektiert das konkret erreichte Stadium gesellschaftlicher Entwicklung. Nehmen wir als Beispiel den *Europäischen Stabilitätsmechanismus (ESM)* zur Abwehr von Finanzierungsproblemen der Eurostaaten:

Der ESM-Vertrag sieht ein Stammkapital vor, das auf Beschluss des ESM jederzeit erhöht werden kann (Artikel 10 Abs. 1). Mitgliedstaaten haben jedes vom ESM abgerufene Kapital binnen 7 Tagen einzuzahlen (Artikel 9 Abs. 3). Der ESM besitzt uneingeschränkte Rechts- und Geschäftsfähigkeit und genießt Immunität „vor gerichtlichen Verfahren jeder Art" und „sonstiger Form des Zugriffs" (Artikel 32 Abs. 3, 4); ebenso seine Bediensteten (Artikel 35). Gesamtvermögen und Mittelausstattung des ESM sind von „Kontrollen [...] jeder Art befreit" (Artikel 32 Abs. 8). Ein Rücktritt vom Vertrag ist nicht vorgesehen.[261] *– Was an diesem Vertrag (außer dass der Bundestag seiner Selbstentmachtung zugestimmt hat) ist demokratisch?*

Parlamente und demokratische Gremien sind hinsichtlich der europäischen Finanzbelange damit quasi ausgeschaltet: ein Blankoscheck auf alles und für immer. Die Politik sieht sich offenbar zum Wohlverhalten gegenüber dem Finanzsektor genötigt; so belegt beispielsweise eine *Finpolconsult*-Studie, dass die Regierungen bei der „Bankenrettung" in südeuropäischen Ländern viel zu zögerlich vorgingen.[262] Hinzu kommt die (berechtigte!) Sorge vor einer weltweiten Rezession, sollte das Bankensystem Schaden nehmen. So scheint als Ausweg nur eine Daueralimentierung des Bankensektors übrig zu bleiben:

Politik kann gar nicht auf Konfrontation gehen

die fortwährende Übernahme von Spekulations-Verlusten der „systemrelevanten" Banken durch die Steuerzahler. Ein teurer Ausweg, der die Probleme nicht lösen kann, sondern potenzieren wird.

Reformen des Finanzsektors haben eine Gemeinsamkeit mit sozialen Reformen im Kapitalismus: Sie waren unter nationalökonomischen Bedingungen möglich und jahrzehntelang erfolgreich, aber unter dem Regime des globalen Finanzmarktkapitalismus können sie nicht mehr greifen. Sobald Kontrollen das Geschäft beeinträchtigen, weichen die Banken in Regulierungsoasen aus. Das Finanzsystem lässt sich so nicht reformieren und die Spekulation nicht eindämmen. Damit bleibt der Finanzsektor weiterhin instabil. Die Staaten sind fest in der Hand dieses fragilen Zockergebildes, das zugleich aber mit der Finanzierung der Volkswirtschaften betraut ist und insofern Schutz genießt.

3.3 – Ökologische Reformen

FCKW-Ausstieg

Ökologische Reformschritte haben noch keine lange Geschichte. Dennoch gibt es bereits ein positives Beispiel: den weltweiten Ausstieg aus der Produktion von Fluorchlorkohlenwasserstoffen (FCKW).[263] FCKW wurden jahrzehntelang als Dämm- und Kühlmittel sowie als Treib- und Reinigungsmittel eingesetzt. In den 1980er-Jahren lag die Produktion bei mehr als einer Million Tonnen im Jahr. Große Mengen davon gelangten in die Erdatmosphäre. In der Stratosphäre bricht kurzwellige UV-Strahlung die eigentlich stabilen FCKW-Verbindungen auf. Die frei werdenden Chloratome reagieren dann mit dem dort vorhandenen Ozon (O_3), dabei entsteht Chlormonoxid und molekularer Sauerstoff (O_2). Doch das Chlormonoxid gibt nach erneuter Reaktion das Chloratom wieder frei, worauf dieses nun das nächste Ozonmolekül zersetzt – usw. Der zerstörerische Vorgang wiederholt sich im statistischen Mittel zigtausendmal, bis das Chloratom endlich dauerhaft gebunden bleibt (z. B. durch Reaktion mit Methan).

Ozon ist – wie CO_2 auch – ein Spurengas. Doch seine minimale Konzentration genügt bereits, um die schädliche UV-B-Strahlung aus dem einfallenden Sonnenlicht weitgehend zu absorbieren. Durch den Einfluss des Chlors wurde die Ozonkonzentration aber nun gesenkt. Die Folge war ein saisonal auftretendes *Ozonloch* über der Antarktis sowie kleinere Löcher über der Nordhalbkugel – und dementsprechend sank der natürliche Schutz vor UV-B-Strahlung. Dieses seit 1985 bekannte Defizit verschlimmerte sich in den Folgejahren, in den 1990er-Jahren sank die Ozonkonzentration über Sibirien zeitweilig um 45 Prozent!

Ozonkonzentration zeitweilig halbiert

Unter Führung des Umweltprogramms *UNEP* der *Vereinten Nationen* konnte mit dem *Montreal-Protokoll* 1987 und einer Reihe von Nachfolgeabkommen der weitgehende Ausstieg aus der Produktion von FCKW und Halonen erreicht werden. Gegen wirtschaftliche Einzelinteressen gelang es bereits im Jahr 2000, die weltweite FCKW-Produktion auf ein Zehntel gegenüber den 1980er-Jahren zu reduzieren. Wegen der langen Verweildauer des schon vorhandenen Chlors bleibt zwar die Ozonschicht auf Jahrzehnte gefährdet, aber es gibt eine realistische Chance, dass sie sich bis Mitte dieses Jahrhunderts langsam wieder regenerieren wird. Leider wächst aber inzwischen eine neue Bedrohung durch Lachgas (Distickstoffoxid) heran, das in ähnlicher Weise wie FCKW die Ozonschicht attackiert. „Als wichtigste Lachgas-Quellen nennen die Forscher die industrielle Landwirtschaft mit ihrem hohen Düngereinsatz, Verbrennungs- oder Kläranlagen."[264]

Bedrohung durch FCKW eingedämmt

Der FCKW-Ausstieg zeigt, dass trotz des Widerstreits von Blöcken und Ländern und trotz Profitinteressen im kapitalistischen System zumindest partielle ökologische Reformschritte gelingen können.

Klimagerechtigkeit

gleiche Rechte an der Atmosphäre

„‚Klimagerechtigkeit' bedeutet, jedem Menschen auf der Erde unabhängig von nationaler Zugehörigkeit, Alter, Geschlecht, Rasse und Religion gleiche Nutzungsrechte an der Atmosphäre zuzugestehen, wobei die Gesamtbelastung der Atmosphäre mit Treibhausgasen so zu begrenzen ist, dass die mittlere globale Erwärmung auf maximal 2° Celsius beschränkt bleibt. [...] ‚Klimagerechtigkeit' bedeutet ferner, gemeinsam Verantwortung dafür zu übernehmen, dass Schäden durch die menschengemachte Erwärmung nach Möglichkeit vermieden, im Eintrittsfall aber ausgeglichen werden."[265]

Wie unter 2.3 schon gezeigt, ist die CO_2-Emission ein geeigneter Gradmesser für die Inanspruchnahme der Nutzungsrechte an der Atmosphäre; nicht nur wegen ihrer (im genauen Ausmaß strittigen) unmittelbaren Klimawirkung. Vielmehr kann das Maß der CO_2-Emission schlechthin als Maß von Ressourcenverbrauch und Schadstoffbelastung gelten. Denn fast alle industriellen Prozesse, die hochgradig Ressourcen verbrauchen und Schadstoffe erzeugen, sind zugleich energieintensiv. Die weltweite Primärenergieerzeugung aber ist zu neun Zehnteln kohlenstoffbasiert und dementsprechend mit CO_2-Emission verbunden.

Man setzt heute den noch verträglichen CO_2-Ausstoß je Erdbewohner bei etwa 2,5 Tonnen CO_2-Äquivalent im Jahr an, der weltweite Durchschnitt pro Kopf beträgt dagegen 6,8 Tonnen.[266] Wie auch beim ökologischen Fußabdruck liegen dem zu hohen weltweiten Durchschnitt teils noch viel höhere Länderwerte zugrunde, die ihrerseits auf Industrieaktivitäten und Lebensstilen beruhen. Abbildung 44 zeigt die extrem

unterschiedliche CO_2-Emission je Einwohner in ausgewählten
Ländern:

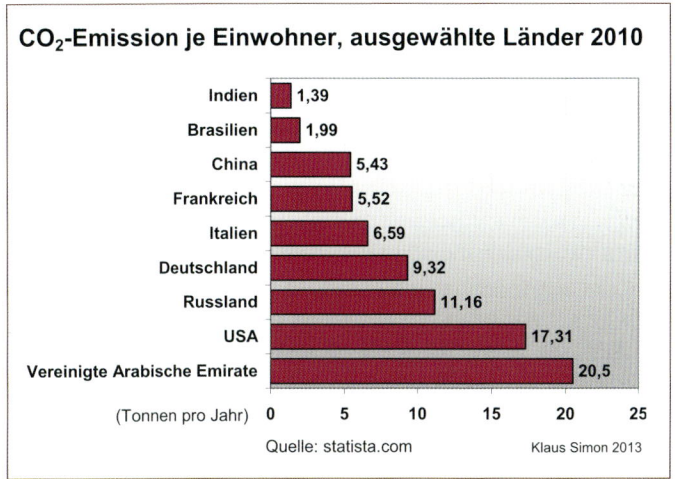

CO_2-Emission je Einwohner, ausgewählte Länder 2010

Land	Tonnen pro Jahr
Indien	1,39
Brasilien	1,99
China	5,43
Frankreich	5,52
Italien	6,59
Deutschland	9,32
Russland	11,16
USA	17,31
Vereinigte Arabische Emirate	20,5

(Tonnen pro Jahr)   0   5   10   15   20   25

Quelle: statista.com   Klaus Simon 2013

Abb. 44: CO_2 nach Ländern

Es sind also Schritte zur Überwindung der ungleich verteilten
Inanspruchnahme von CO_2-Emission (und damit der unglei-
chen Inanspruchnahme von Industrialisierung sowie Konsum)
erforderlich. Das 1997 ausgehandelte und 2005 in Kraft
getretene *Kyoto-Protokoll* legt völkerrechtlich verbindliche
Zielwerte für die Treibhausgas-Emission der Industrieländer
fest. Einige Staaten wie die USA und Australien blieben dem
Abkommen fern, Deutschland hat es schon 2002 ratifiziert und
sich bis 2012 zu einer Emissions-Minderung um 21 Prozent
gegenüber 1990 verpflichtet. Ein Weg zur Erreichung der Min-
derungsziele sind sog. „flexible Mechanismen" wie etwa der
Emissionshandel: Staaten, die mit ihrem CO_2-Ausstoß oberhalb
der Kyoto-Verpflichtung liegen, können Emissionsrechte jener
Staaten kaufen, die ihr Kontingent nicht ausschöpfen. Dies

*völker-
rechtlich
verbindliche
Zielwerte*

führt allerdings zu Nullsummenspielen: Was dort eingespart wird, kommt hier zusätzlich zum Verbrauch.

EU-Unternehmen müssen Zertifikate kaufen

Die EU hat bereits 2005 das Emissionshandelsystem *EU ETS* eingeführt, das nicht auf Basis von Länderbudgets arbeitet: Vielmehr werden europaweit Obergrenzen für jene rund 11.000 energieintensiven Anlagen festlegt, die allein die Hälfte des europäischen CO_2-Ausstoßes verursachen.[267] Für Emissionen, die über ihr Kontingent hinausgehen, müssen die Unternehmen Zertifikate kaufen. Das soll einen Anreiz ausüben, mittels technischer Innovation die Emission zu mindern. Doch aus lauter Sorge um Wettbewerbsnachteile wurden die Emissionsrechte mehr als großzügig zugeteilt.

„*Nachdruck verleihen dieser Einschätzung die nur als skandalös zu bezeichnenden ‚leistungslosen Mitnahmegewinne', welche die Unternehmen der Stromwirtschaft auf der Grundlage des EU ETS infolge der ihnen weitgehend kostenlos zugeteilten Emissionsrechte einzustreichen in der Lage sind. Die sogenannten Windfall-Profits [nicht eingeplante Gewinne] kommen dadurch zustande, dass die Energiekonzerne die rein fiktiven Kosten für die Emissionsrechte auf den Strompreis aufschlagen dürfen. Sie belaufen sich allein für die deutsche Strombranche auf etwa 5 Mrd. Euro jährlich.*"[268]

doch die Zertifikate kosten fast nichts

Die EU-Kommission hatte einen Zertifikatpreis von etwa 30 Euro pro Tonne CO_2 angepeilt. Wegen der inflationären Zuteilung lagen 2007 die Marktpreise der Zertifikate dann aber vorübergehend nur noch im Centbereich. 2013 wollte die Kommission schließlich den Preisverfall durch Verknappung stoppen, doch das hat das EU-Parlament unter Lobby-Einfluss abgelehnt. So entfällt also weiterhin der Innovationsanreiz, und Kohlekraftwerke laufen unschlagbar rentabel.[269] Das *EU ETS* als „wichtigstes Klimaschutzinstrument der Europäischen

Union" ist gescheitert, und von Klimagerechtigkeit sind wir so weit entfernt als wie zuvor.

An dieser Episode wird das Problem von Reformpfaden deutlich, die ökologische Ressourcen zu *Ökokapital* wandeln wollen, um sie so dem Prozess der Kapitalverwertung und damit zugleich einem effizienteren Umgang zu unterstellen. Unter kapitalistischen Bedingungen kommt es möglicherweise dann aber zu Marktpreisen des Ökokapitals, die nichts mit seinem eigentlichen Wert zu tun haben. Man kann es wohl nicht dem Markt überlassen, was ein ökologisches Gut kosten soll.

Das Beispiel Klimagerechtigkeit zeigt, dass ökologische Reformschritte keineswegs immer gelingen, sondern leicht an den gesellschaftlichen Rahmenbedingungen scheitern können.

Green New Deal

Rahmenbedingungen, die das Gelingen der nötigen Reform-schritte tatsächlich sicherstellen, möchte der *Green New Deal* schaffen. Bei Reformkonzepten unter diesem Namen (auch *sozialökologischer Umbau, Green Economy*) geht es erstens „um einen großen Sprung in Richtung einer nachhaltigen Ökono-mie. Zweitens geht es um mehr Chancengleichheit und soziale Teilhabe [...]. Und schließlich geht es darum, den globalen Ka-pitalismus in ein globales Regelwerk einzubetten [...]."[270] Der Ansatz dieser Art ökologischer Modernisierung geht auf die 1980er Jahre zurück. „Der Kern des Konzepts – die Lenkung systemischer Triebkräfte auf einen ökologisch ausgerichteten, politisch forcierten technologischen Entwicklungspfad – ist Mainstream in Umweltwissenschaften und Nachhaltigkeitsdis-kurs [...]. Elemente von Ökologischer Modernisierung prägen unter verschiedenen Bezeichnungen die Programmatik von

ökologische Modernisie-rung

Parteien in Deutschland und Europa – z. B. als *ökologischer Umbau* (Grüne) oder *ökologische Erneuerung der Industriegesellschaft* (Sozialdemokratie) oder *ökologische Marktwirtschaft* (konservative und liberale Parteien)."[271]

Allen gemeinsam ist der systemkonforme Blickwinkel: Zentrale Mechanismen des kapitalistischen Systems werden nicht als „aufzuhebende Ursache für die Ökokrise" begriffen, sondern ganz im Gegenteil als „gestaltungsfähige Voraussetzung, um sie zu bewältigen: Kapitalverwertung, Konkurrenz und Wachstumszwang gelten als Triebfedern für grüne Basisinnovationen."[272]

---

grünes Wachstum?

Somit ist zugleich das *Bekenntnis zu Wirtschaftswachstum* grundlegend (*Green Growth*). Es scheint einleuchtend zu sein: Der Übergang zu nachhaltigem Wirtschaften erfordert einerseits die massenhafte Bereitstellung neuer und effizienter Technologie. Andererseits benötigen die immerzu wachsenden Kapitalmengen neue Investitionsfelder zur Kreditverwertung. Beide Erfordernisse zusammen legen ein massives Investitionsprogramm nahe: eben den Green New Deal. Wie seinerzeit bei *Roosevelt* soll die Krise zum Katalysator eines politischen Prozesses werden – unter zeitweiliger staatlicher Intervention.

systemkonforme Innovation?

Ein konkretes Konzept eines solchen sozialökologischen Umbaus findet sich in der Studie *Gesellschaftsvertrag für eine Große Transformation des wissenschaftlichen Beirats der Bundesregierung Globale Umweltveränderungen (WBGU).*[273] Dieser Text weist den Weg zur Ablösung fossiler Brennstoffe in einer nachhaltig organisierten Gesellschaft. Dabei geht es um „tiefgreifende Änderungen von Infrastrukturen, Produktionsprozessen, Regulierungssystemen und Lebensstilen sowie ein neues Zusammenspiel von Politik, Gesellschaft, Wissenschaft und Technik." Ein weiteres Beispiel ist *Kapitalismus 3.0* von *Peter Barnes*. Es enthält ein klares Bekenntnis: „Kapitalismus

3.0 wahrt die Triebkraft des Kapitalismus – den Algorithmus der Gewinnmaximierung.“[274]

Im Zentrum all dieser Bemühungen stehen die Ziele *Innovation und Wachstum*. Das aber ist in Wahrheit problematisch. Denn Innovation verspricht zwar Effizienzgewinne, welche die erhoffte Ressourcenproduktivität ermöglichen – doch genau diese Möglichkeit wird durch Rebound-Effekte infolge Wachstums ausgezehrt (s. 2.3):

> *„Die ach so verheißungsvolle Effizienzrevolution hat Fred Luks mit einer einfachen Rechnung ad absurdum geführt: Wenn der Ressourcenverbrauch in den Industrienationen bis 2050 um einen Faktor 10 sinken soll (was weitgehend Konsens ist), und wenn man gleichzeitig ein bescheidenes Wirtschaftswachstum von 2 Prozent jährlich unterstellt, dann müsste die Ressourcenproduktivität [...] um den Faktor 27 wachsen!“*[275]

Auch ein Blick auf die Energiebilanz kann die Fragwürdigkeit der Innovationshoffnungen anschaulich machen. Nehmen wir als Beispiel Photovoltaikanlagen (PV). Kristalline Solarzellen benötigen zwischen 2 und 6 Jahren, bis sie so viel Energie erzeugt haben wie für ihre Herstellung nötig war.[276] Unter Einbeziehung der gesamten Herstellungskette (vom Bau der Bagger angefangen, die den Quarzsand fördern) gelangen Studien zu höchst unterschiedlichen Aussagen der energetischen Amortisation kompletter PV-Anlagen. In der nachfolgenden Abschätzung wird der Gesamtenergiebedarf von der Herstellung bis zur Montage mit einem Drittel der späteren Nutzenergiemenge angenommen. Und nun stellen wir uns vor, es sollen künftig 10 Prozent der weltweiten Elektroenergieerzeugung durch PV-Anlagen übernommen werden (ein doch wahrlich wünschenswertes Ziel): Wie viel Energie müsste vorab zur Herstellung aufgebracht werden?

Weltweit erzeugte Elektroenergie 2010:
21.431 Mrd. kWh[277]
davon angestrebter PV-Anteil 10 %:
2.143 Mrd. kWh
Nutzenergie dieses Anteils bei 20 Jahren Laufzeit:
42.862 Mrd. kWh
davon ein Drittel für die Herstellung:
14.287 Mrd. kWh

Investitionen für
350 Billionen Dollar?

Die simple Abschätzung macht die Größenordnung deutlich: Der Installation einer PV-Kapazität in Höhe von nur 10 Prozent der weltweiten Stromerzeugung geht unter obigen Annahmen ein energetischer Herstellungsaufwand von 14.287 Mrd. kWh voraus – das aber wären zwei Drittel des weltweiten Elektroenergiebedarfs eines Jahres! Dabei berücksichtigt das Beispiel noch nicht den Energieaufwand zum Ausbau der notwendigen Netz- und Speichertechnik. Obendrein stellt Photovoltaik ja nur einen Teilbereich der geplanten Innovation dar. Die Protagonisten der *ökologisch-industriellen Revolution* peilen (in vielleicht bester Absicht) ein enormes Wachstum grüner Technologien an. Das Investitionsvolumen von rund 350 Billionen US-Dollar allein für erneuerbare Energien im Jahr 2020 würde das gesamte Bruttoweltprodukt von 2012 um Faktor 5 (!) übertreffen (Abbildung 45).

enormer Ressour-
cenbedarf für
grüne Technologie

Die riesige Energiemenge zur Umsetzung derart gigantischer Programme muss vorab aufgebracht werden. Sie ist dabei nicht selbst schon das Ergebnis grüner Energieerzeugung, sondern unterliegt dem jeweils aktuellen Energiemix – dieser aber beruht zu neun Zehnteln auf kohlenstoffbasierten Primärenergieträgern (vgl. Abbildung 37). Der Anteil innovativer Energieerzeugung ist weltweit noch sehr gering. Die *International Energy Agency (IEA)* nennt 0,9 Prozent bei der Primärenergieerzeugung sowie 3,7 Prozent (einschließlich Bioabfälle) bei der Stromerzeugung.[278] Selbst wenn nach ein paar Jahren grüner Innovation die erneuerbare Energieerzeugung um einige Prozent steigt, bleibt der Mehrverbrauch an Herstellungsenergie mit einer erheblichen Erhöhung der CO_2-Emission verbunden. Genau die sollte doch aber eigentlich gesenkt statt erhöht werden!

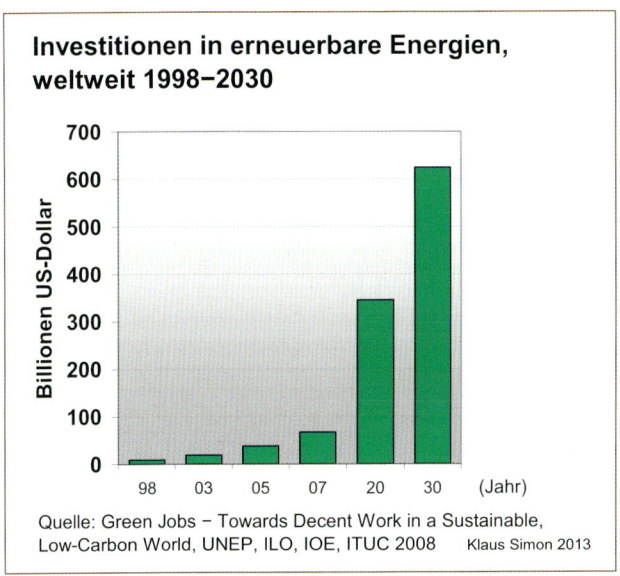

Investitionen in erneuerbare Energien, weltweit 1998–2030

Quelle: Green Jobs – Towards Decent Work in a Sustainable, Low-Carbon World, UNEP, ILO, IOE, ITUC 2008   Klaus Simon 2013

Abb. 45: Grüne Investitionen

Eine auch nur ansatzweise Reflexion der Probleme grünen Wachstums sucht man in den Green-New-Deal-Konzepten vergeblich. Der Green New Deal führt sicherlich nicht zur Lösung der Ökokrise, sondern zu ihrer Verschärfung.

das ist keine Lösung

Energiewende verkehrt

Der Übergang zur nachhaltigen Energieversorgung auf Grundlage erneuerbarer Energien ist von hoher Bedeutung (*Energiewende*). Denn während Rohstoffe normalerweise durch Recycling in einem steten Stofffluss bleiben können (allerdings unter weiterem Energieeinsatz), werden Energierohstoffe bei ihrer Nutzung unwiederbringlich verbraucht.[279] Doch auch ohne die gigantischen Investitionsvorhaben des Green New Deal findet die Energiewende ja längst statt. Deutschland nennt sich Vorreiter. Wie ist der Stand?

In Deutschland hatte 2012 die Windenergie einen Anteil von 8,2 Prozent und Solarenergie einen Anteil von 5 Prozent an der Nettostromerzeugung.[280] Das sind im internationalen Vergleich sehr gute Zahlen. Dennoch gingen 2012 zwei neue Kohlekraftwerke ans Netz, 17 weitere sind in Bau oder Planung.[281] Ihre Nennleistung umfasst mit fast 18.000 Megawatt ein Drittel mehr als bei der künftigen Abschaltung deutscher Atomkraftwerke nötig sein wird[282] – und das trotz weiterhin geplanter Zuwächse bei den erneuerbaren Energien.

immer mehr Kohlestrom

Geht es hier wirklich um eine Energie*wende* oder einfach nur um immer mehr Strom? Offenbar Letzteres. Nach Angaben des *Internationalen Wirtschaftsforums Regenerative Energie (IWR)* wurde 2013 in den ersten neun Monaten 2,1 Prozent weniger Strom aus Wind- und Solarenergie erzeugt als im selben Zeitraum des Vorjahres. Zugleich stieg laut der *Deutschen Umwelthilfe* „die Brutto-Stromerzeugung aus Braunkohle im ersten Halbjahr 2013 um stolze 11,7 Prozent im Vergleich zu den ersten sechs Monaten des Vorjahres – bei der Steinkohle waren es sogar 20,4 Prozent".[283] Die enorme Grundlast von Kohlestrom, die sich *nicht flexibel* regeln lässt (man kann Kohlekraftwerke nicht mal eben runterfahren), passt beim besten Willen nicht zum schwankenden Aufkommen regenerativer Energieerzeugung. Die Energiewende hätte z. B. mit flexiblen Gaskraftwerken flankiert werden müssen, welche die Schwankungen ausgleichen. So aber ist grüner Strom bei der wachsenden Grundlast fossiler Energieerzeugung oft einfach zu viel und drückt an der Strombörse die Preise:

„Von Januar bis September 2013 sinkt der mittlere Preis für Grundlaststrom auf 3,79 Cent pro kWh. Das ist im Vergleich zum selben Zeitraum des Jahres 2012 ein Rückgang um zwölf Prozent."[284]

Die seit Jahren fallenden Strompreise werden bekanntlich nicht an die Verbraucher weitergegeben – im Gegenteil. „Das Perverse daran: Niedrigere Börsenstrompreise führen dazu, dass die Öko-Umlage steigt. Schließlich hat die Bundesregierung den Ökostromerzeugern versprochen, dass sie je Kilowattstunde eine festgelegte Vergütung erhalten. Je weniger die Versorger für den Strom an der Börse erlösen, desto größer wird die Differenz – und diesen Saldo muss am Ende der Verbraucher in Form der EEG-Umlage ausbaden." Die genannte Differenz umfasst 2013 sieben Milliarden Euro: „Mit diesem Betrag subventionierten die privaten Stromverbraucher Großabnehmer und die energieintensiven Unternehmen [die sich der Umlage entziehen]. Tendenz für 2014: steigend."[285]

EEG-Umlage als (teure) Farce

Auch EU-weit ist keine wirkliche Energiewende in Sicht. „EU-Kommissar Oettinger hatte stets angeführt, erneuerbare Energien würden viel zu hoch gefördert." Doch nach Informationen der *Süddeutschen Zeitung* wurden im Entwurf des Subventionsberichts der Brüsseler *Generaldirektion Energie* die wirklichen Subventionsanteile der Energiebranche offengelegt:

2011 *„haben die 27 Länder der Europäischen Union erneuerbare Energien mit 30 Milliarden Euro an Staatsgeld gefördert. Mit weitaus mehr Steuermilliarden unterstützten die Regierungen herkömmliche Energien: Es gab 35 Milliarden Euro für nukleare Anlagen und 26 Milliarden*

Euro für fossile Kraftwerke. Indirekt wurde die Energieer-
zeugung aus Kohle und Gas sogar mit weiteren 40 Milliar-
den Euro gefördert."[286]

Im finalen Entwurf des Berichts wurden diese Zahlen dann
gestrichen. Die Realität aber lässt sich nicht streichen. Die
Energiewende ist leider ein weiteres Beispiel misslungener
Reformversuche.

Das generelle Wachstumsproblem

nicht mit
Wachstum!

Insgesamt ist das ökologische Problem des Wirtschaftswachstums noch viel grundsätzlicher als es anhand der Energiepro-
blematik deutlich wird. Nach *Niko Paech* wäre bereits auf der
Entstehungsseite des BIP wohl kaum ein Wertschöpfungs-
zuwachs durch ‚grünes Wachstum' denkbar, der keinerlei
zusätzliche Umweltschäden verursachen würde: „Welche Güter
oder Dienstleistungen könnten so beschaffen sein, dass sowohl
deren Produktion, Nutzung als auch Entsorgung einerseits jeg-
licher Flächen-, Materie- und Energieverbräuche enthoben ist,
dass sie jedoch andererseits in Form geldwerter Leistungen von
mindestens einem Anbieter zu mindestens einem Nachfrager
übertragen werden?" Und ebenso auf der Verwendungsseite:
„Wie könnte dann sichergestellt werden, dass auch die damit
unvermeidlich korrespondierenden Einkommenszuwächse
ökologisch neutral sind? Selbst unter strengsten umweltpo-
litischen Reglementierungen würde der Warenkorb jener
Konsumenten, die das zusätzliche Einkommen beziehen,
welches in den ‚grünen' Branchen erwirtschaftet wird, Güter
enthalten, in deren globalisierte Produktion fossile Energie
und andere Rohstoffe einfließen." Und so ist *Paechs* Fazit das
schiere Gegenteil von Green Economy:

„Nur unter der Voraussetzung, dass das BIP gerade nicht
wächst, haben grüne Technologien überhaupt eine Chance,
die Ökosphäre zu entlasten."[287]

Das gleiche Ergebnis stellt sich ein, wenn man von der
Materialproduktivität ausgeht: Auch deren dringend nötige
Verbesserung verträgt sich nicht mit Wirtschaftswachstum.
Beispiel Automobilbau: Pkws mit längerem Lebenszyklus
schmälern die Absatzzahlen der Finalproduzenten und Pkws
mit geringerem Materialeinsatz führen zum Absatzrückgang
der zuliefernden Rohstoffindustrie. Konzerne und Politik können das nicht wirklich wollen. Und so bestimmen nicht etwa
leichte und effiziente Kleinwagen das Geschäft der deutschen
Autobranche, sondern schwere und übermotorisierte Limousi-
nen (z. B. sog. Sport Utility Vehicle, SUV). Dies wiederum
bleibt nicht ohne Einfluss auf die Emission, und so kollidiert
das Wirtschaftswachstum auch mit dem Ziel der Schadstoff-
senkung. Der Minimalkonsens zur künftigen EU-Abgasnorm,
wonach die CO_2-Höchstgrenze für den Flottendurchschnitt
jedes Autobauers 2015 bis 2020 von 120 auf 95 Gramm pro
Kilometer sinken sollte, ist wahrlich dürftig. Doch selbst das
war bereits Grund zur deutschen Intervention, und der Bun-
deswirtschaftsminister warnte prompt vor einer „Schwächung
der europäischen Industrie".[288]

Die Situation ist schon wirklich skurril: Das Umweltbundes-
amt kritisiert Subventionsgelder der Bundesregierung in
Höhe von 51,5 Milliarden Euro als umweltschädigend. Die
Gelder fließen vor allem in den Verkehrs- und Energiesek-
tor, es geht um rund ein Sechstel des Bundeshaushaltes.[289]
Deutlicher lässt sich der Grundkonflikt von Förderung des
Wirtschaftswachstums und Umweltschutz nicht darstellen.

Die Schlussfolgerung aus alledem liegt auf der Hand:

Eine Ökonomie, in der Ressourcenverbrauch und Umweltbelastung absolut sinken sollen, kann nicht gleichzeitig eine Wachstumsökonomie sein. Die Lösung der Ökokrise liegt in einer Ökonomie ohne Wachstum: in einer Postwachstumsökonomie.

In der Zwickmühle

Wirtschaftsleistung und Naturverbrauch sind völlig unterschiedliche Größen. Theoretisch ist ein sinkender Ressourcenbedarf trotz wachsenden BIPs denkbar – z. B. durch Effizienzgewinne. In der Praxis aber ist zusammen mit der weltweiten Wirtschaftsleistung auch der Naturverbrauch auf das nunmehr 1,5-Fache dessen gewachsen, was die Erde verkraften kann. Der ökologische Fußabdruck *muss* zurück unter 1! Solange Effizienzgewinne das offensichtlich nicht schaffen, kann der Weg zur Nachhaltigkeit nur *über ein Absenken von Konsum und Wirtschaftsleistung führen.* Ein Absenken, das sofort beginnen muss, nicht 2050! Wegen des zusätzlichen Ressourcenbedarfs zur Herstellung grüner Technologien (s. o.) ist ein weiteres Absenken bei herkömmlichen Industriesegmenten nötig. Und wegen des Aufschließens wirtschaftlich unterentwickelter Länder besteht in den Industrienationen noch ein dritter Zwang zur Absenkung. Alles Weitere (ob etwa Wirtschaftswachstum auf Basis von Effizienzgewinnen dann später wieder denkbar würde, solange der ökologische Fußabdruck unter 1 bleibt) ist Zukunftsmusik. *Jetzt* müssen wir erst einmal zu einem Wert unter 1 gelangen, und bei derzeitiger Ressourceneffizienz kann das offenbar nur durch eine enorme Absenkung der Wirtschaftsleistung geschehen.

Dementsprechend werden auch ökosoziale Regulationsvarianten diskutiert, die den Innovationsschub der Ökotechnik mit einer Abnahme des Konsums (d. h. Zurückdrängung des Profits!) begleiten wollen. Der Sozialwissenschaftler *Ulrich Schachtschneider* schreibt: „Damit ist allerdings nicht beantwortet, ob diese Eingrenzung von Profit, die ja eine Eingrenzung der kapitalistischen Zone in der Gesellschaft wäre, dauerhaft stabil ist." Und er stellt abschließend die Frage: „Ob man dann noch von Kapitalismus sprechen kann?"[290]

Eher nicht, dies wäre wohl in der Tat kein Kapitalismus mehr. Wie sollte die massive Absenkung der Wirtschaftsleistung in einem System ablaufen, in welchem Wachstumszwang herrscht und allein schon eine Stagnation zum „katastrophalen wirtschaftlichen Zusammenbruch" führt? Wie sollte man sich beispielsweise bei einer Schrumpfung mancher Wirtschaftszweige um die Hälfte (!) ein noch funktionierendes kapitalistisches System vorstellen? Und wie die soziale Regulation dieser Entwicklung – z. B. der Massenarbeitslosigkeit? Innerhalb des Systems lässt sich der Zwang zu Wirtschaftswachstum zwar abmildern (etwa durch „Verkürzung oder Entflechtung komplexer Produktionsketten"),[291] nie aber gänzlich überwinden. Im Grunde ist Kapitalismus zum Wachsen verdammt. Nur durch Wachstum kann jenes ‚Mehr' erwirtschaftet werden, das als Rendite erwartet wird.

nicht mit Kapitalismus!

„Kapitalismus ohne Wachstum fällt um wie ein Fahrrad, das nicht mehr rollt."

Ungeachtet partieller Erfolge stoßen ökologische Reformen im Kapitalismus also spätestens beim Wachstumsproblem an grundsätzliche Grenzen. Während soziale Reformen und Finanzmarktreformen wenigstens theoretisch denkbar wären (nämlich wenn die Gesellschaft den globalen Finanzmarktkapitalismus einem globalen Regelwerk unterstellen wollte und könnte), bleibt die Lösung der Ökokrise innerhalb des kapitalistischen Systems *grundsätzlich undenkbar*. Es bedarf dazu einer Ökonomie ohne Wachstumszwang – und das aber wäre nicht mehr Kapitalismus.

So zeigt sich spätestens an dieser Stelle, warum wir uns die Zukunft besser außerhalb des kapitalistischen Systems vorstellen sollten. Der berühmte Thatcher-Satz von der Alternativlosigkeit erhält damit eine ganz neue Wendung: Es gibt keine Alternative an der Ablösung des kapitalistischen Systems vorbei! Wer in der Zwickmühle sitzt, wird zwanghaft Option auf Option verlieren. Es bleibt dann nur ein Ausweg: ein neues Spiel. Am besten ein Spiel mit geänderten Regeln. Ein Spiel, das uns künftig die Zwickmühle erspart.

3.4 – Fazit: Kapitalismuskritik

Kapitalismus-
kritik hat eine
ökologische
Dimension

Wir können nun die bisherigen Überlegungen noch einmal zusammenfassen und eine grundlegende Kapitalismuskritik wagen. Kapitalismuskritik ist so alt wie der Kapitalismus selbst. Doch während diese Kritik früher vor allem fehlende Verteilungsgerechtigkeit thematisierte (hier Ausbeuter, da Ausgebeutete), kommt heute eine neue Dimension hinzu: Die Kritik an der schonungslose Plünderung der Ökosphäre, welche Produzenten und Konsumenten gleichermaßen vorantreiben. Dabei ist die Ökokrise zunächst kein spezifisch kapitalistisches Problem – erinnert sei an die Umweltprobleme im früheren Ostblock. Aber der strukturell wie auch kulturell bedingte Wachstumszwang des Gesamtsystems ist ein spezifisch kapitalistisches Problem, und dieses Problem ist nun heute zur wesentlichen Ursache der Ökokrise geworden.

Das kapitalistische System ist von unübertroffener Flexibilität und Innovationskraft. Oft wird zu seiner Verteidigung eingewandt, man solle doch dem Unternehmer, der unter Einsatz seiner ganzen Kraft arbeitet, den wohlverdienten Gewinn nicht streitig machen. „Noch einmal sei betont: Es geht hier nicht um den idealtypischen Malermeister, dessen Unternehmensergebnis aus Unternehmerlohn und Risikoprämie besteht" und für den Kapitaleinkünfte eine untergeordnete Rolle spielen. Die entscheidenden Renditen „werden eher von großen Aktiengesellschaften abgeschöpft".[292] Im Zentrum der Kritik steht die organisierte Aneignung leistungsloser Gewinne im großen Stil und nicht die Arbeit des Malermeisters – welcher malert und malert, aber ob er wohl davon je reich wird?

leistungslose Gewinnaneignung ist das Problem

Grundsätzliche Kritik

Das herrschende System weist dem Geld neben seinen Funktionen Zahlungsmittel, Wertmaßstab und Wertaufbewahrung noch eine vierte Funktion zu: Geld wird selbst zur Ware, indem es als Geldkapital eingesetzt und dabei leistungslos vermehrt wird. So entsteht ein Mehr-Geld, das nicht durch reale Leistung erarbeitet wurde. Damit wird die Äquivalenzrelation zwischen Leistung und Geld notwendigerweise gestört; dies umso mehr, als sich die leistungslosen Kapitaleinkommen über den Zinseszinseffekt vermehren. Das alles führt zu unangenehmen Konsequenzen, insbesondere:

- Den steigenden Geldvermögen stehen systemnotwendig steigende Schulden gegenüber, die jemand als Kredit aufnehmen muss: Die Überschuldung der Gesellschaft wächst gemeinsam mit den Vermögen.
- Das Vermögenswachstum führt zur Dominanz der Geldkapitaleigner, die Realindustrie gerät immer mehr in die Abhängigkeit von externen Kapitalgebern.

Die Ökonomie (griech. *oikonomia*: *oikos*, „das Haus" und *nomos* „Gesetz") soll eigentlich der planvollen Deckung des

Es geht nur um Profit

menschlichen Bedarfs „im gemeinsamen Haus" dienen. Doch wegen der Dominanz des Geldkapitals kann das Hauptziel allen Wirtschaftens nicht die Bedarfsdeckung sein – und die Kapitalverwertung nur ein Mittel dazu. Sondern zum Hauptziel wird die Kapitalverwertung – und die Bedarfsdeckung ist nur noch ein Mittel (das obendrein gar nicht für die Gesellschaft insgesamt Anwendung findet, sondern nur für deren zahlungsfähige Mitglieder). Es stellt sich in diesem System nicht die Frage, was wir zum Leben brauchen, sondern was sich verkaufen lässt. Das Hauptziel der Kapitalverwertung führt zwangsläufig zu grundlegenden Entwicklungstendenzen:

▷ **Profitmaximierung** (Shareholder Value): Das Ziel der Eigenkapitalrendite übersteuert alle anderen Ziele.
▷ **Externalisierung**: Gewinne werden privatisiert, ökologische und soziale Folgekosten werden auf die Gesellschaft abgewälzt.
▷ **Deregulierung**: „freies Spiel der Kräfte" zum Durchsetzen der Kapitalinteressen.
▷ **Konkurrenz**: Verdrängungswettbewerb, Ausschalten von Mitbewerbern.
▷ **Verstärkte Gefahr militärischer Konfrontation** als Folge des Rüstungsgeschäfts sowie sich verschärfender Sozial- und Ressourcenkonflikte.
▷ **Wachstumszwang**: fortwährendes Wirtschaftswachstum und damit zunehmende Belastung des Ökosystems.

Kapitalismus ist Wachstum... Während sich die ersten fünf Komplexe durch Regulation immerhin beeinflussen lassen, ist das Wachstumsproblem grundsätzlicher Natur. Kapitalismus beruht auf der Akkumulation des Mehrwertes, aus Geld soll mehr Geld werden. Und dieser Drang erfährt aus sich selbst heraus keinerlei Begrenzung, je mehr desto besser: Kapitalismus *ist* Wachstum.

Sofern sich dieses Wachstum als fortwährendes Vermögenswachstum äußert, werden daraus ein soziales und ein Schuldenproblem. Auch die lassen sich – wenn man will – regulieren. Die stoffliche Seite dieses fortwährenden Wachstums aber ist beim heute erreichten Ausmaß nur noch durch zunehmende Plünderung der Ökosphäre sicherzustellen. Alle Hoffnungen, weiteres Wirtschaftswachstum vom Anstieg der Umweltbelastungen zu entkoppeln, haben sich bisher ins Gegenteil verkehrt. Hinsichtlich des Wachstumsproblems ist das kapitalistische System nicht reformierbar und zugleich lässt sich die Umweltbelastung durch weiteres Wachstum nicht ungestraft fortsetzen.

...und weiteres Wachstum geht nicht mehr

Damit aber ist der Kapitalismus als Ganzes den vor uns liegenden Aufgaben nicht mehr gewachsen, wobei dieses Ganze sowohl das Wirtschaftssystem auf Seiten der Produzenten als auch die Konsumkultur auf Seiten der Verbraucher umfasst.

Kritik des globalen Finanzmarktkapitalismus

Die Globalisierung war ein scheinbar genialer Schachzug: Das Kapital agiert nun international und geht dorthin, wo es sich am besten vermehrt. Es entzieht sich damit fast vollständig der Einflussnahme nationaler Politik, denn die Globalisierung bietet weltweite Ausweichmöglichkeiten. Die Staaten „sind gefangen im Käfig der neoliberalen Wirtschaftsordnung. […] Im Wettbewerb um die Gunst des Kapitals werden die Staaten immer höhere Leistungen erbringen, um das Kapital anzuziehen.“[293] Dem Diktat der 147 quasi allmächtigen Konzerne könnte nur eine einheitlich agierende internationale Gemeinschaft Einhalt gebieten – doch die ist derzeit Illusion. Stattdessen überbieten sich die Staaten gegenseitig in Niedriglohn- und Steuergeschenken an das Kapital. Die Rechnung scheint aufzugehen. Der geniale Schachzug hat allerdings seinen Preis:

Staaten im Käfig gefangen

- Mit der räumlichen Entgrenzung durch die Globalisierung steigt die *Ressourcen-Ausbeutung und Schadstoffbelastung*

hemmungsloser Naturverbrauch

auf ein bisher ungekanntes Übermaß, der Schutz von Naturgütern gegen globale Zugriffe ist völlig unzureichend.

unwägbare Kapitalmengen

- Die Finanzmarktakteure kontrollieren mittlerweile Kapitalmengen, welche die Budgets mittelgroßer Staaten übersteigen. Und mit den ungekannt steigenden Vermögen steigen die Schuldenberge in gleichfalls ungekannte Dimensionen. All das birgt Unwägbarkeiten.

volkswirtschaftlich unnütz

- Geldvermögen und Schulden vermehren sich in der Finanzindustrie nun noch stärker – ohne jeden Anteil realer Wertschöpfung. Dies setzt die Realsphäre unter Druck: von zu hohen Renditeerwartungen über Rohstoff- und Nahrungsmittelspekulation bis hin zum Absaugen von Unternehmensvermögen durch Heuschreckenkapital. Aus volkswirtschaftlicher Sicht ist all das als *offenkundig unnütz* erkennbar.

keine Unternehmensstrategie außer Cash sofort

- Die großen Finanzkonzerne sind die *neuen Eigentümer* der Unternehmen. Sie halten die Aktienmehrheit (im konkreten Fall meist kürzer als ein Jahr) und zwingen die Unternehmen zur kurzfristigen Gewinnmaximierung. Danach wechseln sie zum nächsten Unternehmen. Die Wirtschaft kann überhaupt *keine mittel- oder langfristige Strategie* mehr verfolgen.

Erosion und...

- Zugleich kommt es zur *Erosion wesentlicher Systemkomponenten*: Die marktwirtschaftlichen Grundsätze der Chancengleichheit und des freien Wettbewerbs sind durch die Machtkonzentration der großen Finanzkonzerne praktisch außer Betrieb gesetzt. Ebenso die demokratische Ordnung, eine Minderheit von Großvermögenseignern herrscht über die Welt.

...Deformation bis zur Unkenntlichkeit

- Insbesondere macht die Systemrelevanz (*too big to fail*) die großen Superunternehmen quasi unangreifbar. Im Ernstfall kommt die Gesellschaft für deren Verluste auf. Was sie auch tun, ihnen kann nichts passieren; man fühlt sich an die Kombinate im Staatssozialismus erinnert. Damit ist die marktwirtschaftliche Steuerung einer entscheidenden

Rückkopplung beraubt und *bis zur Unkenntlichkeit deformiert.*

Fast 90 Prozent der Menschen in Deutschland
fordern eine neue Wirtschaftsordnung, „in der
der Umweltschutz einen höheren Stellenwert
hat als bisher und die den sozialen Ausgleich
in der Gesellschaft anstrebt".[294] Doch die
dazu nötigen Reformen des kapitalistischen
Systems stoßen beim Wachstumsproblem
an unüberwindliche Grenzen. Die neue Wirtschaftsordnung kann demnach keine Form von
Kapitalismus sein. Für eine gänzliche Abkehr
vom Kapitalismus aber gibt es noch längst
keine Mehrheiten. Wir können uns heute
offenbar leichter das Ende der Welt vorstellen
als das Ende dieses Wirtschaftssystems (Fredric
Jameson). Solange das jedoch so ist, bleibt der
Wunsch der 90 Prozent letztlich unerfüllbar.

---

4 – UNTERWEGS IN DIE ZUKUNFT

Einerseits bedarf das kapitalistische System dringend der Reform. Andererseits laufen Reformversuche unter Globalisierungsbedingungen fast immer ins Leere, und im ökologischen Bereich scheitern sie obendrein grundsätzlich am Wachstumszwang. Es ist Zeit, über Alternativen nachzudenken. Dazu wäre zunächst vorbehaltlos zu formulieren, was nötig erscheint. Das Resultat sind Leitvorstellungen zum Wesen einer nicht mehr an Wachstum und Profit orientierten Gesellschaft.

Die Vision solcher Leitvorstellungen wird als noch nie verwirklichte Wunschvorstellung belächelt: als Utopie. Das ist zutreffend. Doch nochmals sei es gesagt: Bisher ist jede Neuerung zunächst Utopie gewesen, bevor sie dann eines Tages Wirklichkeit wurde.

4.1 – Zwei Wege zum Ziel

Das Nachdenken über Alternativen zum Kapitalismus erscheint heute als nahezu unanständig. Der Mythos der Alternativlosigkeit des herrschenden Systems sitzt fest in den Köpfen, und obendrein hat sich der Gegenentwurf des staatssozialistischen Zentralismus wahrlich nicht als wünschenswert erwiesen. Aber wäre dieser gescheiterte Gegenentwurf denn die einzige Möglichkeit? Und wäre die heutige Realität wirklich das „Ende der Geschichte"? Das Nachdenken über Alternativen zum Kapitalismus ist wie Augenreiben und Munterwerden. Wie eine Befreiung von alten Denkzwängen, wie ein Zusichkommen. Und wenn man das Undenkbare einfach einmal zu denken wagt, dann werden bald schon Wege deutlich, die aus dem *Krankheitszustand chronischer Wachstumssucht* herausführen. Zwei davon sehen wir uns in diesem Kapitel einmal an.

Der eine Weg will das kapitalistische System *innerhalb einer marktwirtschaftlichen Ordnung* überwinden. Wer sagt denn, dass die Rechts- und Eigentumsordnung der Marktwirtschaft sich ausgerechnet an der Logik der Kapitalverwertung samt ihrer Wachstumsdoktrin ausrichten muss? Weshalb nicht an viel wichtigeren Gesichtspunkten: an der Schonung des Ökosystems, an sozialer Teilhabe, an gesamtgesellschaftlicher statt privater Aneignung des Mehrwerts? Es ist auch eine ganz andere, nämlich eine nichtkapitalistische Marktwirtschaft denkbar. Der heutige Markt ist nicht pervertiert nur weil er ein Markt ist, sondern weil er zum Ort eines unaufhörlichen Kapitalverwertungsprozesses wurde. Was aber spricht gegen den Markt als Ort der Vermittlung zwischen unabhängigen Produzenten, sobald diese nicht mehr dem Diktat des Profits unterliegen? Wir müssen nicht mit Warenproduktion und Äquivalenztausch brechen, weil sie die Kernstrukturen des kapitalistischen Systems seien.[295] Es ist die private Aneignung des Mehrwerts, welche Warenproduktion und Äquivalenztausch kapitalistisch macht. Eine nichtkapitalistische Marktwirtschaft – eine Marktwirtschaft ohne Profit – ist möglich.

Kapitalismus ist nicht alternativlos

nichtkapitalistische Marktwirtschaft

jenseits von
Geld- und
Marktwirt-
schaft

Ein zweiter Weg dagegen umgeht das Zur-Ware-Machen von Gütern grundsätzlich, indem sich ihr Austausch *außerhalb der Geld- und Marktwirtschaft* vollzieht. Die bereits heute praktizierten Möglichkeiten sind vielfältig: Tauschringe, Gemeinschaftsgärten, Erzeuger-Verbraucher-Gemeinschaften, freie Software usw. Eine „Ausdehnung der Gemeingüter (‚*commoning*') ist das Ziel – auch in der Sphäre der Produktion".[296] Weitere zugehörige Begriffe sind *Entmonetarisierung* (Zurückdrängen der Rolle des Geldes) sowie *Subsistenzwirtschaft*. Letzteres meint Produktion für den eigenen Bedarf (lat. *subsistentia*: „Bestand, Realität"). Damit verbindet sich oft das Vorurteil von Selbstversorgungswirtschaft auf vorindustriellem Niveau. Doch die „Funktion der Subsistenz ist weder an die nomadische noch an die bäuerliche Existenzweise gebunden, sondern an die eigentliche Wortbedeutung, das Standhalten".[297] Und so spricht man heute von der städtischen, der *urbanen Subsistenz*. Sie umfasst sowohl individuelle Eigentätigkeit (Reparatur von Konsumgütern, Gartenbau usw.) als auch bürgerschaftliches Engagement (Ehrenamt, Selbsthilfe usw.). All das erbringt Wertschöpfung jenseits der Erwerbsarbeit und des Marktes.

Auf den ersten Blick scheinen diese beiden Wege einander zu widersprechen. Beim einen bleiben Produzent und Konsument getrennt, *Produktion und Konsum werden über den Markt vermittelt* – und dieser soll anderen Spielregeln unterliegen als bisher. Beim anderen findet der Austausch jenseits des Marktes statt, *Produzent und Konsument bilden* innerhalb der Selbstversorgung *eine Einheit*. Welcher dieser beiden Wege ist der richtige? Wie oft bei solchen Entscheidungswünschen ist bereits die Frage falsch. Es hat Subsistenz und Markt noch nie für sich allein gegeben. Die frühe bäuerliche Selbstversorgung war immer von einem gewissen Maß an Marktbeziehungen begleitet, und ebenso ist auch heute neben der allumfassend scheinenden Marktökonomie ein unerwartet hoher Subsistenzanteil festzustellen (in Deutschland lag 2008 allein die ehrenamtliche Arbeit bei einem Äquivalent von 3,2 Millionen Vollarbeitsstellen![298]). Es bestand bisher über alle Zeiten hinweg ein Zusammenspiel von Subsistenz- und Marktwirtschaft. Auch künftig wären wohl beide Wege gemeinsam in Betracht zu ziehen.

Subsistenzwirtschaft ist demnach keine Frage von *alles oder nichts*. Sie ist nach *Niko Paech* mit regionalökonomischen Systemen ebenso kombinierbar wie mit „einem verbleibenden Rest des industriellen Systems" (das man sich im Grunde nach wie vor marktwirtschaftlich vorstellen kann, wenn auch mit kürzeren Wertschöpfungsketten). Dieser Rest nun allerdings „wäre so umzugestalten, dass die Neuproduktion von Gütern, die viel langlebiger und reparaturfreundlicher sein müssten, eher eine untergeordnete Rolle spielt. Der Fokus läge auf dem Erhalt, der Um- und Aufwertung vorhandener Produktbestände, etwa durch Renovation, Optimierung, Nutzungsdauerverlängerung oder Nutzungsintensivierung."[299] Keine Frage, dass hierfür Veränderungen an den gesellschaftlichen Rahmenbedingungen erforderlich sind: *institutionelle Innovationen*. Die herrschenden Bedingungen jedenfalls vermögen solcherart Umgestaltung offensichtlich nicht zu unterstützen.

In den folgenden Abschnitten werden wir sehen, wie sich beide Wege ergänzen. Open-Source-Software z. B. erfüllt alle Bedingungen eines Gemeingutes, und sie wird dennoch über einen Markt – über Angebot und Nachfrage – vermittelt. Wir werden den hohen Stellenwert konkreter Projekte vor Ort sehen, die sich auf die Realität ebenso auswirken wie auf das Bewusstsein der Beteiligten, und insofern unabdingbar sind für die Vorbereitung des gesellschaftlichen Wandels. Parallel zu solchen Projekten muss es aber gelingen, die Veränderungen der Rahmenbedingungen – d. h. die institutionellen Innovationen – auch tatsächlich zu erreichen! Die heutigen Rahmenbedingungen verändern sich nicht allein dadurch, dass immer mehr solidarökonomische Projekte entstehen. Vielmehr sind Leitvorstellungen erforderlich, in welche Richtung sich die Gesellschaft überhaupt entwickeln will, und diese Leitvorstellungen müssen dann auch angestrebt werden.

Subsistenz- und Marktwirtschaft sind kombinierbar

Beginnen wir mit einem möglichen Beispiel geänderter Rahmenbedingungen. Die dazu nachfolgend skizzierten Umrisse erheben weder den Anspruch eines fertigen Konzepts noch können sie mehr sein als eben nur ein Beitrag zum kollektiven Nachdenken. Erst dieses kollektive Nachdenken wird die wirklichen Leitvorstellungen hervorbringen. Aber wagen wir doch vorab schon einmal einen vorsichtigen Blick in diese ganz andere und ungewohnte Welt. Wie könnte sie beispielsweise aussehen? Wäre sie denn *überhaupt denkbar*?

4.2 – Wandel der gesellschaftlichen Bedingungen

Ein anderes Geldsystem
Wirklich unabhängige Zentralbank

Wieso eigentlich müssen Staaten (die doch die Zentralbank mit der Geldschöpfung beauftragen) sich bei privaten Banken verschulden, wenn sie Geld zur Erfüllung ihrer Aufgaben brauchen? Und weshalb bezieht gar der US-amerikanische Staat seine umlaufenden Dollarnoten von einem demokratisch erscheinenden Privatbanken-Kartell namens Federal Reserve System (Fed): in Form von Anleihen, für die er jahrein, jahraus Zins bezahlt?[300] Zusammengefasst stellt sich die Frage: „Wie kann man auf die Idee kommen, das Management des Geldsystems Bankiers anzuvertrauen?"[301] Ausgerechnet Bankiers, deren Ziele doch immer am eigenen Gewinn orientiert sein werden?

Solche Fragen werden üblicherweise nicht gestellt. Wir haben uns daran gewöhnt, dass es richtig sei so wie es ist. Und wir kennen auch die zugehörige Begründung: Das Monopol der Geldschöpfung darf nicht in die Hand des Staates gelangen,

da dies dazu führen würde, politische Ziele mit der Gelddruckmaschine sicherzustellen. Deshalb haben Zentralbanken
dieses Monopol inne – und die allerdings begleichen heute die
Schulden der privaten Geschäftsbanken ironischerweise mit
der Gelddruckmaschine …

Im Geldsystem der Zukunft sollte die Verwaltung des
Geldes weder staatlichen noch privaten Interessen unterstellt
sein. Stattdessen wird eine wirklich unabhängige Instanz die
Geldordnung in Händen halten, eine vierte Gewalt im Staate
neben Legislative, Exekutive und Judikative: eine *Monetative*.
In Deutschland wirbt der Verein *Monetative e.V.* für eine solche
Instanz;[302] einer seiner führenden Vertreter ist der Soziologe
Joseph Huber.

Doch diese unabhängige Instanz allein reicht noch nicht
aus, das Problem zu lösen. Denn auch sie wäre bei Strafe
einer Wirtschaftskrise genötigt, den Geschäftsbanken „die
schon geschehene (!) Ausweitung der Buchgeldmenge durch
entsprechende Nachlieferung von Zentralbankgeld [zu] ho-
norieren. Dies hat sich deutlich in der letzten Finanzkrise von
2008/09 erwiesen. Die Zentralbanken mussten und müssen
immer noch bei einem konstanten niedrigen Refinanzierungs-
zins den Banken das gewünschte Zentralbankgeld praktisch
ohne Limite zur Verfügung stellen. Dabei haben die Banken
in ihrem Selbstverständnis als Unternehmen die Pflicht, die
Renditegesichtspunkte in den Vordergrund zu stellen."[303] Es
bedarf also noch weiterer Innovationen zur Verwirklichung
des neuen Geldsystems.

eine vierte Gewalt

Vollgeld

*Wozu braucht die Gesellschaft private Geschäftsbanken
als Mittler zwischen Zentralbank und Volkswirtschaft?
Warum müssen Privatunternehmen (nach eigenen Rendi-
tegesichtspunkten!) jenes Giralgeld schaffen, mit dem in
der Volkswirtschaft investiert und konsumiert wird? Und*

*wofür braucht man Giralgeld überhaupt, wenn es doch
den Nachteil hat, dass schon eine geringfügig steigende
Bargeldnachfrage das System gefährdet (Banken-Run)?*

Auch diese Fragen werden üblicherweise nicht gestellt, schließlich war all das „schon immer so". In Wahrheit aber ist das
Schaffen von Giralgeld bereits seit der Weltwirtschaftskrise
1929 als Problem erkannt. Der US-Ökonom *Irving Fisher* hat
1935 in seinem Buch „100%-Money" darüber nachgedacht, das
unkontrollierte Schaffen von Giralgeld durch Geschäftsbanken
am besten gar nicht erst zu ermöglichen – indem Zentralbankgeld statt Giralgeld in der Volkswirtschaft kursiert.

Zentralbankgeld
statt Giralgeld

Heute lebt diese Idee unter dem Namen *Vollgeld* wieder
auf: von *Hans Christoph Binswanger* über *Joseph Huber* bis zu
den *IWF*-Ökonomen *Jaromir Benes* und *Michael Kumhof*.[304]
Es geht um die Ablösung des Giralgelds. Jeder Kredit und
jedes Guthaben ist dann zu 100 Prozent mit Zentralbankgeld
hinterlegt. Damit kann das Kreditschöpfungsprivileg der
Geschäftsbanken entfallen, und dann ist insbesondere auch
das Hebeln von Interbankkrediten zu Spekulationszwecken
nicht mehr möglich. „Die [Geschäfts-]Banken sind keinen
gesamtwirtschaftlichen, geschweige denn gesellschaftlichen
Zielen verpflichtet. Ihnen die für die Allgemeinheit höchst
folgenreiche Aufgabe der Geldschöpfung zu überlassen [ge-
meint ist das Schaffen von Giralgeld], ist ordnungspolitisch
unvertretbar. In der modernen Gesellschaft ist die Geldordnung Teil der Rechtsordnung, tatsächlich eine Frage von
Verfassungsrang."[305]

Neben der Zentralbank wird es auch im Vollgeldsystem
regionale Banken geben, die Konten des Publikums verwalten,
Kredite ausreichen usw. Sie stehen im Rang von Mittlern und
Treuhändern, welche genau wie heutige Geschäftsbanken
die Schnittstelle zwischen Zentralbank und Volkswirtschaft
bilden – aber mit einem entscheidenden Unterschied: Sie
schaffen dabei kein Giralgeld, sondern benötigen für jede ihrer

Aktivitäten Zentralbankgeld. Die Steuerung der Geldmenge ist dann einfacher als bisher. Während heute beispielsweise die EZB-Orientierung von 4,5 Prozent M3-Wachstum pro Jahr durch Geschäftsbanken umzusetzen ist, wird im Vollgeldsystem die Zentralbankgeldmenge entsprechend wirtschaftlicher Erfordernisse verändert. Die Zentralbank wird somit *vorab* die Geldmenge steuern und nicht „nur im Nachhinein eingreifen können, wenn sich die Kredit- und Geldschöpfung schon zu einer Blase entwickelt hat".[306]

Zins?

Geld erfüllt seine Funktion, wenn es umläuft (wenn der Rubel rollt). Das wird möglich, indem wir Geld nicht horten, sondern ausgeben oder zur Bank bringen. Aber warum freuen wir uns dabei über Sparzinsen, wenn doch das Zinssystem unterm Strich die allermeisten Menschen schröpft anstatt zu beschenken?

Es ist ein Grundfehler heutigen Geldes, dass sich eine Menge Geldkapital durch bloßes Überlassen vermehren lässt. Als Ursache dafür ist unschwer der Zins auszumachen. Doch Zins lässt sich nicht von heute auf morgen abschaffen. „Der Zins erfüllt als Knappheitspreis des Geldes in jeder Volkswirtschaft eine unverzichtbare Lenkungsaufgabe, aber er müsste – und das ist der Knackpunkt – durch eine negative Rückkopplung so geregelt sein, dass er mit den Sättigungen in der Wirtschaft genau so gegen Null absinkt, wie das bei den Knappheitsgewinnen auf den Gütermärkten der Fall ist. Für eine solche negative ‚Rückkopplung' durch Geldhaltekosten (‚Carrying costs') hat vor 70 Jahren bereits *John Maynard Keynes* plädiert. Und er war der Ansicht, dass eine solche Reform des Geldwesens der vernünftigste Weg sein würde, um ‚allmählich die verschiedenen anstößigen Formen des Kapitalismus loszuwerden'."[307]

Geldumlaufsi-
cherung ohne
Zins

Das auf den Reformer *Silvio Gesell* zurückgehende und von *Keynes* aufgegriffene Konzept der Geldhaltekosten (auch *Liquiditätsabgabe, Freigeld*) setzt gehortetes Geld einem permanenten Wertschwund aus, einem „negativen Zins". Beim äußerst erfolgreichen Einsatz 1932 im österreichischen Wörgl wurde dazu eine monatliche Umtauschgebühr von 1 Prozent erhoben.[308] Bringt man das Geld rasch zurück in den Geldkreislauf (indem man es ausgibt oder zur Bank trägt), entgeht es diesem Wertschwund. Während also im heutigen System derjenige mit Zins *bevorteilt* wird, der sein Geld zur Bank (in den Umlauf) bringt, wird im Freigeldkonzept derjenige mit einer Liquiditätsabgabe *benachteiligt*, der sein Geld festhält und hortet. Damit besteht eine Umlaufsicherung ohne Zins. Abbildung 46 zeigt den Vergleich:

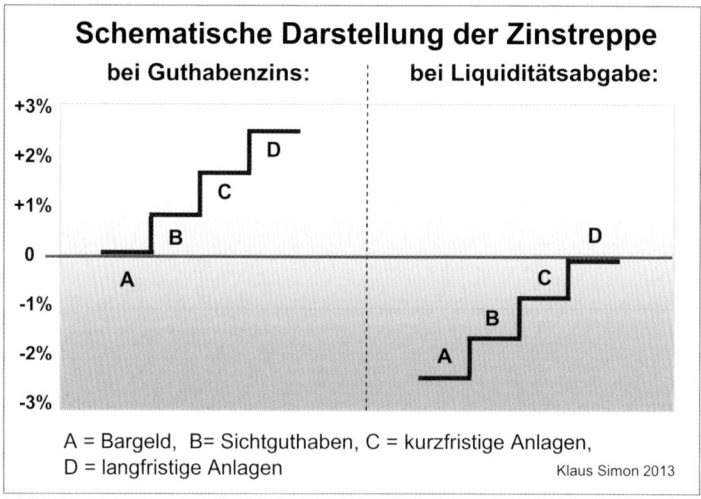

Abb. 46: Zinstreppe

Es müsste also „dafür gesorgt werden, dass sich die Zinssätze genau so an die Knappheitsverhältnisse im Geldbereich anpassen, wie das bei den Knappheitsgewinnen auf den Gütermärkten die Regel ist. Das heißt, die Reform der Geldmengensteuerung müsste der Vollgeldreform vorausgehen"[309] oder zumindest mit ihr gemeinsam erfolgen. Das Ergebnis wäre die sog. *Vollfreigeldreform*. Eine Reihe von Ausgestaltungsfragen ist durchaus noch strittig und wird diskutiert.[310] Der Grundgedanke der Vergesellschaftung des Geldes aber ist sicherlich nicht von der Hand zu weisen.

Die Liquiditätsabgabe erscheint unpopulärer als der Zinsanreiz, denn es entfällt ja der Guthabenzins. Zugleich entfällt aber auch der Zinsanteil an den Güterpreisen. Und jener Anteil am Volkseinkommen, der heute über den Zins an die Kapitaleigner abfließt, bleibt der Allgemeinheit erhalten. Die allermeisten Menschen hätten dadurch nur Vorteile.

So ließe sich dann auch das Schuldgeldprinzip einschränken. Während heute Giralgeld überwiegend *kreditweise* (also als Schuld) in Umlauf kommt, ist es künftig denkbar, Geld *nichtkreditweise* in die Volkswirtschaft zu bringen. Es gibt doch außer dem Renditewunsch der Kapitaleigner gar keinen Grund, die Wirtschaft aus Privathand per Kredit zu finanzieren! Warum sollten gesellschaftlich wünschenswerte Investitionen nicht direkt finanziert werden? Und wo für Investitionen nach wie vor Kredite zum Einsatz kommen: Warum dann – nach Beurteilung ihrer Nachhaltigkeit – nicht zinsfrei? So wäre eine entscheidende Voraussetzung für das Ende des Wachstumszwangs erfüllt, denn „eine stationäre, nicht mehr auf Wachstum angewiesene Wirtschaft setzt ein massives Absinken des Zinsniveaus – bis gegen die Nullmarke – der Zinssätze voraus".[311]

Bei Bedarf wäre es auch denkbar, Kredite gegen eine einmalige Gebühr anstatt gegen Zins auszureichen, z. B. um die maßlose Inanspruchnahme von Konsumkrediten zu

zinsfreie Investitionskredite

vermeiden. Die Gebühr fließt aber an die Zentralbank und nicht an privat. Dadurch kann die bei Zins unvermeidliche Aufblähung der Geldmenge unterbleiben. Und schließlich entfällt dann auch der Profit der Geschäftsbanken; künftige Banken können keinen Zinsüberschuss mehr vereinnahmen. Abbildung 47 zeigt schematisch den Unterschied zwischen dem heutigen und einem künftigen Geldsystem anhand der Wirtschaftsfinanzierung:

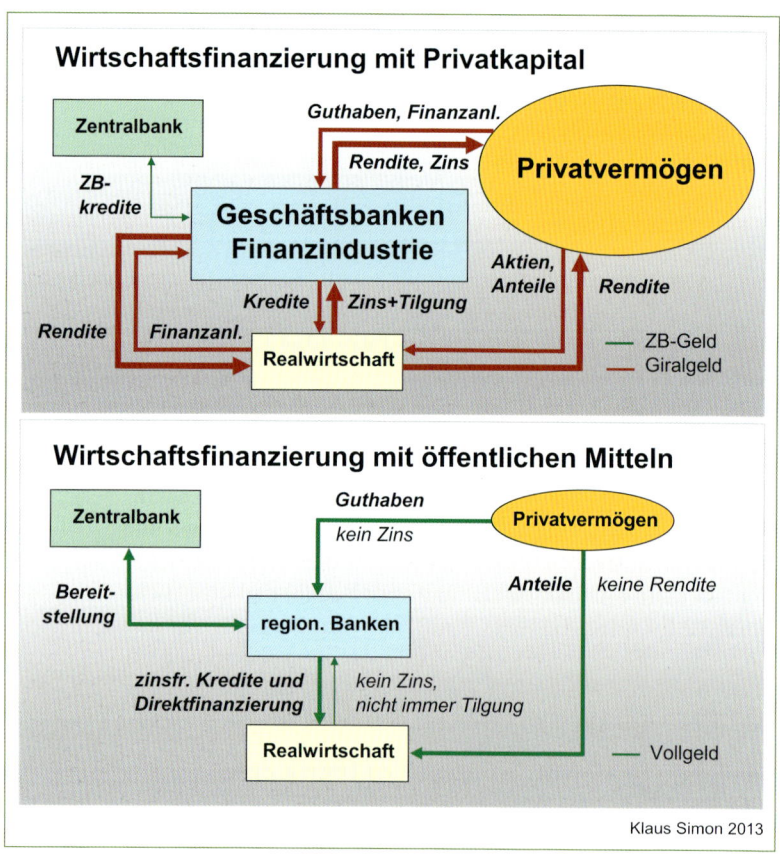

Abb. 47: Vergleich Wirtschaftsfinanzierung

Eine solche Neuordnung des Geldsystems wird dem Geld konsequent die Rolle eines *öffentlichen Gutes* zuweisen: Eines Gutes, das die gesellschaftliche Organisation von Produktion und Bedarfsdeckung zum Ziele hat und nicht private Kapitalrenditen.

Hier zusammengefasst noch einmal die wesentlichen Merkmale eines künftigen Geldsystems:

▷ *Verwaltung des gesellschaftlichen Gutes Geld in einer von Staats- und Privatinteressen wirklich unabhängigen Instanz sowie Ablösung des Giralgelds in einer Vollgeldreform.*

▷ *Absenkung des Zinsniveaus bis gegen die Nullmarke.*

▷ *Einschränkung des Schuldgeldprinzips und Einschränkung des Wachstumszwangs in der Wirtschaft unter anderem durch zinsfreie Investitionskredite.*

Wenn sich Geld durch Zins nicht mehr vermehren kann, verliert es seine Kapitaleigenschaft. Denn Kapital wird investiert, um vergrößert zurückzukehren: *Das ist der wirkliche Sinn von Kapital.* Ist ihm dieser Sinn genommen, dann erübrigen sich Börse und Kapitalmarkt sowie überhaupt aller Handel mit Geld oder Finanzprodukten. Die *Abschöpfungs-, Aneignungs- und Bereicherungsfunktion* des heutigen Geldsystems wäre überwunden. Das Geld bleibt auf seine *Dienstleistungsfunktion* als Tauschmittel, Wertmaßstab und Wertaufbewahrungsmittel beschränkt (wobei Letzteres in Form zugesicherter Ansprüche geschieht, während das Geld selbst in den Umlauf zurückkehrt).

keine Bereicherungsfunktion des Geldes

So weit, so gut. Doch eine solche Reform des Geldsystems kann unmöglich für sich allein funktionieren. Zugleich und zwingend muss die Eigentumsordnung geändert werden – und zwar grundlegend.

Eine andere Eigentumsordnung
Entkapitalisierung

Nach der Logik der Kapitalverwertung gilt es als nützlich, Ressourcen wie Öl oder Nahrungsmittel in Zeiten geringer Nachfrage preiswert aufzukaufen und in Zeiten starker Nachfrage teuer weiterzuverkaufen. Aber wie nützlich ist das für die Gesellschaft?

keine Rendi-
te nirgends

Parallel zur Neuordnung des Geldsystems ist nicht nur eine Reform von Grund und Boden erforderlich, sondern sämtlicher Vermögenswerte ähnlichen Charakters (z. B. Ressourcen wie Wasser, Metalle, Erdöl – und vielem mehr). *Dirk Löhr* weist zutreffend auf die entscheidende Voraussetzung einer Geldreform hin, nämlich „dass die heute für Spekulanten interessanten Bestandswerte mit Ewigkeitswert [Ressourcenrechte, Aktien, GmbH-Anteile usw.] nicht mehr als ‚Anlagemöglichkeit' verfügbar wären". Es ist nötig, sie „über eine Änderung der Eigentumsordnung konsequent zu ‚entkapitalisieren'".[312] Dabei bedeutet *Entkapitalisieren* nicht weniger, als dass eine Investition in solche Vermögenswerte *keine Rendite* mehr erbringen kann. Dann und nur dann lässt sich verhindern, dass Privatkapital – als Geld nun nicht mehr profitabel verzinsbar – in andere Anlagemöglichkeiten ausweicht und dort Rendite sucht. Dies ist der Dreh- und Angelpunkt des neuen Systems: Geld- und Sachwerte verlieren ihre Kapitaleigenschaft, d. h. ihr Einsatz kann weder Zins noch Rendite erbringen. Welche konkreten Eigentumsformen wären dann denkbar?

Gemeineigentum

Kann denn ein Mensch Eigentümer von Naturgütern sein: Wälder, Quellen, Bergwerke ...? Oder in Worten des Befrei-

ungstheologen Ulrich Duchrow: „Kann ein Mensch seine Mutter besitzen?"[313]

In der notwendigen Reform der Eigentumsordnung wird zu entscheiden sein, welche der heute privatisierten Vermögenswerte in Gemeineigentum zurückzuführen sind. Dies wird sicherlich für Umweltressourcen und ab einer bestimmten Größe auch für Grundbesitz zutreffen. Es gibt kein Argument, welches die private Aneignung und den Verschleiß von Gaben der Natur rechtfertigen würde. Ebenso wäre für manche Patente (z. B. Saatgut) sowie für Infrastruktur und öffentliche Daseinsvorsorge (z. B. Gesundheitswesen, Energiewirtschaft) die Rückführung in Gemeineigentum erforderlich. Denn auch bei diesen Gütern erzielen private Eigner Renditen, während die Gesellschaft die Güter bereitstellt und die Folgekosten ihrer Ausbeutung trägt. Nur die Vergesellschaftung solcher Vermögenswerte kann hier Kosten und Nutzen wieder in Einklang bringen.

Gemeingüter zurück an die Gemeinschaft

Eine Rückkehr zum Gemeineigentum in großem Stil wäre schon auf der Grundlage heutiger Gesetzlichkeit möglich. Artikel 14 des deutschen Grundgesetzes sieht die Sozialpflichtigkeit privaten Eigentums sowie gegebenenfalls eine Enteignung „zum Wohle der Allgemeinheit" vor. Und Artikel 15 regelt: „Grund und Boden, Naturschätze und Produktionsmittel können zum Zwecke der Vergesellschaftung durch ein Gesetz, das Art und Ausmaß der Entschädigung regelt, in Gemeineigentum oder in andere Formen der Gemeinwirtschaft überführt werden."[314]

Die gesellschaftliche Wiederaneignung der Gemeingüter führt zu einer neuen Balance zwischen Bürgern, Markt und Staat. Dabei wird das heute überwiegend ausschließende Eigentumsverständnis (es gehört mir – also nicht dir) wieder für die Gemeinschaft geöffnet (es gehört uns).

Genossenschaftliches Eigentum

Warum müssen Kapitaleigner und Arbeitnehmer auf unterschiedlichen Seiten stehen? Wäre es nicht viel einleuchtender, wenn Menschen ihr Eigentum zusammenlegen und damit gemeinsam wirtschaften?

kein Profit an Außenstehende

Die „Genossenschaft oder Cooperative ist eine weltweit praktizierte Organisationsstruktur, die garantieren soll, dass grundsätzlich keine Profite an Außenstehende fließen. Genossenschaften sind primär keine gemeinnützigen, sondern eigennützige Organisationen, die ihren Mitgliedern Vorteile bringen sollen." Die Genossenschaft stellt „einen Raum dar, in dem kooperationsbereite Individuen unterschiedlichster Fähigkeiten und Fertigkeiten zusammenarbeiten können, ohne von Anlegern und deren Renditegelüsten ausgeplündert zu werden".[315] Mitglieder einer Genossenschaft sind also Kapitalgeber, Eigentümer und Arbeitnehmer zugleich. Im günstigsten Fall sind sie sogar Produzent und Konsument zugleich. Die genossenschaftliche Eigentumsform wird sicherlich ein wesentliches Element einer reformierten Eigentumsordnung darstellen.

Privates Eigentum

Die heutige Eigentumsordnung kennt weder Mengen- noch Zeitgrenzen für die Anhäufung privater Großvermögen. Dieser unbegrenzte Reichtum wird von Generation zu Generation weitervererbt – nebst der damit verbundenen Macht. Ja, ist denn das nicht noch immer wie im Feudalismus?

Die künftige Gesellschaft wird sich auf einen Grenzwert verständigen müssen, ab dem bestehende Großvermögen für Unrecht erklärt und der Allgemeinheit übereignet werden, so dass die bisher aufgetürmten Ergebnisse extremer Verteilungsungerechtigkeit ein wieder erträgliches Maß erreichen (vgl. Abbildung 26, 27). Denkbar ist ein Schuldenschnitt zulasten der Großvermögen. Es gibt keine wirkliche *Recht*fertigung für den extrem hohen Eigentumsanteil einer winzigen Minderheit, während es anderen am Nötigsten fehlt. Mengenmäßige Obergrenzen für Vermögen sowie das Wegfallen von Kapitaleinkünften stellen sicher, dass es nicht erneut zu derartigen Anhäufungen kommt. Solange es noch Großvermögen gibt, sind auch zeitliche Obergrenzen nötig, durchgesetzt z. B. über Erbschaftssteuer. Dies erscheint zwar anhand der heutigen Praxis nahezu ungeheuerlich, doch wäre gerade das (und nicht die heutige Praxis!) verfassungskonform. So schreibt z. B. die Bayerische Verfassung vor: „Die Erbschaftssteuer dient auch dem Zwecke, die Ansammlung von Riesenvermögen in den Händen einzelner zu verhindern."[316]

(Randnotiz: keine Anhäufung von Großvermögen)

Mit Ausnahme von Großvermögen und rückgeführtem Gemeineigentum wäre aber privates Eigentum zu respektieren. Es ist eine grundlegende Voraussetzung persönlicher Freiheit. Das gilt auch für den privaten Besitz von Produktionsmitteln unterhalb der Großvermögensgrenze. Warum sollte man den Kleinbus eines Handwerkers vergesellschaften? Und warum Fabrikanlagen? Im Grunde ist doch gar nicht der Besitz von Produktionsmitteln das Problem, sondern die private Aneignung des Mehrwerts! Der Wirtschaftswissenschaftler *Gerhard Scherhorn* bringt es auf den Punkt: „Denn das prägende Merkmal des Kapitalismus ist nicht das Privateigentum an den Produktionsmitteln, sondern der Vorrang der endlosen Kapitalakkumulation."[317] Insofern sollte es weiterhin private Produktions- und Handelsunternehmen geben können. Aber die Reform der Eigentumsordnung wird die Profitentnahme durch die Eigner unterbinden; je nach gesetzlicher Ausgestaltung durch schrittweises Absenken oder grundsätzliches Um-

(Randnotiz: privates Eigentum – aber kein Profit)

lenken des Mehrwerts an die öffentliche Hand. Die Kontrolle erfolgt durch Bilanzprüfung. So steht dem Sachkapitaleigner der Profit nicht mehr zu wie auch dem Geldkapitaleigner der Zins nicht mehr zusteht. Das erst wäre konsequente Entkapitalisierung. Privates Eigentum kann dann nicht mehr als Instrument leistungsloser Abschöpfung dienen.

Die umrissene Einheit von Geld- und Eigentumsreform führt zu einer ganz anderen gesellschaftlichen Landschaft. Geld- und Sachvermögen bleiben zwar in Privatbesitz, aber sie können nicht mehr zu privatem Kapital werden (nicht mehr Rendite erzielen). Dies ist das Ende des Kapitalismus.

In einer solcherart entkapitalisierten Gesellschaft lassen sich alle weiteren Leitvorstellungen recht mühelos formulieren. Man muss nicht mehr an allen Ecken und Enden Regeln erfinden, die das Überschießen privaten Kapitals im Zaume halten sollen. Es gibt kein privates Kapital mehr. Als Nächstes wäre zu überlegen, wie denn die Wirtschaft unter solch ganz anderen Bedingungen aussehen könnte.

Eine andere Marktwirtschaft
Demokratie in Staat und Wirtschaft

Für uns ist heute die demokratische Grundordnung – die Mitbestimmung des Volkes – eine Selbstverständlichkeit. Doch wieso eigentlich macht diese Selbstverständlichkeit ausgerechnet vor dem zentralen Bereich gesellschaftlicher Tätigkeit Halt: der Wirtschaft?

Die heutige parlamentarische Demokratie wird immer deutlicher als Funktionärsdemokratie im Auftrag des Kapitals erkennbar. Es ist ein Teufelskreis: Die Wirtschaftslobby hat unter dem Diktat der Kapitalverwertung gar keinen wirklichen Handlungsspielraum und der politische Funktionär unter dem Diktat der Lobbyisten erst recht nicht (Arbeitsplätze, Steuern, Verlagerungen …). In einem nicht mehr kapitalistischen System entfällt naturgemäß diese allumfassende Einflussnahme des Privatkapitals. Mit dem Ausbau von Elementen *direkter Demokratie* und *Beteiligungsdemokratie* (sogenannte *partizipatorische Demokratie*) kann das Demokratieprinzip dann – und zwar erst dann! – ohne fortwährende Kollision mit Kapitalinteressen auf alle gesellschaftlichen Gebiete ausgeweitet werden. Es geht letztlich um die *politische Mitwirkung möglichst vieler Menschen in möglichst vielen Bereichen.* Insbesondere sollte der künftige Staat Raum bieten für selbstorganisierende Strukturen sowie mit Institutionen und Gesetzen das Prinzip der Gemeingüter unterstützen.

Die Ausweitung der Demokratie wird auch auf die Wirtschaft abzielen müssen, die sich derzeit der Mitbestimmung des Volkes fast völlig entzieht. Wirtschaftliches Handeln ist ein Kernbereich des gesellschaftlichen Zusammenlebens und bedarf des Abgleichs mit den gesellschaftlichen Interessen. Demokratisch gewählte Gremien sollten die paritätische Mitbestimmung der Unternehmensangehörigen ermöglichen und darüber hinaus auch die Öffentlichkeit einbeziehen (z. B. Vertreter der Kommunen und Konsumenten). Sie beaufsichtigen die Tätigkeit des Unternehmens und bestimmen seine strategische Ausrichtung von den Produkten bis zur Gewinnverwendung.[318]

demokratische Mitbestimmung in der Wirtschaft

Wie der heutige wird auch der künftige demokratische Staat Anreize für wünschenswerte wirtschaftliche Entwicklungen setzen (Steuern, Subventionen, Fördermittel) und eine regulierende Rechtsordnung schaffen, welche die Wirtschaftstätigkeit nun aber konsequent unter die Gesichtspunkte *ökologischer, sozialer und ökonomischer Nachhaltigkeit* stellt. Diese Ziele sollten Verfassungsrang erhalten, in Bilanzregeln Niederschlag finden und in Form konkreter Unternehmensverfassungen

Verfassungsrang für Nachhaltigkeitsziele

umgesetzt werden. Die Bilanz führt dann über staatliche Anreize zu Vor- oder Nachteilen für die Unternehmen – je nach Ergebnis (s.u.). Ökonomischer Erfolg orientiert sich somit nicht mehr an der Finanzbilanz, sondern am zweckdienlichen Wirtschaften im Sinne der Gesamtgesellschaft.

Regulative dieser Art sind nicht mit Staatssozialismus zu verwechseln! Auch die heutige Marktwirtschaft kennt eine regulierende Rechtsordnung vom Kartellrecht bis hin zur Ökobilanz nach ISO 14040. Ebenso gibt es Anreizsysteme zu nachhaltigem Wirtschaften (z. B. Emissionsgebühren) oder ökologische Vorgaben (z. B. EG-Richtlinie für bleifreie Lötverbindungen). Auch die genannten Gremien wären keine wesentlich anderen als heutige Aufsichtsräte – nur eben breiter zusammengesetzt und nicht mehr dem Profit verpflichtet. Und nicht zuletzt werden auch heute schon Kommunen und Regionen in die Entscheidung industrieller Belange einbezogen, z. B. in Form der Raumplanungsbehörden der Bundesländer. Nicht also die Gremien, Anreizsysteme und Vorgaben wären neu oder gar verdächtig. Neu wäre, dass deren Wirken nicht mehr von Kapitalinteressen unterlaufen und ins Gegenteil verkehrt wird.

Unternehmen und Markt

Ist es denn wirklich ein hilfreiches Merkmal des freien Marktes, die Ökosphäre durch Wirtschaftstätigkeit belasten zu dürfen – frei von vernünftiger Beschränkung? Können wir den Markt und die Welt gedankenlos dem Eigennutz Einzelner unterstellen und hoffen, dass sich dadurch der größtmögliche Nutzen für alle einstellen wird?

Innerhalb der regulierenden Rechtsordnung, die genau wie heute die Rahmenbedingungen des Marktes formuliert, findet auch in der entkapitalisierten Gesellschaft ein freier Warenaustausch im Wechselspiel von Angebot und Nachfrage statt. Die Unternehmen produzieren, was ihnen unter den gegebenen Bedingungen Erfolg versprechend erscheint. Eigeninitiative, Innovation und Kreativität erleiden gegenüber heute keine weitere Beschränkung bis auf eine: *Der künftige Markt wird ökologischen Restriktionen unterliegen müssen.* Wenn wir heute die Ökosphäre um Faktor 1,5 übernutzen, so müssen restriktive Grenzen dafür sorgen, dass der Faktor 1 künftig nicht mehr überschritten wird. Das lässt sich z. B. im Zusammenspiel (nicht marktabhängiger) Preise ökologischer Güter, zugewiesener Bilanzanteile oder finanzieller Motivation der Unternehmen realisieren. Letzteres wird anhand einer Nachhaltigkeitsbilanz möglich, sie bewertet anstelle der heutigen Finanzbilanz den gesamten Nachhaltigkeitserfolg des Unternehmens.[319] Die zugehörigen Instrumente müssen ohne Zweifel noch erprobt und weiterentwickelt werden. Nur so viel ist heute schon klar: Einen freien Markt, in dem Unternehmen mit dem Ökosystem tun und lassen können, was sie wollen, kann es künftig nicht mehr geben.

freie Unternehmen, aber nicht frei von ökologischen Restriktionen

Ansonsten entfallen dirigistische Eingriffe weitgehend. Die Wahl der Eigentumsform bleibt den Unternehmen überlassen. Auf private Kapitaleinkünfte zugeschnittene Eigentumsformen kann es ohnehin nicht mehr geben, denn investierte Geld- und Sachwerte können keine Rendite mehr erbringen. Insofern nähert sich die private Unternehmensform der genossenschaftlichen stark an. Unternehmer erhalten einen ihrem Engagement angemessenen *Unternehmerlohn*, nicht aber einen Prozentanteil vom Nettogewinn (bei hohen Nettogewinnen ist das ein entscheidender Unterschied!). Nettogewinne werden zu einem Teil an die öffentliche Hand abgeführt und zu einem Teil im Unternehmen ausgeschüttet (oder während einer Übergangszeit in sog. *neutrales Kapital* verwandelt, das dem Unternehmen und nicht den bisherigen Eigenkapitalgebern

nur wenig dirigistische Eingriffe

zusteht; mit fortlaufender Wirtschaftstätigkeit können so während einer Übergangszeit die Eigenkapitalanteile allmählich immer kleiner werden („verwässern")).[320]

Schwerpunkt in der Region

Man wird überlegen müssen, ob in der künftigen Gesellschaft große Unternehmen zerschlagen werden sollen. Zumindest haben die dort konzentrierten Geld- und Sachwerte keine Kapitaleigenschaft mehr und verlieren dadurch bereits einen wesentlichen Teil ihrer heutigen Macht. Jedenfalls sollten kleine überschaubare Einheiten gefördert werden. Auch die in aller Welt verstreuten Wertschöpfungsketten sind außerhalb der Profitorientierung nicht lukrativ und stellen innerhalb der Nachhaltigkeitsbilanz eine starke Belastung für das Unternehmen dar. Der Schwerpunkt wirtschaftlichen Handelns wird dadurch ganz selbstverständlich wieder in die Region gelenkt. Auch dies begünstigt die Entwicklung kleiner dezentraler Unternehmenseinheiten.

Statt wie bisher die Produktion gilt es künftig den Reproduktionszusammenhang zu organisieren. In den Regionen können die Wirtschaftskreisläufe durch Regiogeld gefördert werden. Auch überregional können Bedarf und Produktion auf ganz neue Weise ausgehandelt werden. Verbraucher werden über das Internet auf Produkte Einfluss nehmen und Bedarfe anmelden. In vielen Bereichen kann der heutige Angebotsmarkt mit seinen „auf Verdacht" gefertigten Gütern überwunden werden, indem nach tatsächlichem Bedarf (on demand) produziert wird.

---

kein Verdrängungswettbewerb mehr

Gemeinsam mit dem Wachstumszwang entfällt der Zwang zum gnadenlosen Verdrängungswettbewerb am Markt. Neben Konkurrenz kann Kooperation das Marktgeschehen mitbestimmen. Nicht allein die Angst vor dem Aus stellt einen wichtigen Anreiz für Leistung und Effizienz dar, sondern Wertschätzung und gemeinsame Freude am Gelingen ebenso.

Eine rudimentäre Konkurrenz wird es weiterhin geben müssen, wenn die korrigierende Funktion des Marktes erhalten bleiben soll. Das kann und muss bis zur Aussonderung nicht marktfähiger Produkte und Unternehmen führen. Der Markt wird demnach nie restlos solidarisch sein. Doch diese Art Selektion wäre ein nötiges Korrektiv bei nicht nachfragegerechter Produktion und nicht, wie heute, das eigentlich unnötige Ergebnis aggressiver Verdrängungspolitik von Unternehmen, die systemnotwendig zur Expansion gezwungen sind. Auch das Schicksal der von Unternehmensselektion betroffenen Menschen wäre dann ein ganz anderes als heute, dafür sorgt die von Grund auf geänderte Arbeits- und Sozialordnung.

Eine andere Arbeits- und Sozialordnung
Lohn- und Sozialsystem

Wenn die Jahresbezüge von Stephen Schwarzman 2008 bei 700 Millionen Dollar lagen und die eines Arbeiters bei 10.000 Dollar, so besteht da ein siebentausendfacher Unterschied. Aber kann denn die Arbeit des einen Menschen siebentausendfach wertvoller sein als die des anderen?

Der Begriff *Lohn* steht heute für das Abhängigkeitsverhältnis von Arbeitgeber und Arbeitnehmer. In der künftigen Gesellschaft meint *Lohn* stattdessen die *angemessene und leistungsgerechte Teilhabe* an der durch Arbeit entstehenden Wertschöpfung. Was dabei als ‚angemessen‘ gelten soll, wird auf transparente Weise auszuhandeln sein: welche Arbeiten für die Gestaltung der nachhaltigen Gesellschaft überhaupt noch gebraucht werden und wie sie zu entlohnen sind.[321]

Die durchschnittlichen Nettolohneinkommen in Deutschland weisen eine Spreizung von 1 zu 16 auf (vgl. Abbildung 23). Diese relativ große Spanne bildet den Unterschied zwischen oberstem Zehntel und den Niedriglohnempfängern ab. Über-

vernünftige Spreizung der Bezüge

wiegend aber – nämlich zwischen dem dritten und neunten Zehntel der Einkommensempfänger – liegt die *Nettolohnspreizung bei nur 1 zu 3* (vgl. Abbildung 23). Zugleich fallen die Einkommen der Spitzenverdiener völlig aus dem Rahmen. Die höchsten Vorstandsbezüge der *DAX*-Unternehmen lagen 2011 um Faktor 1.000 höher als Niedriglohn; hinzu kommen hohe Sondervergütungen. Die künftige Gesellschaft könnte statt solcher Auswüchse die Arbeitseinkünfte beispielsweise bis zum 10-Fachen des gesetzlichen Mindestlohns vereinbaren, d. h. in einer Spreizung von 1 zu 10 ausgestalten.[322] Dies entspricht der einleuchtenden Überlegung, dass sich das tatsächliche Wertäquivalent menschlicher Arbeit wohl kaum mehr als etwa zehnfach unterscheiden kann. Arbeitnehmer in besonders verantwortungsvoller oder schwerer Tätigkeit könnten dann immerhin noch zehnmal mehr Einkommen erzielen als andere. Gemeint ist also keineswegs Gleichmacherei (und schon gar nicht kommunistische: Erinnert sei vielmehr an *Roosevelts* damaligen Ausspruch, niemand solle mehr verdienen können als 25.000 Dollar im Jahr (vgl. 3.1)). Aber die Einkommensunterschiede werden so auf ein *vernünftiges Ausmaß* zurückgeführt. Zugleich sollten auch Sondervergütungen einer absoluten Obergrenze unterliegen.

solidarisches Sozialsystem   Zur solidarischen Finanzierung des Sozialsystems sollten alle Bürger herangezogen werden (Bürgerversicherung). Basis sind die Erwerbseinkommen (Kapitaleinkommen gibt es nicht mehr). Heutige Beitragsbemessungsgrenzen entfallen (Spitzenverdiener gibt es nicht mehr). Die Unternehmen sollten weiterhin eine Sozialsteuer leisten. Doch diese könnte sich – anders als heute – aus einem Koeffizienten errechnen, der das Verhältnis von Beschäftigten zur Wertschöpfung im Unternehmen widerspiegelt. So besteht ein steuerlicher Anreiz zum Schaffen von Arbeitsplätzen.

Ob es ein bedingungsloses Grundeinkommen geben soll, wäre dem Ausgang der gesellschaftlichen Debatte anheimzustellen; denkbar erscheint dabei auch ein Grundeinkommen nach negativer Einkommenssteuer.[323] Jedenfalls sollte jeder

Bürger über ein angemessenes Einkommen verfügen: entweder unabhängig von der Erwerbssituation oder durch Sicherstellung seines Anteils an der Erwerbsarbeit. Dazu aber muss die Verteilung der Erwerbsarbeit neu geregelt werden.

Neuordnung der Erwerbsarbeit

Während heute die einen durch berufliche Überlastung krank werden, verfallen die anderen wegen Arbeitslosigkeit in Depressionen. Ist denn das nicht einfach nur falsch organisiert?

In Deutschland ist zwischen 1991 und 2012 die Arbeitsproduktivität je Erwerbstätigenstunde um 34,8 Prozent gestiegen. Dabei sanken die durchschnittlich geleisteten Arbeitsstunden je Erwerbstätigen um 9 Prozent.[324] Bei dieser Entwicklung lässt sich keine Vollbeschäftigung im Verständnis einer 40-Stunden-Woche aufrechterhalten. Es liegt nahe, das Arbeitsvolumen über *verkürzte Wochenarbeitszeiten* gerecht auf die gesamte Gesellschaft zu verteilen. Niemand braucht dann aus dem Prozess der Erwerbsarbeit ausgegrenzt zu werden (die einfachste Form, Sozialkosten zu senken). Zugleich verfügt jeder Mensch über mehr Freiraum für gemeinnützige und ehrenamtliche Arbeit; diese Sektoren erfahren eine angemessene Aufwertung im ganzheitlichen Wertschöpfungsprozess der Gesellschaft. Menschen können sich bewusster als heute zueinander in Beziehung setzen. Es gibt mehr Zeit für Tätigkeiten, die dem Leben Sinn verleihen: „Lebensarbeit" (*Gerhard Scherhorn*).

Die Hauptsorge bei alledem gilt natürlich dem zu erwartenden Einkommensrückgang. Denn nicht nur die gerechte Verteilung des Arbeitsaufkommens, auch das notwendige Schrumpfen von Industriesegmenten wird ja zu einem Rückgang der Erwerbsarbeit führen müssen. Doch wenn

gerechte Verteilung der Erwerbsarbeit

für viele kein wesentlicher Einkommensrückgang

in der künftigen Gesellschaft das Erwerbsarbeitsvolumen angenommen so weit sinkt, dass statistisch nur noch eine 20-Stunden-Woche je Arbeitnehmer übrig bleibt, müssten die Realeinkommen aus Erwerbsarbeit keineswegs auf die Hälfte fallen! Denn jener Anteil am Volkseinkommen, der heute in Form von Kapitaleinkünften abfließt, kann dann zusätzlich als Arbeitnehmerentgelt zur Verfügung stehen (bei angenommen unveränderten öffentlichen Leistungen). Abbildung 48 zeigt umrisshaft das künftige Volkseinkommen im Vergleich zu heute. Das Wegfallen des Zinsanteils an den Preisen (Mieten bis 60 Prozent[325]), längere Produktlebenszyklen wie auch die geringere Steuerbelastung des Faktors Arbeit führt zu einer ganz anderen finanziellen Situation als heute.

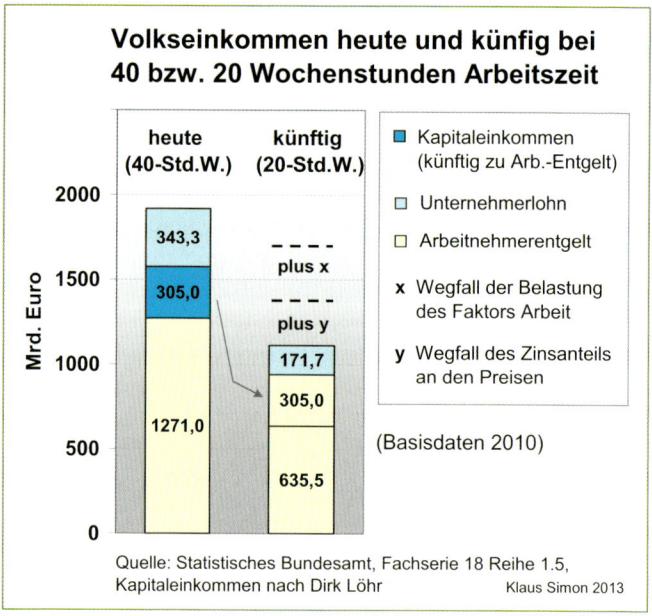

Abb. 48: Volkseinkommen heute und künftig

Auch die Neuordnung der Erwerbsarbeit wäre also durchaus denkbar. Hier noch einmal ein Überblick zur Entkapitalisierung der Gesellschaft im Zusammenwirken der bisher genannten Komponenten:

▷ *Die Wirtschaft wird mit öffentlichen Mitteln finanziert. Privat angeeignete Gemeingüter gehen an die Gemeinschaft zurück, Großvermögen werden abgeschmolzen. Alles weitere Privateigentum wird respektiert, es hat aber keine Kapitaleigenschaft mehr: Geld- und Sachwerte können weder Zins noch Rendite erzielen. Kapitaleinkommen entfallen vollständig – und mit ihnen alle einschlägigen Bereicherungsinstitutionen (Geschäftsbanken, Börsen, Finanzindustrie, …).*

▷ *Erwerbseinkommen (außer Grundsicherung) sind somit nur noch durch Arbeit möglich. Eine Absenkung der Wochenarbeitszeit erlaubt allen Menschen die Teilnahme am Arbeitsprozess. Die Höhe der Erwerbseinkommen ist über Mindest- und Höchstgrenzen geregelt.*

▷ *Der durch Kapitalkosten verursachte Zwang zu Wirtschaftswachstum entfällt – und damit zugleich ein wesentlicher Antrieb zur fortwährenden Ausplünderung der Natur. Die Wirtschaftstätigkeit wird ökologischen Restriktionen unterstellt, der Nachhaltigkeitserfolg der Unternehmen wird bilanziell kontrolliert und durch Steuern sowie Förderungen beeinflusst.*

Doch auch das ist noch nicht alles. Es ist noch eine letzte und entscheidende Innovation nötig.

Eine andere Kultur

1948 fehlte es am Nötigsten. Damals hat es gestimmt: Mit mehr Besitz kann man glücklicher leben. Heute fehlt es den meisten von uns nicht mehr am Nötigsten. Längst ist klar: Mehr Besitz macht uns nicht glücklicher. Aber warum denken wir noch immer wie 1948?

Es gibt nicht nur jenen oben beschriebenen strukturellen Zwang zu Wirtschaftswachstum, der durch das Abfließen der Kapitalrendite verschärft wird. Es wirkt noch ein weiterer, ein *kulturell bedingter Wachstumszwang.* Denn der Konsum in unserer Kultur dient nicht selten der Demonstration des eigenen Status oder der Zugehörigkeit zu einer bestimmten Gruppe. „Konsum ist somit von einem Wettbewerb geprägt, in dem es um einen höheren Platz innerhalb einer sozialen Hierarchie geht und Gewinne für den Einzelnen nur durch die Verluste von anderen möglich sind. Ein zunächst erheischter Vorsprung erodiert mit der Anzahl jener Personen, die zunächst übertroffen wurden, aber infolge weiteren Wachstums aufholen oder gleichziehen. Bereits die Verteidigung, erst recht aber die Wiedererlangung oder gar Steigerung einer sozialen Position, setzt somit ständig neue Kaufhandlungen voraus [...].“[326]

Konsumwett-lauf

Genau wie beim renditegetriebenen Wachstumszwang führt die Dynamik dieses Prozesses *in einen Spirallauf.* Es ist ein immer höherer Konsumaufwand nötig. Doch paradoxerweise führt das nicht zur Steigerung des Glücksniveaus! Ab einer bestimmten Einkommenshöhe nimmt die Lebenszufriedenheit nicht mehr zu, sondern im Gegenteil ab (sogenannte *Science of Happiness*), das zeigt Abbildung 49.

Es stimmt also nicht, dass mehr Konsum zugleich mehr Glück bedeutet. Es stimmt ja noch nicht einmal, dass mehr Geld zugleich mehr Konsum ermöglichen würde. Denn das berufliche Anschaffen von immer mehr Geld kostet Zeit, ebenso das Nutzen von immer mehr Konsumangeboten. Längst ist die Zeit zum begrenzenden Faktor geworden. „Das Viel-Haben tritt in Widerspruch zum Gut-Leben. […] Es geht nicht um Verzicht, sondern die Befreiung von Ballast."[328]

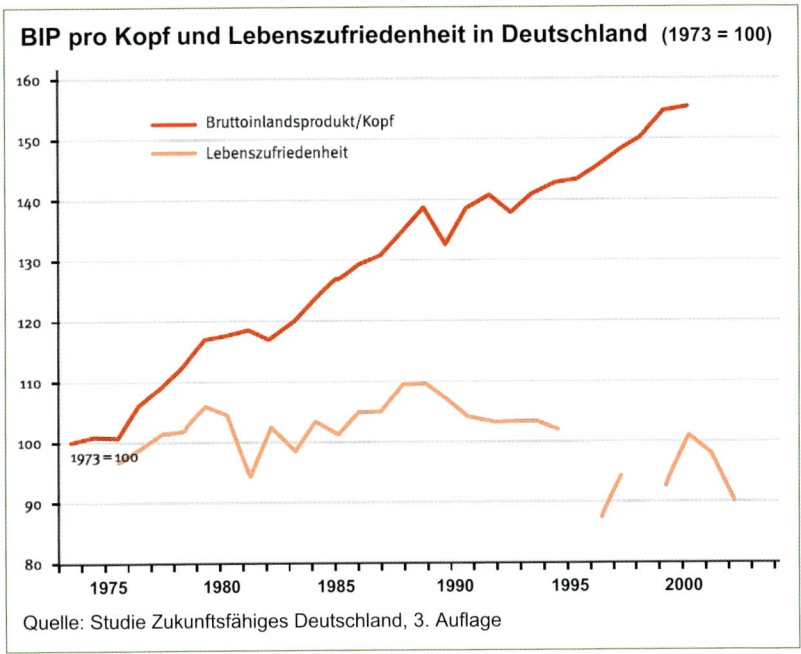

Abb. 49: Lebenszufriedenheit[327]

Solche Überlegungen bilden den Hintergrund des *Suffizienz-Gedankens*, der sich in Metaphern wie „Zeitwohlstand statt Güterreichtum" ausdrückt. Suffizienz (lat. *sufficere*: „genügen, ausreichen") bezeichnet das ausreichende Funktionsvermögen eines Systems (in der Ökologie auch das Bemühen um möglichst geringen Naturverbrauch infolge zurückgehender Nachfrage nach Gütern und Dienstleistungen). *Suffizienz stellt die Frage nach dem ausreichenden Maß.*

weniger ist oft mehr

Hier liegt das Zentrum einer neuen Kultur, einer *Kultur des Genug*. Im Grunde wollen wir doch nur deshalb viel haben, weil wir gut leben möchten. Wenn aber ab einer bestimmten Grenze das Viel-Haben uns gar nicht wirklich zum Gut-Leben führt, so werden wir eines Tages hoffentlich in der Lage sein, den Irrtum zu bemerken. In der künftigen Gesellschaft wird uns dann überdies nicht mehr mit allen Kniffen der Psychologie suggeriert, das Glück bestünde im Erwerb materieller Güter. Es wird keine Werbung im heutigen Sinne geben, die Wirtschaft braucht dann kein Immer-Mehr. Und die Neuordnung der Erwerbsarbeit gibt uns obendrein die nötige Zeit, außerhalb der beruflichen Überlastung zur Besinnung zu kommen – eine wichtige Vorbedingung für das Fällen wirklich souveräner Entscheidungen.

Doch Suffizienz ist nicht nur gut für uns. Suffizienz ist auch nötig. Wenn Ressourcenverbrauch und Umweltbelastung wirklich absolut sinken sollen, so wird Effizienzsteigerung das unmöglich allein leisten können. Vielmehr müssen drei Aspekte zusammenwirken:

> ▷ *Effizienz:* ergiebigere Nutzung von Material und Energie, also eine höhere Ressourcenproduktivität (mehr aus weniger produzieren)
> ▷ *Konsistenz:* naturverträgliche Technologien, welche die Ökosysteme nutzen, ohne sie zu belasten (Vereinbarkeit von Natur und Technik)
> ▷ *Suffizienz:* maßvoller Rückgang der Nachfrage nach Gütern und ihrer hemmungslosen Nutzung (Angemessenheit, gelingendes Leben)

allein Lebensstile können nachhaltig sein

Die dringend nötige Rückkehr zur nachhaltigen Wirtschaftsweise ist ohne Suffizienz nicht zu verwirklichen. Denn „per se nachhaltige Technologien und Objekte sind schlicht undenkbar. Allein *Lebensstile* können nachhaltig sein." Oder anders formuliert: Kulturelle Wachstumstreiber lassen sich nur „durch suffiziente Anspruchsausformungen mildern".[329]

Wir beenden an dieser Stelle den Ausblick auf Utopia. Unsere Augen haben die Vision einer Gesellschaft gesehen, welche die heutigen Probleme offenbar zu überwinden vermag. Ohne Zweifel wird noch manches zu präzisieren und auszuformen, vielleicht auch zu verändern sein. Doch im Grunde – und anders als etwa im Märchen – erscheint das Gesehene *denkbar*. Es ließe sich verwirklichen, wenn auch keinesfalls in Einzelschritten, sondern *nur im Zusammenhang* der genannten Komplexe.

Umso dringlicher stellt sich nun eine andere Frage: Wie gelangen wir dorthin?

Ein anderer Systemwechsel

Eine Revolution hat noch nie auf Dauer ihre Ziele gegen den Willen der übergroßen Mehrheit diktieren können. Wenn sie aber die übergroße Mehrheit hinter sich hat: Wozu braucht sie dann eine Diktatur?

In der Denkweise des 19. und 20. Jahrhunderts erforderte die Alternative zum Kapitalismus eine Revolution, und Revolution meint zuallererst die Zerschlagung des alten Systems. *Lenin* sah hierfür die Diktatur des Proletariats vor: unter Führung eines Gremiums von Funktionären, die anfangs vielleicht das Beste wollten. Doch es kam nicht der Tag, an dem das Werk vollendet war. Die Diktatur der Revolution ging vielmehr in die dauerhafte Diktatur eines selbstherrlichen Politapparats über. Das Ergebnis war eine zentralistische Palastwirtschaft bei fortdauernder Repression und fernab der ursprünglichen Ziele.

keine Diktatur!

> *Rosa Luxemburg dagegen hatte ausdrücklich keine „Diktatur einer Partei oder Clique" gefordert, sondern im Gegenteil eine Umwälzung „in breitester Öffentlichkeit, unter tätigster ungehemmter Teilnahme der Volksmassen, in unbeschränkter Demokratie".[330]*

keine
Gewalt!

Eine Wandlung „in breitester Öffentlichkeit" gleicht wohl eher einem Entwicklungsprozess denn einer brachialen Umwälzung. Zumindest beinhaltet dieser Prozess gewiss nicht die fortdauernde Unterdrückung einer Gruppe durch die andere – und erst recht nicht die Diktatur einer Minderheit, die angeblich weiß, was für die Mehrheit gut ist. Es geht um einen ganz anderen Systemwechsel: um *Transformation statt Revolution*, und zwar mit einem klaren Bekenntnis zur Gewaltfreiheit im Sinne *Gandhis*.[331] Sicherlich kann man die Welt nicht verändern, ohne die Fäden in die Hand zu nehmen. Gewalt jedoch schafft immer nur Gewalt. Gewalt darf – wenn überhaupt – nur in äußersten Ausnahmesituationen zur Anwendung gelangen (z. B. Bonhoeffer), nicht aber selbstverständlich oder gar im „Namen des Fortschritts".

Einstweilen müssen alle bestehenden Möglichkeiten von der parlamentarischen Demokratie bis zum (gewaltfreien!) zivilen Ungehorsam genutzt werden, um Schritte in Richtung der skizzierten Leitvorstellungen voranzubringen. Dass dies erfolgreich sein kann, zeigt z. B. die Mobilisierung der Atomkraftgegner: Sie hat über Jahre in der deutschen Bevölkerung eine Haltung hervorgebracht, unter der sich die Politik nach dem Fukushima-Unfall zur Rückkehr zum Atomausstieg gezwungen sah. Hier sind Konzerninteressen unter öffentlichem Druck tatsächlich ins Wanken geraten. Trotzdem werden diese Konzerne nun nicht Hunger leiden, sondern ein anderes Geschäft machen. Auf solchem Wege lassen sich nur Reformschritte *im* Kapitalismus verwirklichen.

Es wäre gewiss zu optimistisch, im Rahmen der heutigen parlamentarischen Demokratie eine politische Schrittfolge zu erhoffen, die am Ende gar das private Kapital abschaffen wird. Das geht über Änderungen im System hinaus, das wäre die Ablösung des Systems, und die sollte man besser nicht vom abzulösenden System und dessen Institutionen erwarten.

Nach allem, was über gesellschaftliche Prozesse bekannt ist, kann man ein System nicht einfach so ablösen. Das notwendige Überwinden der Gegeninteressen wird erst möglich, wenn das System *destabilisiert* ist. Dann erst kann ein wirklicher Wechsel gelingen. Ein Blick auf die Finanzmärkte zeigt, dass die Destabilisierung des Systems nicht etwa unvorstellbar ist. Sie ist im Gegenteil wahrscheinlich. Es muss sich also in der Phase der Destabilisierung Druck „von unten" aufbauen – unter Einbeziehung *möglichst vieler Menschen*. Voraussetzung dafür wäre eine umfassende Übereinkunft bei *Zurückstellung heutiger Gegnerschaften*. Nicht im Kampf der Klassen liegt die Lösung. Denn bezüglich der heutigen Probleme gibt es nur *eine* Klasse: die Klasse der insgesamt in Gefahr geratenen Menschheit. Diese Einsicht muss zur Grundlage einer deutlichen Mehrheitsbildung quer durch alle heutigen Lager werden. Eine Mehrheit, die sich dann international gegen jene Minderheit stellen wird, die zynisch oder borniert am Bisherigen festhalten will – koste es doch, was es wolle. Die entscheidende Frage ist also, ob bei hereinbrechender Destabilisierung eine deutliche Mehrheit von Menschen die grundsätzliche Abkehr vom kapitalistischen System überhaupt will. Nur dann kann daraus ein Systemwechsel erwachsen, und nur dann wäre er demokratisch gerechtfertigt: „in breitester Öffentlichkeit".

Diese umfassende Übereinkunft gilt es zu erreichen. Transformation als gesellschaftliche Aufgabe hat demnach nicht zuvorderst einen Ablaufplan für die (aus heutiger Sicht nicht planbare) Ablösung des kapitalistischen Systems zum

Systemwechsel nur bei Destabilisierung ...

Ziele. Sie wird vielmehr und zuallererst einen breiten Bewusstseinswandel in Gang setzen müssen. Wenn die Menschen
verstanden haben, dass sie mit dem kapitalistischen System
in der Zwickmühle sitzen, wenn sie die Mogelpackung der
Kapitalismus-Formen und -Reformen durchschauen – dann
erst haben sie das Plateau erklommen, von dem aus sie sich
für die künftige Gesellschaft überhaupt bewusst entscheiden
können.

---

*Zu DDR-Zeiten wurde in zahllosen Nischen (unter Arbeits-
kollegen, in Freundeskreisen, in Studentengemeinden
usw.) über bestehende Missstände diskutiert. Die Menschen hatten das Wesen des Systems verstanden und waren informiert. Sie wussten, dass viele so dachten, und es
gab ein wirklich starkes Gefühl der Zusammengehörigkeit.
Ohne diesen Bewusstseinsstand und das strikte Bekenntnis
zur Gewaltlosigkeit wäre die Wende anders verlaufen, als
das DDR-System dann schließlich destabilisiert war.*

4.3 – Wandel in der Praxis

---

*Man kann das Neue erwarten, indem man auf den Wandel
der gesellschaftlichen Bedingungen hofft. Man kann das
Neue aber auch heute schon einfach tun. Man kann „selbst
der Wandel sein" (Gandhi). Und das passiert in größerem
Umfang als allgemein bekannt.*

Soziales Unternehmertum

Hinter diesem Begriff (auch *Social Entrepreneurship*) verbirgt sich ein Anliegen, das der Volkswirt *Günter Faltin* so

umschreibt: „Das Erfüllen der sozialen Aufgabe ist das Ziel, nicht, Überschüsse zu erwirtschaften."[332] Es geht also um gesellschaftlichen Mehrwert und sozialen Wandel. Dieser Wandel soll mit unternehmerischen Mitteln erreicht und gestaltet werden. Die Rechtsform der Unternehmen ist die gemeinnützige gGmbH bzw. Aktiengesellschaft gAG. „Die von dem ehemaligen *McKinsey*-Berater *Bill Drayton* gegründete Organisation *Ashoka* hat den Begriff *Social Entrepreneur* geprägt und unterstützt seit 1980 weltweit Sozialunternehmer – mit einem dreijährigen Lebenshaltungsstipendium, vor allem aber mit Beratung und Kontakten. Der wohl berühmteste der insgesamt 3000 ‚Fellows' ist *Jimmy Wales*, Gründer von *Wikipedia*. In Deutschland ist *Ashoka* erst seit 2005 aktiv, inzwischen werden 45 Fellows unterstützt."[333]

Es besteht kein Zweifel daran, dass sich Unternehmen für soziale Nachhaltigkeit einsetzen können. Jeder Einzelfall – und sei er noch so klein – kann Nutzen stiften und einen Beitrag zur Bewusstseinsbildung leisten. Die eigentliche Systemtransformation aber lässt sich davon nicht erhoffen. Abgesehen von der Forderung nach *Social Stock Markets* (Börsen zum Handel von Anteilen sozial orientierter Unternehmen)[334] werden von sozialen Unternehmern kaum systemische Anforderungen formuliert. Es geht ihnen vielmehr um ein soziales Engagement *im* Kapitalismus.

soziales Engagement *im* Kapitalismus

Anständigkeit und moralisches Handeln ist nie falsch. Es verändert mindestens das Bewusstsein der Handelnden. Falls es jedoch an die Hoffnung geknüpft ist, allein dadurch ließen sich die systemischen Ursachen unserer heutigen Krisen überwinden, so wird daraus eine Fehlorientierung. Hier setzt die Kritik all derer an, die das kapitalistische System nicht abfedern, sondern aus gutem Grunde überwinden wollen.

Gemeinwohl-Ökonomie

Das Konzept der Gemeinwohl-Ökonomie geht auf den Autor und *ATTAC*-Österreich-Mitbegründer *Christian Felber* zurück. Es „will den Werte-Widerspruch zwischen der Wirtschaft und der Gesellschaft auflösen" sowie den „Geist, die Werte und Ziele unserer Verfassungen" in der Wirtschaft konsequent durchsetzen.[335] Die Grundidee ist so einfach wie einleuchtend:

Gemeinwohl-Ökonomie möchte das Wirtschaften einer ökologisch und sozial nachhaltigen Orientierung unterstellen, indem genau jene Werte auf die Ökonomie übertragen werden, die auch im persönlichen Leben unsere Beziehungen gelingen lassen: Vertrauen, Kooperation und gegenseitige Wertschätzung.

Felber hat dazu detaillierte Anforderungen formuliert, hier ein Auszug:[336]

„2. Der rechtliche Anreizrahmen für die Wirtschaft wird von Gewinnstreben und Konkurrenz umgepolt auf Gemeinwohlstreben und Kooperation. Unternehmen werden für gegenseitige Hilfe und Zusammenarbeit belohnt. Kon(tra)kurrenz ist möglich, bringt aber Nachteile.

3. Wirtschaftlicher Erfolg wird nicht länger mit (monetären) Tauschwertindikatoren gemessen, sondern mit (nichtmonetären) Nutzwertindikatoren. Auf der Makroebene (Volkswirtschaft) wird das BIP als Erfolgsindikator vom Gemeinwohl-Produkt abgelöst, auf der Mikroebene (Unternehmen) die Finanzbilanz von der Gemeinwohl-Bilanz [dargestellt in der sog. Gemeinwohlmatrix]. Diese wird zur Hauptbilanz aller Unternehmen. Je sozialer, ökologischer, demokratischer und solidarischer Unternehmen agieren und sich organisieren, desto bessere Bilanzergebnisse erreichen sie. Je besser die Gemeinwohl-Bilanz-Ergebnisse der Unternehmen

in einer Volkswirtschaft sind, desto größer ist das Gemein-wohl-Produkt.

4. Die Unternehmen mit guten Gemeinwohl-Bilanzen er-halten rechtliche Vorteile: niedrigere Steuern, geringere Zölle, günstigere Kredite, Vorrang beim öffentlichen Einkauf und bei Forschungsprogrammen et cetera. Der Markteintritt wird dadurch für verantwortungsvolle AkteurInnen erleichtert; und ethische, ökologische und regionale Produkte und Dienstleis-tungen werden billiger als unethische, unökologische und globale.

5. Die Finanzbilanz wird zur Mittelsbilanz. Finanzgewinn wird vom Zweck zum Mittel und dient dazu, den neuen Unternehmenszweck (Beitrag zum allgemeinen Wohl) zu erreichen. Bilanzielle Überschüsse dürfen verwendet werden für: Investitionen (mit sozialem und ökologischem Mehrwert), Rückzahlung von Krediten, Rücklagen in einem begrenzten Ausmaß; begrenzte Ausschüttungen an die MitarbeiterInnen sowie für zinsfreie Kredite an Mitunternehmen. Nicht ver-wendet werden dürfen Überschüsse für: Investitionen auf den Finanzmärkten (diese soll es gar nicht mehr geben), feindliche Aufkäufe anderer Unternehmen, Ausschüttung an Personen, die nicht im Unternehmen mitarbeiten, sowie Parteispenden. Im Gegenzug entfällt die Steuer auf Unternehmensgewinne."

Weitere Merkmale des Konzepts sind eine nicht profit-orientierte *demokratische Bank*, welche die bisherigen Finanz-märkte ersetzt, ebenso Regiogeld sowie eine überregionale Währung im Sinne von *Keynes*. Die Geldschöpfung erfolgt nach dem Vollgeldsystem, Kredit- und Sparzinsen werden abgeschafft. Größere Unternehmen gehen teilweise oder ganz in das Eigentum der Beschäftigten oder der Allgemeinheit über. Einkommens- und Vermögensungleichheiten werden begrenzt. Die repräsentative Demokratie wird um Elemente von Beteiligungs- und direkter Demokratie ergänzt.

konsequente Gemeinwohlorien-tierung

Das Konzept wird vor allem in zweierlei Hinsicht kritisiert. Zum einen hinterfragt *Niko Paech*, wie das angepeilte Monats-einkommen von 1.250 Euro bis zum Zwanzigfachen „auch nur annähernd mit einer Einhaltung ökologischer Grenzen vereinbar" sein soll.[337] Auf diese Kritik hat *Felber* reagiert und schlägt mittlerweile ein Maximaleinkommen in Höhe des Zehnfachen des gesetzlichen Mindestlohns vor. Ausdrücklich sollen Lebensstile angestrebt werden, die unter gegebenen ökologischen Grenzen für alle Menschen gleichermaßen gelten können.[338]

Zum anderen besteht das Problem, dass trotz gewaltiger Vorhaben (Entmachtung des Finanzsektors und der Großkonzerne!) das kapitalistische System scheinbar rudimentär erhalten bleibt: Nach wie vor gibt es private Kapitaleigner (auch wenn sie an die Unternehmen gebunden sind), deren Kapital Rendite tragen kann (auch wenn diese Rendite als Eigenkapital im Unternehmen verbleiben soll).[339] Die Kapitaleigenschaft privater Geld- und Sachwerte wird hier nicht grundsätzlich angetastet, sondern Bedingungen unterstellt. Damit bleibt der Drang zur privaten Anhäufung des Mehrwerts im Hinterkopf. „Felbers Gemeinwohlökonomie würde diesen Drang zwar begrenzen, indem Gewinne und Einkommen von UnternehmensteilhaberInnen gedeckt werden. Er bestünde jedoch fort."[340] Auch zu diesem Kritikpunkt gibt es Entwicklung in der Gemeinwohlökonomie. So wurde in der neuen *Gemeinwohlmatrix 4.1* das Kriterium „Sinkende/Keine Gewinnausschüttung an Externe, Ausschüttung an Mitarbeiter" aufgenommen, womit sich solcherart geführte Unternehmen genossenschaftlichen Prinzipien annähern.[341] Ebenso schlägt *Christian Felber* degressive Kapitalaneignung[342] während einer Übergangszeit vor und formuliert als Ziel ganz klar das *Ende aller Kapitaleinkommen*.[343]

Stand 2013 bekennen sich immerhin 1.340 Unternehmen zu den Prinzipien der Gemeinwohl-Ökonomie. Das heißt, Leitung und Belegschaft dieser Unternehmen versuchen heute schon gemeinsam – und noch ohne dass es rechtliche Vorteile erbringt! –, durch Anwendung der Nachhaltigkeitsbilanz ihrer Verantwortung für Gemeinschaft und Umwelt zu entsprechen. Dies geschieht freilich in unterschiedlich hohem Maße und nur so gut es die (nach wie vor kapitalistischen!) Umfeldbedin-

Ende aller Kapitaleinkommen

Entwicklung „von unten"

gungen zulassen. Dennoch kann man die damit verbundene *Bewusstseinsentwicklung nicht hoch genug bewerten!* Besonders wichtig ist die Entwicklung „von unten"; die Bewegung gibt sich in einem demokratischen Prozess selbst ihre Ziele.

Solidarische Ökonomie

„Solidarische Ökonomie ist eine alternative Form des Wirtschaftens. […] Sie orientiert sich an bedürfnisorientierten, sozialen, demokratischen und ökologischen Ansätzen. […] Der Begriff Solidarökonomie ist bewusst nicht eng eingegrenzt, um möglichst vielen Bereichen, sehr unterschiedlichen Konzepten, Theorien und Ansätzen Platz zu geben."[344] Die Vielfalt der solidarökonomischen Ansätze wird als großer Reichtum begriffen. Und über alle Vielfalt hinweg gibt es ein gemeinsames Grundverständnis, welches *Fairbindung e.V.* wie folgt umschreibt: „Unter einer Solidarischen Ökonomie verstehen wir solche Formen des Wirtschaftens, die *nicht den individuellen Vorteil und Profitstreben zum Ziel haben*, sondern die Befriedigung menschlicher Bedürfnisse auf der Basis von Solidarität, Kooperation und demokratischer Teilhabe in den Mittelpunkt stellen." Das bedeutet insbesondere:

- „nicht für den persönlichen Profit zu wirtschaften, sondern sich an den Bedürfnissen der Mitarbeiter_innen sowie der Gemeinschaft zu orientieren,
- nicht zu konkurrieren, sondern zu kooperieren und sich im Sinne der Solidarität gegenseitig zu unterstützen,
- aus eigener Initiative und basierend auf Selbstorganisation und gegenseitiger Hilfe zu wirtschaften."[345]

Einschränkend ist festzuhalten, „dass Solidarische Ökonomie nicht jede beliebige Form ökonomischer Selbstorganisation umfasst, vielmehr müssen bewusst solidarische Ziele durch wirtschaftliches Handeln verfolgt werden. Solidarische Ökonomie besitzt dabei zwei Facetten: *Zum einen die Kritik am bestehenden ökonomischen System, sowie zum anderen*

kein Profit – kein Kapitalismus

die praktische Erprobung von Alternativen".[346] Diese zwei
Facetten werden auch von anderen Autoren deutlich gesehen:
„Solidarische Ökonomie kann sich als humanere Ergänzung
kapitalistischer Marktwirtschaften verstehen oder das Ziel der
Überwindung des Kapitalismus verfolgen".[347]

Menschen
machen sich auf
den Weg

Solidarische Ökonomie entsteht in unscheinbaren Nischen
und an bröckelnden Rändern des alten Systems, z. B. bei der
Übernahme insolventer Betriebe durch die Belegschaft, oder
wenn sich arbeitslose Menschen zusammenfinden, um ein
solidarisches Wirtschaftsunternehmen zu gründen. Allein
in Nordhessen existierten 2008 insgesamt 142 solidarische
Unternehmen; die Schwerpunkte liegen in der Land- und
Forstwirtschaft sowie im Dienstleistungssektor.[348] Solidarische
Ökonomie stellt „eine Strategie für die Bekämpfung der sozia-
len Ausgrenzung, Prekarisierung der Arbeitsverhältnisse und
Naturzerstörung dar. Solidarische Wirtschaftsunternehmen,
die solidarisch umweltbewusst handeln, haben die nächsten
Generationen im Blick und sind daher umweltbewusste
Wegbereiter einer humanen Gesellschaft im Einklang mit der
Natur."[349]

Aber auch die Solidarische Ökonomie wird kritisiert. So
schreibt der Philosoph *Robert Kurz*: „Was dabei im deutsch-
sprachigen Raum als ‚solidarische Ökonomie' firmiert, ist
nichts als ein Sammelsurium kleinbürgerlicher Vorstellungen,
die historisch längst gescheitert sind und unter den neuen
Krisenbedingungen keinerlei Perspektive bieten. Solche Ideen
sind eine bloße Ausflucht. Sie wollen sich nicht dem Konflikt
mit der Krisenverwaltung stellen, sondern ‚neben' der wirklichen gesellschaftlichen Synthesis durch das Kapital ihre eigene
vermeintliche Idylle pflegen. Praktisch sind diese Projekte
völlig irrelevant. Sie stellen nur eine ‚Wohlfühl'-Ideologie von
desorientierten Linken dar, die sich am Krisenkapitalismus
vorbeimogeln wollen und selber zu einer Ressource der Krisenverwaltung zu werden drohen. Es kommt im Gegenteil
darauf an, die vergesellschaftete Reproduktion vom Fetisch
des Kapitals und seiner basalen Formen zu befreien."[350]

Gegenstand der Kritik ist ein tatsächliches Problem solidarwirtschaftlicher Projekte (wie der Gemeinwohlökonomie ebenso), nämlich dass sie sich „neben" der noch kapitalistischen Wirtschaftsordnung etablieren. Ihre Praxis wird von den kapitalistischen Umfeldbedingungen mitbestimmt und teilweise korrumpiert – selbst dann, wenn diese Projekte im Grunde die Überwindung des Kapitalismus zum Ziel haben. Solidarwirtschaftliche Unternehmen sind gezwungen (ebenso wie andere auch), unter den Bedingungen des kapitalistischen Marktes zu existieren und beispielsweise Kapitalentgelt für Investitionskredite zu erwirtschaften – usw. Dieser Zwiespalt lässt sich in der Tat nicht überwinden, solange der „Fetisch des Kapitals" nicht überwunden ist. Und die Kritik an solidarwirtschaftlichen Projekten ist immer dann umso berechtigter, wenn in den Projekten die kritische Auseinandersetzung mit dem kapitalistischen System unterbleibt.

Dennoch übersieht die Kritik einen entscheidenden Punkt: Solidarische Ökonomie kann sich mindestens *binnensolidarisch* verhalten. Sie ermöglicht damit den Beteiligten eine andere Entwicklung und andere Einsichten als das in kapitalistischen Unternehmen möglich wäre. Auch hier wieder wird man die damit verbundene Bewusstseinsbildung nicht hoch genug bewerten können, und in diesem Sinne zumindest sind die Projekte gerade nicht „völlig irrelevant". *Wie schon bei der Gemeinwohlökonomie geht es doch nicht allein um astreine Systementwürfe, sondern auch darum, dass sich Menschen für die neue und profitlose Zukunft überhaupt öffnen. Ohne Akteure, die in einer nichtkapitalistischen Ökonomie tatsächlich leben wollen, werden es am Ende die Systementwürfe sein, die „völlig irrelevant" waren.*

> Solidarische Ökonomie verändert die Beteiligten

„‚Es gibt keine Inseln im Falschen!' Nein, aber Halbinseln: [...] Räume, in denen Menschen sich ein Stück weit eine andere Wirklichkeit erschaffen und ausprobieren, wohin es gehen könnte. Räume, die es Menschen durch die darin *gelebten anderen Selbstverständlichkeiten erlauben, sich anders zu entwickeln, als dies außerhalb solcher Halbinseln möglich ist. [...] Materielle Verhältnisse und unseren gesellschaftlichen Kontext verändern bedeutet auch, den eigenen Alltag nach seinen ‚dissidenten Praktiken' (Carola Möller) auszuloten, das eigene Leben als potentiell revolutionär zu begreifen."[351]*

mehr Genossenschaften als man denkt

Eine wesentliche Keimzelle solidarökonomischer Entwicklung bilden die Genossenschaften. In ihnen sollen grundsätzlich keine Profite an Außenstehende fließen. Sie stellen schon heute einen beachtlichen Wirtschaftsfaktor dar. In der EU gibt es 300.000 Genossenschaften mit 140 Millionen Mitgliedern sowie 2,3 Millionen Arbeitsplätzen (Stand 2004). Weltweit sind es 800 Millionen Mitglieder und 100 Millionen Arbeitsplätze.[352] Konsumgenossenschaften befassen sich mit der Verbraucherseite, Produktionsgenossenschaften mit der Produktionsseite. Beide agieren am Markt. Ganz anders ist die Situation bei *Reproduktionsgenossenschaften*: „Sie befinden sich auf der Nachfrageseite des Marktes am Ende der Produktionsketten, wo Produktion und Konsumtion, Produzent und Konsument zusammentreffen."[353] Die beiden (durch den kapitalistischen Markt getrennten) „ökonomischen Rollen des Individuums – die des Konsumenten und die des Produzenten – [sind] in einer Organisation vereint. Konsumenten werden so ihr eigener Kreditgeber, Organisator und Produzent." Beispiele sind Wohnungs(bau)genossenschaften, Genossenschaftsbanken oder Wasser- und Energiegenossenschaften: „der Verbraucher wird zum Produzent".[354]

Die meisten der heutigen Genossenschaften agieren gewiss nicht in jeder Hinsicht solidarwirtschaftlich. Dennoch ist bei ihnen grundsätzlich etwas anders als bei kapitalistischen Unternehmen. Vergleichen wir z. B. den Lebensmitteldis-

counter Aldi und die Schweizer Konsumgenossenschaft Migros. Aldi hatte 2010 einen Umsatz von 52,8 Milliarden Euro weltweit[355] und die Familien der Gebrüder Albrecht (Aldi-Besitzer) verfügen zusammen über ein Vermögen von 32,6 Milliarden Euro.[356] Die Migros-Gruppe dagegen hatte 2010 einen Umsatz von 24,1 Milliarden SFR,[357] doch die Gewinne werden „bei Migros entsprechend den Grundsätzen von Genossenschaften nicht wie bei Aldi privatisiert, sondern sind den Preisen, den Gehältern, den Lieferanten und Erzeugern sowie der Infrastruktur zugutegekommen".[358] Das ist ein Unterschied!

Commons

Commons (engl. *common*: „gemein(sam)") sind von der „Gemeinschaft geteilte Werte oder Interessensgegenstände. [...] ,Commons' bezieht sich auf alles, was zum Erhalt derer beiträgt, die eine Identität teilen: Biodiversität, Land, Wasser, Handlungswissen, (Transport-)Netzwerke, Sprache oder kulturelle Rituale. Ohne diese Gemeingüter gibt es keinen sozialen Zusammenhalt, keine Gemeinschaft."[359] Der Begriff *Commons* bezeichnet dabei weniger das konkrete Gemeingut (etwa einen Fischteich), sondern mehr die soziale Beziehung zwischen Gemeingut und Gemeinschaft.

Commons stellen eine soziale Organisationsform oder Produktionsweise dar, die sich einerseits mit Subsistenzwirtschaft (Selbstversorgung) und andererseits mit Solidarischer Ökonomie überlappt – zumindest insofern, als Nonprofit-Orientierung, Selbstorganisation und Ziele solidarischen Wirtschaftens gelten. So z. B. in der *Peer-Produktion,* zu Deutsch etwa: *Gemeingutfertigung durch Ebenbürtige.* „Peer-Produktion basiert auf dem Bedürfnisprinzip: Am Anfang steht ein Bedürfnis, das man sich erfüllen, oder eine Idee, die man gerne realisieren möchte. Dann sucht man sich andere Leute, die mehr oder weniger dasselbe Problem oder Ziel verfolgen,

(Randnotiz:) Gemeinschaft entsteht durch Beziehung zu Gemeingütern

und widmet sich gemeinsam der Verwirklichung." Die heute schon greifbaren Resultate sind freie Software-Projekte wie *Linux* und *Firefox*, die freie Enzyklopädie *Wikipedia,* lizenzfreie Texte, Musik, Filme usw.,[360] ferner auch „Rechtsformen zur gemeinsamen Nutzung von Wohnraum und Land (Land Trusts, Mietshäusersyndikate)".[361]

nicht der Status macht die Person aus

Auch bei der Peer-Produktion ist die Trennung von Produzent und Konsument überwunden. Die Beteiligten produzieren – ohne Hierarchie und Machtstrukturen – in *freiwilliger Kooperation* das, was sie und andere haben wollen. Peer-Produktion verdient insofern besonderes Augenmerk: Hier findet eine nichtkommerzielle Produktion statt, deren Antriebe mit den gängigen Theorien des ausschließlich von „wirtschaftlichen Zweckmäßigkeitserwägungen geleiteten Menschen" *nicht erklärbar* sind! Insbesondere verliert der soziale Status einer Person offensichtlich an Bedeutung – zugunsten der öffentlichen Reputation, die aus den jeweiligen Beiträgen der Person erwächst.[362] Das nun könnte nicht nur zur Grundlage einer anderen Kultur werden, sondern es *ist bereits* eine andere Kultur!

In welch verblüffendem Maße all das heute schon funktioniert, zeigt die Entwicklung freier Software. Wer hätte 1995 zu prophezeien gewagt, dass weltweit schon bald die kommerziellen Server-Betriebssysteme durch Linux bedrängt würden? Es ist dies ein Musterbeispiel von Unterhöhlung der alten Ordnung durch neue und selbstorganisierende Strukturen. Scheinbar unverwundbare UNIX-Derivate (von IBM, HP, Sun, Siemens usw.) sind in die Bedeutungslosigkeit versunken – und mit ihnen der Profit aus Systemlizenzen und kostenpflichtigen Updates.

---

auch in der materiellen Produktion

Inzwischen fasst die Peer-Produktion auch in der materiellen Welt Fuß. Die sog. *Fab Labs* „sind offene Werkstätten, die über

ein reichhaltiges Sortiment von Produktionsmaschinen verfügen, die die Menschen in ihrer Nachbarschaft nutzen können"
(CNC-Maschinen usw.). Noch müssen die Fab Labs gesponsert
werden, da sie die nötigen Maschinen am Markt kaufen. Doch
sobald „Maschinen selbst das Ergebnis von Peer-Produktion
sind und im Rahmen selbstorganisierter Fab Labs und anderer
Makerspaces (‚Gemeinschaftswerkstätten') nicht nur genutzt,
sondern auch selbst hergestellt und vervielfältigt werden
können, wird es spannend. Denn das ermöglicht, zumindest
teilweise, die Abkoppelung vom Markt." Die Peer-Produktion
ist also längst mehr als nur ein Nischenphänomen und entwickelt sich zu einer gesamtgesellschaftlichen Alternative.[363]

Ob sich die industrielle Produktionsweise allerdings vollständig durch Peer-Produktion ablösen lässt, darf bezweifelt
werden. Bei zwar rückläufigen, aber weiterhin notwendigen
Vorhaben wie etwa dem Schienenfahrzeugbau usw. werden
wohl auch künftig Industriestrukturen das Mittel der Wahl sein
(doch ist die Entfremdungssituation der industriellen Arbeit
dann unter nichtkapitalistischen Bedingungen eine ungleich
geringere als heute!). Entmonetarisierte Lokalversorgung
sowie regionalökonomische und globale Industriesysteme
werden vermutlich *gemeinsam* die Zukunft bestimmen. So viel
aber scheint wahrscheinlich: Die klassische Industrieproduktion wird weiterhin Anteile an die Peer-Produktion verlieren
und ihre verbleibenden Strukturen werden durch den Einfluss
dieser Organisationsform eine stärker kooperative Einfärbung
erfahren.

---

*Fazit: Nichtkapitalistische Ökonomie gibt es in der Praxis
schon längst. Die Utopie besteht demnach gar nicht in der
Verwirklichung einer Wirtschaft ohne Profit – die ist parti-
ell bereits Realität. Die Utopie besteht in der Ausweitung
der partiellen Realität auf die Gesamtgesellschaft. Damit
dies möglich wird, müssten wir Menschen es mehrheitlich
wollen. Aber können wir das mehrheitlich überhaupt wol-*

len? Scheitert nicht alles an der Natur des Menschen, so
wie sie nun mal ist?

4.4 – Wandel des Individuums

„Könnte man die Menschheit vollkommen machen, so wäre
auch ein vollkommener Zustand denkbar; so aber wird es
ewig herüber- und hinüberschwanken, der eine Teil wird
leiden, während der andere sich wohl befindet, Egoismus
und Neid werden als böse Dämonen immer ihr Spiel trei-
ben, und der Kampf der Parteien wird kein Ende haben." So
Goethe zu Eckermann am 25. Februar 1824.[364]

Individuum und
Gesellschaft
entwickeln sich in
Abhängigkeit

Wenn schon kein vollkommener Zustand denkbar ist (und
wer wollte dem widersprechen?), dann wäre doch wenigstens
ein besserer Zustand wünschenswert. Wie aber kann man, um
in *Goethes* Bild zu bleiben, die „Menschheit besser machen"?
Es ist ein alter Streit, ob zuerst der Wandel des Individuums
nötig sei, damit sich die Gesellschaft verändern könne, oder
ob im Gegenteil zuerst die Gesellschaft verändert werden
müsse, damit sich das Individuum wandeln kann. Was also
ist wichtiger: Ei oder Henne? Natürlich beides zugleich! Wir
brauchen den Wandel des Systems *und* des Individuums. Sie
bedingen einander; beide schreiten gemeinsam fort oder gar
nicht. Gesellschaftliche Entwicklung ist doch letztlich nur der
Vektor im Kräfteparallelogramm der Individuen, und die Individuen wiederum werden durch gesellschaftliche Entwicklung
geformt.

Wenn also gesellschaftlicher Wandel nicht ohne Wandel
des Individuums möglich sein wird, so gilt das auch für den
erhofften Wandel in Richtung mehr Kooperation. Damit er-

langt die Frage Gewicht, ob das Individuum denn zum Wandel überhaupt fähig sei.

Kann sich der Mensch überhaupt wandeln?

Ohne Zweifel gehören Egoismus und Neid zum Menschen. Wir konkurrieren um Macht und Besitz, sind bisweilen voller Rivalität. Aber wir haben auch andere Seiten. Menschen verfügen ebenso über die Gabe von Solidarität, Kooperation und Verantwortung, über den Wunsch nach spiritueller Sinngebung. Wir bewegen uns immer irgendwo zwischen diesen beiden Polen. Zum Menschsein gehören Liebe und Hass ebenso wie Fürsorge und Selbstsucht. Doch welche von diesen Eigenschaften dominiert? Treibt uns die Biologie unterm Strich zum Egoismus? Sind wir durch unser Genom hoffnungslos festgelegt? Ist Kooperation unnatürlich? Bekanntlich werden diese Fragen kontrovers diskutiert. Die Forschungsergebnisse der letzten Jahre geben neue Antworten.

So sind wir offenbar gar nicht so starr genetisch vorgezeichnet wie bislang angenommen. Vielmehr zeigen die Ergebnisse der *Epigenetik*, dass unsere Gene in Abhängigkeit von Lebensumständen wirksam werden. Der zugehörige Vorgang heißt *Genregulation*.[365] Sogenannte Schlüsselproteine – das sind Signalstoffe, die der Körper im Ergebnis von Umwelteinflüssen produziert – ermöglichen den Zellen, Gene an- oder abzuschalten, sodass unser Organismus in der Lage ist, die Aktivität der Gene an die jeweiligen äußeren Bedingungen anzupassen. Ohne Zweifel ist unser Verhalten durch die Genaktivität in einem gewissen Maße vorbestimmt (z. B. das im Durchschnitt erhöhte Aggressionspotenzial beim Eintritt der Geschlechtsreife männlicher Individuen). Aber trotzdem werden wir uns in unterschiedlichen Lebensumständen verschieden entwickeln; „die Gesellschaft formt uns maßgeblich" (*Maurice Sapolsky*).

Auch zur Kooperation gibt es neue Erkenntnisse. Kooperation ist nicht etwa unnatürlich, sondern ein *grundlegendes*

Gene wirken situationsabhängig

Kooperation ist grundlegend

Merkmal der biologischen Entwicklung. Der Biomathematiker *Martin Nowak* nennt Kooperation neben Mutation und Selektion den „dritten Eckpfeiler der Evolution [...]. Die Entstehung der Vielzeller ist darauf aufgebaut, dass sich Zellen nicht nur so schnell als möglich teilen, wie etwa bei Bakterien, sondern auch noch andere Aufgaben für den Organismus übernehmen. Vielzelligkeit ist ein Kooperationsphänomen [...] Letztlich wäre die Welt, so wie wir sie sehen, ohne Kooperation nicht denkbar."[366] Da verwundert es nicht, dass Menschen über ein komplexes System von „Wohlfühlbotenstoffen" regelrecht zur Kooperation motiviert werden. Die Wirkungsweise dieses Motivationssystems lässt sich kaum anders erklären, als dass das natürliche Ziel der Entwicklung darin besteht, „soziale Gemeinschaft und gelingende Beziehungen mit anderen Individuen" zu erreichen.[367] Interessanterweise finden sich diese Einsichten mittlerweile auch auf den Internetseiten von Unternehmensberatern:

„Zur Ausschüttung von Dopamin kommt es durch ‚Gesehen werden', Anerkennung und Wertschätzung sowie Empfangen und Geben (!) von Zuwendung. Opioide werden freigesetzt bei Nähe und Zuneigung durch Menschen, mit denen eine vertraute Bindung besteht oder die in sowohl physischen als auch psychischen Schmerzsituationen Hilfe in Aussicht stellen. Zur Freisetzung von Oxytozin kommt es bei allen Formen freundlicher oder gar zärtlicher Interaktion (psychisch und/oder physisch) sowie bei realem oder imaginärem Kontakt mit Menschen, von denen solche Handlungen erwünscht werden. Im Falle Vertrauen stiftender oder bindungseinleitender Begegnungen wird Oxytozin verstärkt produziert. [...] Unser Motivationssystem scheint in erheblichem Maße auf soziale Interaktion sowie die Anbahnung und Bewahrung zwischenmenschlicher Bindungen ausgelegt zu sein."[368]

Nun ist der Mensch zwar alles andere als immer kooperationsbereit. Wir brauchen Egoismus zur Erreichung unserer Ziele, und auch Aggression ist ein biologisch fundiertes Verhaltensmuster zur Situationsbewältigung (das ebenso wie Kooperation durch biochemische Motivationssysteme gesteuert wird). Aber es gibt wohl kein biologisches Argument, das einen einseitig egoistischen oder aggressiven Schwerpunkt des Menschen begründen könnte. Im Gegenteil: Während Aggression als Rudiment unserer frühen biologischen Entwicklung gelten kann, führt Kooperation uns aus diesem Stadium heraus und hat insofern das größere evolutionäre Gewicht.

So erscheint es mehr als fraglich, *Darwins* Begriff *der besten Anpassung* als *Überlegenheit des Stärkeren* zu deuten und dann ausgerechnet dieses (zu) eng interpretierte biologische Naturprinzip zu benutzen, um den aggressiven Verdrängungswettbewerb marktradikaler Ökonomie als „naturgegebenen Kampf ums Dasein" zu rechtfertigen – abgesehen davon, dass sich biologische Argumente nicht auf gesellschaftliche Phänomene anwenden lassen. Wo Menschen einseitig rücksichtslos und nach nüchternem Nutzenkalkül agieren, geschieht das nicht entsprechend biologischer Vorbestimmung, sondern im Ergebnis eines persönlichen Werdegangs, bei dem Geld und Verwertbarkeit alles andere überschatten. Uns bestimmen auch die Umfeldeinflüsse – und nicht nur die Biologie.

Hinlänglich bekannt ist ein Experiment mit Kleinkindern, welche ihrem Gegenüber ganz selbstverständlich beim Aufheben eines heruntergefallenen Gegenstands behilflich sind (das entspricht unserer biologischen Vorbestimmung!). Erhalten die Kinder aber nach jeder Hilfeleistung eine Spielzeugbelohnung, helfen sie schon bald nur noch, wenn die Belohnung in Aussicht steht.[369]

Menschen
brauchen
gelingende
Beziehungen

Sobald wir nun die biologische Argumentationsebene verlassen und den Menschen als *gesellschaftliches Wesen* betrachten, so wird *Kooperation als regelrechtes Erfordernis* deutlich. Allein schon die weltweite Rüstungssituation zeigt, dass nur Kooperation überhaupt noch ein Weiterleben der Gattung ermöglicht (Konfrontation unter Einsatz der Atomwaffenarsenale hätte jedenfalls das schiere Gegenteil zur Folge). Der alte „rational und eigennützig" handelnde *Homo oeconomicus* ist in Wahrheit längst auf gelingende Beziehungen und Kooperation angewiesen. Und was jene Menschen betrifft, die sich mit dem Begriff des *Homo oeconomicus* gar nicht mehr erfassen lassen: die *Commoners* (s. o.) – die nun begeben sich uneigennützig in ökonomische Kooperation und haben auch noch Spaß daran!

Die Möglichkeit des Individuums, sich in Richtung mehr Kooperation zu entwickeln, ist weder mit biologischen noch soziologischen Argumenten in Abrede zu stellen. Im Gegenteil, wir sind regelrecht „auf Kooperation geeicht". Der Mensch kann sich selbstverständlich wandeln, und wo immer dabei Kooperation gelingt, fühlt er sich gut.

Jetzt anfangen mit Aufhören

Was nun noch zu sagen übrig bleibt, das ist nicht viel. In Worten des Politikwissenschaftlers *John Holloway* lautet es so:

„Wir machen den Kapitalismus. Und jetzt müssen wir aufhören, ihn zu machen."[370]

Unbestritten: Die Lösung gesellschaftlicher Probleme lässt sich nicht von Individualethik erhoffen, ohne dass die Systemfrage gestellt wird. Unter 4.2 wurden deshalb die beispielhaften Umrisse eines künftigen Systems skizziert. Doch dies ist das Papier nicht wert, falls nicht Individuen unter den Bedingungen des skizzierten Systems tatsächlich leben wollen. Das heißt, indem über ein künftiges System auch nur nachgedacht wird, werden zugleich Anforderungen an die Individualethik formuliert. Und das hat gute Gründe: Der Sturm, der sich in Form von Krisen vor unseren Augen zusammenbraut (und der in der Tat Systemänderungen fordert) – dieser Sturm beginnt als lauer Wind, zu dem wir das Unsere beitragen. Damit müssen wir aufhören. Es gibt kein Wachstumsproblem, wenn wir nicht immer mehr verbrauchen. Es gibt keinen Kapitalismus, wenn wir uns nicht als Konsumenten instrumentalisieren lassen. Und das können wir nicht von Politikern fordern oder von Entwicklungsingenieuren. Diese Forderung geht an uns selbst.

Im zweiten und dritten Kapitel haben wir gesehen, dass sich von Effizienzsteigerung allein – so nötig sie ist – die Lösung der bestehenden Umweltprobleme keinesfalls erhoffen lässt. Der positive Beitrag technischer Innovation wird durch Rebound-Effekte aufgezehrt und darüber hinaus summiert sich der Ressourcenbedarf innovativer Technologie zum bisherigen, anstatt den Gesamtbedarf zu senken. Das Ergebnis ist ein fortwährendes Immer-Mehr, das sich gegen die Umwelt und gegen uns selbst richtet. Wenn wir das nun im Ernst nicht mehr wollen, dann verbleiben als mögliche Lösungen „allein Reduktionsstrategien. Davon würden unsere Lebensstile unweigerlich angetastet."[371] Es gibt keine Lösung des Wachstumsproblems ohne Systemwechsel, und es gibt keinen Systemwechsel ohne Änderung unserer Lebensstile. Beides zusammen: *Das System und wir* müssen sich ändern. Genauer gesagt: *Zuerst* müssen wir uns ändern. Denn sobald das geschieht, erlebt der Kapitalismus seine allerletzte Krise. Nämlich:

Für die Ablösung des kapitalistischen Systems müssen wir weiter nichts tun, als das Wachstum unseres Konsums zu verweigern. Das allerdings müssten wir wirklich wollen. Anders geht es nicht.

Und gerade das nun fällt schwer. Wir lassen uns fatalerweise gern und täglich einreden, wie sich unser natürlicher Wunsch nach Glück und gelingenden Beziehungen doch am besten durch immer mehr materiellen Wohlstand sicherstellen ließe. Und zunächst hat es ja auch gestimmt. Mit dem Fortgang dieses Immer-Mehr stimmt aber nun das Gegenteil (vgl. Abbildung 49). Wie sehen denn unsere gelingenden Beziehungen heute aus, unter dem Wetteifer täglichen Konsums im Überfluss? Und wie könnten sie aussehen, wenn wir zum Beispiel wieder mehr Zeit füreinander hätten anstatt Überstunden und Überangebot? Nein, unsere heutigen Lebensentwürfe sind ein Irrtum. Irrtümer können passieren. Aber nun müssen wir damit aufhören.

Was auf uns zukommt, falls wir dieser Argumentation folgen wollen, sind beileibe keine Heldentaten. Unsere Vorfahren haben gelitten für ihre Überzeugungen: Zuchthaus, Folter, Tod – all das müssen wir wahrscheinlich nicht auf uns nehmen. Es geht nur um winzige Schritte, um Schritte, die jeder sofort beginnen kann und die überhaupt nicht wehtun. Zum Beispiel, wenn man statt einer kleinen Festgeldanlage einen Genossenschaftsanteil zeichnet: Das ist im Alltag gar nicht zu spüren. Doch was für ein Unterschied im Ergebnis, wenn nun Bereiche der Energieversorgung oder des Wohnens den Profitinteressen entzogen werden![372] Ein anderes Beispiel sind unsere Verbrauchsgewohnheiten. Wir wissen, dass die Massentierhaltung unter unsäglichen Bedingungen stattfindet und die Erzeugung von Fleischprodukten die etwa siebenfache landwirtschaftliche Nutzfläche benötigt wie jene von pflanzlichen Nahrungsmitteln. Was für ein Unterschied, wenn wir nur noch die Hälfte Fleisch essen! Oder die CO_2-Emission, sie ist ein ziemlich zuverlässiger Indikator für Umweltverbrauch. Wenn wir wirklich weniger Umweltschäden wollen, so reichen ein paar Mausklicks in einem CO_2-Rechner – und schon können wir zunächst einmal vor der eigenen Tür kehren. Abbildung 50 zeigt ein Beispiel mit mustergültigem Energieverbrauch und aber einem Konsum- und Mobilitätsanteil, über den man nachdenken könnte:[373]

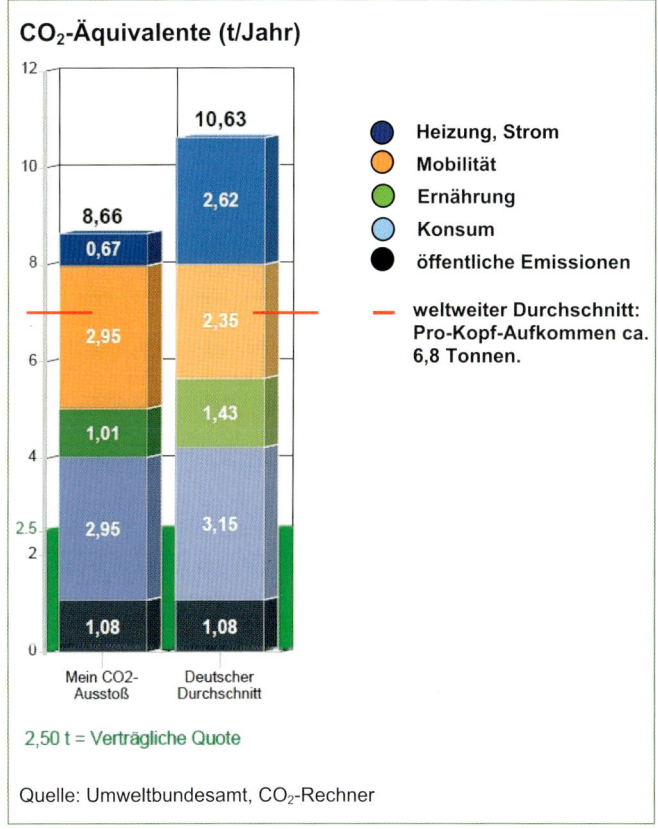

Abb. 50: CO_2-Rechner UBA

Wir werden dann vielleicht trotzig sein oder erschrocken. Aber wir können – wenn wir wollen – anfangen, die ersten Flug- und Autokilometer oder die ersten Kilowattstunden Energie weniger zu verbrauchen. Wir können versuchen, uns wenigstens dem weltweiten Durchschnitt anzunähern. Auch das wäre im Alltag gar nicht so sehr zu spüren (z. B. ob wir nun in Neuseeland oder an der Ostsee Urlaub machen). Aber was für ein Unterschied im Ergebnis der Umweltbelastung!

Es geht ganz und gar nicht um einen Katalog quälender Verhaltensregeln, die man sich abzuverlangen hätte. Es geht vielmehr um ein anderes Sich-in-Beziehung-Setzen zur Welt und den Mitgeschöpfen. Es geht um eine neue spirituelle Dimension, um eine tiefere Wahrnehmung dieser doch im Grunde wunderschönen Erde. Aus veränderter Wahrnehmung heraus kann sich in uns ein verändertes Verhalten entwickeln, das eben keinen mühsamen Verzicht abverlangt, sondern vielmehr wohltuende Befreiung ermöglicht. Es ist ein unglaublich gutes Gefühl, wenn wir endlich einmal das machen, was wir tief in uns längst schon als stimmig empfinden – und aber unter Verweis auf sogenannte Sachzwänge bisher nie zu tun gewagt haben.

Die Wahrheit ist immer ganz einfach. Manchmal ist sie so einfach, dass man sie beinahe nicht glauben mag. Aber es sind tatsächlich die kleinen Schritte, die am Ende das Große bewirken. Keineswegs gelingt das immer. Aber es ist zumindest noch nie Großes erwachsen ganz ohne das Kleine. Und dass jeder von uns selbst mit kleinen Schritten beginnt, wäre die einzig legitime Form, auf die Verbreitung solcher Schritte zu hoffen. Und genau hier liegt das scheinbar größte Hindernis. Dem Kapitalismus die Konsumgefolgschaft zu verweigern – das kann ja nur mehrheitlich und weltweit gelingen. Wie aber soll man verhindern, dass *die anderen* umso mehr verbrauchen, wenn *wir* etwas weglassen? Wäre unser Einlenken dann nicht umsonst? Und wie soll es gehen, dass letztlich alle Völker binnen kurzer Zeit zu solcherart Vernunft gelangen? Keiner kann sagen, ob das gelingen wird.

Was man aber sagen kann, ist das: Fragen dieser Art fallen bereits wieder in die alten kleinlauten Denkmuster zurück. Es ist doch gar kein Zwang, gar kein schlechteres Leben, das wir uns antun, wenn wir zu einem nachhaltigen Maß zurückfinden. Es wird uns besser gehen. Später (hoffentlich in einer Gesellschaft ohne Sozial-, Schulden- und Ökokrise) sowieso, aber doch auch vorher schon. Wenn wir wieder mehr Zeit haben. Wenn wir mit der Natur und uns in Einklang kommen. Wenn wir nicht im Überfluss versinken, nicht im Hamsterrad rennen. Wir werden uns dann wohler fühlen. Dies ist die letzte Einsicht, die uns noch von der Lösung trennt.

Es gibt eine Alternative zum Kapitalismus. Eine andere Welt ist möglich – und sie ist in den Halbinseln nichtkapitalistischer Ökonomie sogar schon Realität. Die Ausweitung dieser partiellen Realität auf die Gesamtgesellschaft hängt vom Wechsel der systemischen Rahmenbedingungen ebenso ab wie vom Wandel der Individuen.

Zum Systemwechsel gibt es eine Vielfalt von Ansätzen, Kontroversen und Debatten. Sie reichen von der vollen Ausstattung des Staates bis zu dessen Negation, von der Geld- und Eigentumsreform bis zur Ablehnung der Geld- und Marktwirtschaft. Alle zusammen eint das Ziel der Überwindung privaten Profitstrebens. Und sie alle sind für die Katz, wenn Mehrheiten so nicht leben wollen. Es wird sich am Ende jenes Konzept durchsetzen, das die Akzeptanz der Individuen findet.

Bisher hat immer der Tanz ums Goldene Kalb die breiteste Akzeptanz gefunden. Es gäbe wenig Grund anzunehmen, es müsse diesmal anders ausgehen. Doch neben Sozial- und Finanzproblemen sowie militärischen Gefahren riskieren wir ein immer größeres Umweltdebakel, wenn die Wirtschaft weiterhin wachsen soll. Ohne fortdauernd wachsende Wirtschaft aber lässt sich das kapitalistische System nicht erhalten.

Das heißt, wir stehen vor einer Zäsur. Vielleicht sind wir ja mehrheitlich dafür noch immer nicht bereit, wer weiß. Unsere Hoffnung gilt ausgerechnet einem breiten Bewusstseinswandel, den zu erhoffen sich nach nüchterner bisheriger Erfahrung eigentlich verbietet. Doch genau dazu werden wir uns überwinden müssen – so wie sich unsere frühen Vorfahren während der Eiszeit überwinden mussten, das gefürchtete Feuer mit in ihre Höhle zu nehmen, wenn sie denn überleben wollten ...

DANK

Ich möchte mich bei meinen Weggefährten der Akademie Solidarische Ökonomie für alle Ermutigung und Diskussion bedanken. Ebenso danke ich meinen Lektoren Manuela Beisswenger und Swen Wagner sowie den Mitarbeitern des Tectum Verlags; sie haben sich mit viel Engagement für die Herausgabe des vorliegenden Bandes eingesetzt. Danken möchte ich ferner meiner Frau für ihre Geduld. Und nicht zuletzt danke ich den vielen Menschen, durch die mir immer wieder Anregung und auch Widerspruch zuteil wurden – sei es in zahllosen Gesprächen oder in manchmal jahrelangem Schriftwechsel. Ohne Anregung und Widerspruch gibt es keine Entwicklung.

QUELLENVERZEICHNIS

1   Vgl. Deutsche Bundesbank: Monatsbericht Dezember 2011, S. 47 [www.bundesbank.de; 26.9.2013].

2   Dirk Löhr: Prinzip Rentenökonomie, Metropolis-Verlag, Marburg 2013, S. 133.

3   Vgl. Christian Kreiß: Wege aus der Finanz- und Wirtschaftskrise …, *Zeitschrift für Sozialökonomie* 170/171 2011, S. 13ff.

4   Gerhard Scherhorn u. a.: Nachhaltige Entwicklung braucht Gesetze für Nachhaltigen Wettbewerb, Appell-Entwurf, Stand 31.1.2011.

5   Deutsche Bundesbank: Geld und Geldpolitik, 2012, S. 11.

6   Vgl. zu Abschnitt 1.2 Klaus Simon: Grundfehler des herrschenden Geldsystems. In: Akademie Solidarische Ökonomie (Hrsg.): Das dienende Geld, Oekom Verlag, München 2013, S. 15ff.

7   Vgl. Ottmar Issing: Einführung in die Geldtheorie, Verlag Franz Vahlen, München 2007, S. 11.

8   Vgl. Deutsche Bundesbank, Statistiken, Zeitreihendatenbanken [www.bundesbank.de; 26.9.2013].

9   Ottmar Issing: Einführung in die Geldtheorie, Verlag Franz Vahlen, München 2007, S. 81.

10 Z. B. rund 1 % der Bilanzsumme: Landesbank Baden-Württemberg, Konzernbilanz 2010 [www.lbbw.de; 26.9.2013].

11 Die EZB schreibt 1 % vor: Deutsche Bundesbank, Geldpolitik, Mindestreserven [www.bundesbank.de; 26.9.2013].

12 Harald Bender: Der Umbau der Finanzsysteme. In: Akademie Solidarische Ökonomie (Hrsg.): Das dienende Geld, Oekom Verlag, München 2013, S. 65.

13   Vgl. Deutsche Bundesbank, Glossar: Zwei-Säulen-Strategie [www.bundesbank.de; 15.9.2013].

14   Vgl. Deutsche Bundesbank, Statistiken: Euroraum-Aggregate, Geldmengenaggregate [www.bundesbank.de; 15.9.2013].

15   Wolfgang Cezanne: Allgemeine Volkswirtschaftslehre, R. Oldenbourg Verlag, München 2005, S. 578.

16   Vgl. Helmut Creutz, Grafik 135 [www.helmut-creutz.de; 27.9.2013].

17   Vgl. IWS: Kernaussage des Instituts für Wachstumsstudien [www.wachstumsstudien.de; 27.9.2013].

18   IWS-Papier Nr. 1: Das Wachstum der deutschen Volkswirtschaft, S. 3 [www.wachstumsstudien.de; 27.9.2013].

19   Vgl. Statistisches Bundesamt: Bruttoinlandsprodukt 2012 für Deutschland, Wiesbaden 2013, S. 6.

20   IWS-Papier Nr. 1: Das Wachstum der deutschen Volkswirtschaft, S. 3 [www.wachstumsstudien.de; 27.9.2013].

21   IWS: Kernaussage des Instituts für Wachstumsstudien [www.wachstumsstudien.de; 27.9.2013].

22   Vgl. Gesetz zur Förderung der Stabilität und des Wachstums der Wirtschaft [www.gesetze-im-internet.de; 27.9.2013].

23   Hans Christoph Binswanger: Die Wachstumsspirale, Metropolis-Verlag, Marburg 2006, S. 313, 367.

24   Zitiert nach: Helmut Creutz: Das Geldsyndrom, 4. Auflage, Ullstein Taschenbuchverlag, Berlin 1997, 24. Kapitel [userpage.fu-berlin.de; 27.9.2013].

25   Vgl. Statistisches Bundesamt: Fachserie 18 Reihe 1.5, Wiesbaden 2012, S. 18.

26   Vgl. Statistisches Bundesamt: Sektorale und gesamtwirtschaftliche Vermögensbilanzen 1991–2011, Wiesbaden 2012, S. 10.

27   Vgl. Horst Afheldt: Wirtschaft, die arm macht, Verlag Antje Kunstmann, München 2003, S. 225ff.

28   Vgl. Weltweites BIP 2003 bis 2013 [www.statista.com; 27.9.2013].

29   Vgl. Allianz: Global Wealth Report 2013, S. 16 [www.allianz.com; 26.9.2013].

30   Vgl. Paul Windolf: Was ist Finanzmarkt-Kapitalismus?, S. 23 [www.uni-trier.de; 16.1.2014].

31   Vgl. Deutsche Bundesbank: Monatsbericht Februar 1962, S. 5.

32   Vgl. *News aktuell*: Produzierendes Gewerbe erwirtschaftete 2011 …, 02.11.2012 [www.presseportal.de; 12.1.2014].

33   Vgl. Paul Windolf: Was ist Finanzmarkt-Kapitalismus?, S. 23 [www.uni-trier.de; 16.1.2014].

34   Christoph Deutschmann: Die Herrschaft der Rentiers. In: *Zeitschrift für Sozialökonomie* Nr. 160/161, 2009, S. 9.

35   Vgl. DGB-Verteilungsbericht 2011, S. 35 [www.sozialpolitik-aktuell.de; 27.9.2013].

36   Boris Zürcher: Der gestiegene Gewinnanteil des Finanzsektors, 5.12.2011 [www.avenir-suisse.ch; 27.9.2013].

37   Kathleen Madigan: Like The Phoenix: U.S. Finance Profits Soar, *Real Time Economics*, 25.3.2011 [blogs.wsj.com/economics; 27.9.2013].

38   Vgl. Joachim Jahnke: Hedge Funds. Nach: TASS-Wertpapiermakler GmbH Datenbank Stand 31.10.2006 [www.jjahnke.net/hedge.html; 27.9.2013].

39   DIW Wochenbericht Nr. 43/2008, 22.10.2008 [www.diw.de; 27.9.2013].

40   Vgl. FSB: Global Shadow Banking Monitoring Report 2012, 18.11.2012 [www.financialstabilityboard.org; 27.9.2013].

41   Deutsche Bundesbank: Finanzstabilitätsbericht 2012, S. 15 [www.bundesbank.de; 27.9.2013].

42   Vgl. z. B. [devisen-forex.de/lexikon; 27.9.2013].

43   Deutsche Bundesbank: Geld und Geldpolitik, 2012, S. 52, 63.

44   Vgl. Statistisches Bundesamt: Sektorale und gesamtwirtschaftliche Vermögensbilanzen 1991–2011, Wiesbaden 2012, S. 7.

45   Vgl. Konsolidierter Ausweis des Eurosystems zum 30. November 2012, Pressemitteilung vom 4. Dezember 2012 [www.ecb.europa.eu; 15.9.2013].

46   Vgl. Bundeszentrale für politische Bildung: Globalisierung [www.bpb.de; 28.9.2013].

47   Vgl. Joachim Jahnke, Grafikdatenbank, Abb. 03035 [www.jjahnke.net/rundbr12.html; 28.9.2013].

48   Vgl. Bundeszentrale für politische Bildung: Entwicklung des grenzüberschreitenden Warenhandels [www.bpb.de; 28.9.2013].

49   Vgl. *The Economist*: Decoupled, 23.2.2006 [www.economist.com/node/5556642; 28.9.2013].

50   Vgl. Statistisches Bundesamt: Sektorale und gesamtwirtschaftliche Vermögensbilanzen 1991–2011, Wiesbaden 2012, S. 7.

51   Bundeswirtschaftsministerium: Der deutsche Arbeitsmarkt in Zeiten globalisierter Märkte, Gutachten des wissenschaftlichen Beirats 2006, S. 16f.

52   DGB: Pressemitteilung 206 vom 23.11.2011 [www.dgb.de; 27.8.2013].

53   Vgl. S. Vitali u. a.: The network of global corporate control [arxiv.org/pdf/1107.5728.pdf; 28.9.2013].

54   Daniel Meierhans: 147 Finanzkonzerne regieren die Welt, 22.10.2011 [www.schweizamsonntag.ch; 9.1.2014].

55   Ebd.

56   *Handelsblatt*: Die heimlichen Herren des Dax, 1.6.2011 [www. handelsblatt.com; 28.9.2013].

57   McKinsey Global Institute: Mapping global capital markets 2011, S. 2.

58   Karl Mai: Vom Ursprung, Wesen und Untergang der Spekulationsgewinne [www.memo.uni-bremen.de; 28.9.2013].

59   Vgl. Zertifikate: Fragen und Antworten für Einsteiger [www. deutscher-derivate-verband.de; 28.9.2013].

60   Vgl. Schwerpunkte der Plenarsitzung vom 14. bis 17. November 2011 [www.europarl.europa.eu; 28.9.2013].

61   Vgl. *Financial Times Deutschland*: Finanzbranche droht neuer Milliardenschock, 12.10.2008 [www.ftd.de; 28.9.2013].

62   Vgl. BIZ [www.bis.org/statistics/otcder/dt1920a.pdf; 28.9.2013].

63   Alice Schroeder: Warren Buffett, FinanzBuch Verlag, München 2008, S. 999.

64   George Soros: Das Ende der Finanzmärkte – und deren Zukunft, FinanzBuch Verlag, München 2008, S. 154.

65   Vgl. *Handelsblatt*: Commerzbank bietet Wette auf eigenen Untergang, 25.11.2011 [www.handelsblatt.com; 28.9.2013].

66   Hedgefonds [www.fonds-wissen.com; 28.9.2013].

67   Was sind Hedgefonds? [www.hedgefonds24.de; 28.9.2013].

68   Karl Mai: Vom Ursprung, Wesen und Untergang der Spekulationsgewinne [www.memo.uni-bremen.de; 28.9.2013].

69   Joachim Jahnke: Hedge Funds [www.jjahnke.net/hedge.html; 28.9.2013].

70   Ebd.

71   Vgl. ebd.

72   Was sind Hedgefonds? [www.hedgefonds24.de; 28.9.2013].

73   Vgl. Matthias Weik, Marc Friedrich: Der größte Raubzug der Geschichte, Tectum Verlag, Marburg 2012, S. 78, 118.

74   Vgl. *TheCityUK*: Weltweit verwaltetes Vermögen …, 4.12.2012 [www.absolut-report.de; 28.9.2013].

75   Vgl. Paul Windolf: Institutionelle Eigentümer im Finanz-
      markt-Kapitalismus [www.bag-linke-unternehmer.de;
      28.9.2013].

76   Paul Windolf: Was ist Finanzmarkt-Kapitalismus? [www.
      uni-trier.de; 28.9.2013].

77   Vgl. Christoph Deutschmann: Die Herrschaft der Rentiers. In:
      Zeitschrift für Sozialökonomie Nr. 160/161, 2009, S. 7.

78   Vgl. Hanspeter Guggenbühl: Das Wachstum beruht schon
      lange auf Pump, 10.8.2011 [www.infosperber.ch; 28.9.2013].

79   Günther Moewes: Die Reichen, nicht die Griechen. In: *Humane
      Wirtschaft* Nr. 04/2010, S. 11.

80   Marcel Hénaff: Menschen und Schulden. In: *Lettere Internatio-
      nal*, Frühjahr 2012, S. 13.

81   Niko Paech: Befreiung vom Überfluss, Oekom Verlag, Mün-
      chen 2012, S. 18.

82   Vgl. *Handelsblatt Online*: Zehn unangenehme Wahrheiten über
      die USA, 18.04.2011 [www.handelsblatt.com; 28.9.2013].

83   Vgl. *Heise Telepolis*: Die USA sind ärmer als Griechenland und
      Portugal, 1.8.2011 [www.heise.de; 18.1.2014].

84   Vgl. *GodmodeTrader*: Auslandsanteil japanischer Staatsanleihen
      steigt, 21.12.2012 [www.godmode-trader.de; 28.9.2013].

85   Deutsche Bundesbank, Glossar: Inflation [www.bundesbank.de;
      1.10.2013].

86   Vgl. Statistisches Bundesamt: Preise auf einen Blick, Wiesbaden
      2011, S. 51.

87   Vgl. Mineralölwirtschaftsverband e.V., Rohölpreisentwicklung
      1960–2012 [www.mwv.de; 1.10.2013].

88   Johannes Hoffmann, Gerhard Scherhorn: Nachhaltigkeit als
      Herausforderung für die marktwirtschaftliche Ordnung. In:
      Bundeszentrale für politische Bildung [www.bpb.de; 1.10.2013].

89   *Handelsblatt*: Weltweit zu viel Geld, 25.07.2008 [www.
      handelsblatt.com; 1.10.2013].

90   Johannes Hoffmann, Gerhard Scherhorn: Nachhaltigkeit als
      Herausforderung für die marktwirtschaftliche Ordnung. In:
      Bundeszentrale für politische Bildung [www.bpb.de; 1.10.2013].

91   *DiePresse.com*: Deutsche Bundesbank duldet höhere Inflation,
      10.5.2012 [diepresse.com; 1.10.2012].

92   *Managermagazin*: Bundesbank sieht steigende Inflation,
      10.5.2012 [www.manager-magazin.de; 1.10.2013].

93   Vgl. z. B. Christan Kreiß: Profitwahn, Tectum Verlag, Marburg
      2013, S. 139ff.

94   Dirk Löhr: Prinzip Rentenökonomie, Metropolis-Verlag, Marburg 2013, S. 71, siehe auch S. 39ff., 51.

95   Ebd., S. 37.

96   *ATTAC* AG Privatisierung: Geheimhaltung – Nährboden für PPP [www.ppp-irrweg.de: 1.10.2013].

97   Vgl. Berliner Wassertisch: Erfahrungen bei der Teilprivatisierung der Wasserwirtschaft in Berlin, November 2007 [www.wasser-in-buergerhand.de; 1.10.2013].

98   Vgl. Helmut Creutz: Das Freigeldsyndrom – oder: Der Zinsanteil in den Preisen [www.humane-wirtschaft.de; 1.10.2013].

99   Vgl. Dirk Löhr: Prinzip Rentenökonomie, Metropolis-Verlag, Marburg 2013, S. 131, Tabelle 10.

100   Vgl. Statistisches Bundesamt: Fachserie 15 Reihe 1, Wiesbaden 2012, S. 22.

101   Jürgen Kremer: Eine andere unsichtbare Hand des Marktes, S. 10 [www.deweles.de/files/mathematik.pdf; 1.10.2013].

102   *Magazin Mitbestimmung*: Steuerhinterziehung kostet 100 Milliarden, Ausgabe 10/2012 [www.boeckler.de; 16.10.2013].

103   Landesregierung Nordrhein-Westfalen, Presse 6.5.2013: Deutschland verliert mehr als 160 Milliarden [www.nrw.de; 16.10.2013].

104   Ebd.

105   Hilde Neidhardt: Staatsverschuldung und Verfassung, Mohr Siebeck, Tübingen 2010, S. 3.

106   Vgl. Grundgesetz der Bundesrepublik Deutschland, Artikel 115 [dejure.org; 1.10.2013].

107   Vgl. Bundeshaushaltsplan 2013, Steuereinnahmen [www.bundesfinanzministerium.de; 11.1.2014].

108   Helmut Creutz: Grafiken, Zinszahlungen und Kreditaufnahmen (048) [www.helmut-creutz.de; 1.10.2013].

109   Bundesrepublik Deutschland Finanzagentur GmbH, Pressemitteilung Nr. 24/12, 10.12.2012 [www.deutsche-finanzagentur.de; 1.10.2013].

110   Vgl. Deutsche Bundesbank: Monatsbericht November 2012, IX. Öffentliche Finanzen, 2. Gesamtstaat: Einnahmen, Ausgaben [www.bundesbank.de; 1.10.2013].

111   Statistisches Bundesamt: Pressemitteilung Nr. 069 vom 21.2.2011 [www.destatis.de; 1.10.2013].

112   Die europäische Zahlungsbilanzkrise, ifo Schnelldienst 16/2011 – 64. Jahrgang, S. 32 [www.cesifo-group.de; 2.10.2013].

113   Joachim Jahnke: Eurobrief 48 vom 27.2.2013.

114   Bundeswirtschaftsministerium: Der deutsche Arbeitsmarkt in Zeiten globalisierter Märkte, Gutachten des wissenschaftlichen Beirats 2006, S. 16.

115   Vgl. *Spiegel Online*: Immobilienkrise, 5.7.2011 [www.spiegel.de; 2.10.2013].

116   Vgl. *FAZ*: Faule Kredite in Spanien auf Rekordhoch, 18.11.2013 [www.faz.net; 18.1.2014].

117   Vgl. *derStandard.at*: Über eine Billion faule Kredite bei Europas Banken, 15. August 2012 [derstandard.at; 2.10.2013].

118   Vgl. Joachim Jahnke: Euro – Die unmögliche Währung, Shaker Media, Aachen 2012, S. 50.

119   International Monetary Fund: Global Financial Stability Report Oct 2012 [www.imf.org; 1.10.2013].

120   Vgl. Christian Kreiß: Profitwahn, Tectum Verlag, Marburg 2013, S. 135f.

121   Vgl. *Focus Online*: Griechenland-Hilfe ging vor allem an Banken, 17.06.2013 [www.focus.de; 2.10.2013].

122   *FAZ*: Wie wir lernten, die Banken zu hassen, 22.12.2013 [www.faz.net, 18.1.2014].

123   Leo Müller: Die Lehman-Lüge [oconomicus.wordpress.com/2009/08; 14.12.2013].

124   Joachim Jahnke: Die unglaubliche Schweinerei des Geldhauses Goldman Sachs & Co., global news 1979, 18.4.2010 [www.jjahnke.net/rundbr69.html#1979; 28.9.2013].

125   Malte Heynen: Der Raubzug der Banken, Karl Blessing Verlag, München 2012, S. 17ff

126   *Wirtschaftswoche*: Deutsche Bank ist Mitauslöser der Finanzkrise, 14.04.2011 [www.wiwo.de; 28.9.2013].

127   Vgl. *Zeit Online*: Der Feind der Wall Street, 11. September 2013 [www.zeit.de; 12.9.2013].

128   Hans Christoph Binswanger: Ein Vorschlag zum Masshalten: das 100-Prozent-Geld, 28.9.2010 [schweizerdialog.ch; 2.10.2013].

129   *Ad Hoc News*: William White, der ehemalige Chef …, 22.9.13 [www.ad-hoc-news.de; 2.10.2013].

130   Vgl. Michael Bellwinkel: Arbeitslosigkeit, Gesundheit, Gesundheitsförderung – Fakten …, Oktober 2011 [www.gesundheit-nds.de; 2.10.2013].

131   Vgl. Bundesministerium für Arbeit und Soziales: Haushaltsplan 2012 [www.bmas.de; 2.10.2013].

132 Vgl. Statistisches Bundesamt: Bruttoinlandsprodukt 2012 für Deutschland, Wiesbaden 2013, S. 15.

133 Vgl. Bundesagentur für Arbeit: Statistik Februar 2013 [statistik. arbeitsagentur.de; 2.10.2013].

134 Vgl. Eurostat 20.12.2012. Zitiert nach: Joachim Jahnke: Grafik 15972, Wochenbrief 176 vom 22.8.2013.

135 Gerhard Bosch: Prekäre Beschäftigung und Neuordnung am Arbeitsmarkt, Institut für Arbeit und Qualifikation, Universität Duisburg-Essen, 9/2012 [www.iaq.uni-due.de; 3.10.2013].

136 Vgl. Bundesanstalt für Arbeitsschutz und Arbeitsmedizin: Stress-Report 2012 [www.baua.de; 2.10.2013].

137 Vgl. AOK Fehlzeiten-Report 2012 [www.aok-bgf.de; 2.10.2013].

138 Bundesinstitut für Bevölkerungsforschung: (Keine) Lust auf Kinder?, Dezember 2012 [www.bib-demografie.de; 2.10.2013].

139 Horst Afheldt: Wirtschaft, die arm macht, Verlag Antje Kunstmann, München 2003, Grafik C, S. 32.

140 DIW Wochenbericht Nr. 45/2011, S. 10ff. [www.diw.de; 2.10.2013].

141 Vgl. Gehalt der DAX-Vorstandsvorsitzenden 2011 [www. statista.com; 2.10.2013].

142 Vgl. *Handelsblatt Online*: Zehn unangenehme Wahrheiten über die USA, 18.04.2011 [www.handelsblatt.com; 2.10.2013].

143 Vgl. World Socialist Web Site: US food stamp use swells to a record 47.8 million, 29 March 2013 [www.wsws.org; 2.10.2013].

144 Vgl. Dennis Meadows u. a.: Grenzen des Wachstums, das 30-Jahre-Update, S. Hirzel Verlag, Stuttgart 2009, S. 42f.

145 Vgl. Lorenz Jarras: Steuerpolitische Tagung von ver.di, 4.10.2010, S. 3ff.

146 Vgl. Lorenz Jarras: Unternehmenssteuerreform 2008, S. 24 [www.jarras.com; 2.10.2013].

147 Vgl. DIW Wochenbericht Nr. 30/2009 [www.diw.de; 2.10.2013].

148 Vgl. Entwicklung des Spitzen- und Eingangssteuersatzes 1958 bis 2010 [www.statista.com; 2.10.2013].

149 Vgl. Bundesfinanzministerium: Datensammlung zur Steuerpolitik 2012, S. 11 [www.bundesfinanzministerium.de; 2.10.2013].

150 Vgl. Vierter Armuts- und Reichtumsbericht der Bundesregierung, März 2013, S. XII [www.bmas.de; 2.10.2013].

151 Vgl. DIW Wochenbericht Nr. 4/2009, S. 59 [www.diw.de; 2.10.2013].

152 Vgl. D.A.CH Vermögensreport 2011, S. 7.

153 Vgl. Vermögens- und Schuldenuhr [www.vermoegenssteuerjetzt.de; 25.10.2013].

154 Vgl. D.A.CH Vermögensreport 2011, S. 10.

155 Vgl. Statistisches Bundesamt: Sektorale und gesamtwirtschaftliche Vermögensbilanzen 1991–2011, Wiesbaden 2012, S. 11.

156 Vgl. ebd., S. 16.

157 Horst Afheldt: Wirtschaft, die arm macht, Verlag Antje Kunstmann, München 2003, S. 42.

158 Franz Schultheis: Reichsein hat seinen Preis, 13.5.2011 [www.3sat.de; 2.10.2013].

159 UN: Millenniums-Entwicklungsziele, Bericht 2012 [www.un.org; 2.10.2013].

160 Vgl. Jean Ziegler: Wir lassen sie verhungern, C. Bertelsmann Verlag, München 2012, S. 28.

161 FAO Food Price Index [www.fao.org; 2.10.2013].

162 Jean Ziegler: Jeder Hungertote ist eine „inakzeptable Tragödie", Interview auf Deutschlandradio Kultur am 7.11.2012 [www.dradio.de/dkultur; 2.10.2013].

163 Stiftung Weltbevölkerung: Weltbevölkerung zum Jahreswechsel 2012/2013 [www.weltbevoelkerung.de; 2.10.2013].

164 Deutsche UNESCO-Kommission e.V.: Millennium Ecosystem Assessment [www.unesco.de; 3.10.2013].

165 Vgl. Wikipedia: Bodendegradation [de.wikipedia.org; 3.12.2013].

166 Deutsche UNESCO-Kommission e.V.: Millennium Ecosystem Assessment [www.unesco.de; 3.10.2013].

167 GreenFacts: Biodiversität & menschliches Wohlbefinden [www.greenfacts.org/de/biodiversitat; 3.10.2013].

168 Vgl. Dennis Meadows u. a.: Grenzen des Wachstums, das 30-Jahre-Update, S. Hirzel Verlag, Stuttgart 2009, S. 54.

169 Ebd., S. 54f.

170 Vgl. World Steel Association: Statistics archive [www.worldsteel.org; 3.10.2013].

171 Vgl. mare-mundi: Einführung zur Problematik (Pflanzen und Algen) [www.mare-mundi.eu; 3.10.2013].

172 Vgl. Fabian Bross: Das Konzept des ökologischen Fußabdrucks [fabianbross.de; 3.10.2013].

173 Global Footprint Network: Footprint Basics, World Footprint [www.footprintnetwork.org; 3.10.2013].

174   Vgl. WWF: Living Planet Report 2012 [www.wwf.de; 3.10.2013].

175   Lexikon der Nachhaltigkeit: Ökologischer Rucksack [www. nachhaltigkeit.info; 3.10.2013].

176   Vgl. Jürgen Paeger: Ökosystem Erde, Industriezeitalter, Rohstoffe [www.oekosystem-erde.de; 3.10.2013].

177   Ebd.

178   Vgl. Jürgen Paeger: Ökosystem Erde, Industriezeitalter, Energie/ Klima [www.oekosystem-erde.de; 3.10.2013].

179   Vgl. Motorleistung und Arbeitsdruck [www.kfztech.de; 3.10.2013].

180   Vgl. Der wärmeisolierte Eintaktmotor [www.eintaktmotor.de; 3.10.2013].

181   Vgl. Wuppertal Institut für Klima, Umwelt, Energie: Zukunftsfähiges Deutschland, Fischer Taschenbuch Verlag, Frankfurt/M. 2008, S. 130f.

182   Vgl. Eurostat Datenbank für Konzepte und Begriffe, Term: Absolute Entkopplung [ec.europa.eu; 3.10.2013].

183   Wuppertal Institut für Klima, Umwelt, Energie: Zukunftsfähiges Deutschland, Fischer Taschenbuch Verlag, Frankfurt/M. 2008, S. 101.

184   Vgl. Statistisches Bundesamt: Fachserie 18 Reihe 1.5, Wiesbaden 2012, S. 53, 56.

185   Vgl. Wuppertal Institut für Klima, Umwelt, Energie: MIPS online [wupperinst.org; 16.1.2014].

186   Vgl. DIW Wochenbericht Nr. 24/2012, S. 10 [www.diw.de; 3.10.2013].

187   Vgl. Kraftfahrtbundesamt: Fahrzeugklassen und Aufbauarten, Zeitreihe 1955 bis 2013 [www.kba.de; 3.10.2013].

188   Vgl. VDA: Handeln für den Klimaschutz – beim VDA 2009, S. 5 [www.vda.de; 3.10.2013].

189   Vgl. Wikipedia: Rebound (Ökonomie) [de.wikipedia.org; 3.10.2013].

190   Vgl. Bundesumweltministerium: Zusammenfassende Darstellung der Effizienzpotenziale bei Flugzeugen (FKZ UM 07 06 602/01), S. 15 [www.bmu.de; 3.10.2013].

191   Vgl. Umwelt- und Prognose-Institut e.V.: Flugverkehr und Wolken [www.upi-institut.de; 3.10.2013].

192   Vgl. Kenneth Gillingham u. a.: Der „Rebound-Effekt" wird überschätzt [www.spektrum.de; 3.10.2013].

193 Umweltdatenbank: Rebound-Effekt [www.umweltdatenbank. de; 3.10.2013].

194 Deutscher Bundestag, Schlussbericht der Enquete-Kommission „Wachstum, Wohlstand, Lebensqualität", 3.5.2013, Drucksache 17/13300, S. 430, 436 [www.bundestag.de; 3.10.2013].

195 Vgl. *Spiegel Online*: Deutsche verlieren Angst vor Klimawandel, 27.3.2010 [www.spiegel.de; 3.10.2013].

196 *MMNews*: Die CO_2-Lüge: Panik für Profit, 4.4.2013 [www. mmnews.de; 3.10.2013].

197 Vgl. *greenpeace magazin* 6.12 [www. greenpeace-magazin.de; 3.10.2013].

198 Vgl. *Der Tagesspiegel*: Höchststand bei CO_2-Gehalt in der Atmosphäre, 11.5.2013 [www.tagesspiegel.de; 3.10.2013].

199 Diskussionspapier DECHEMA, Oktober 2008 [www.dechema. de; 3.10.2013].

200 Vgl. Wikipedia: Liste der größten Kohlenstoffdioxidemittenten [de.wikipedia.org; 3.10.2013].

201 Vgl. Dennis Meadows u. a.: Grenzen des Wachstums, das 30-Jahre-Update, S. Hirzel Verlag, Stuttgart 2009, S. 190.

202 Vgl. RiskNet: CO_2-Konzentrationen der letzten 400.000 Jahre [www.risknet.de; 3.10.2013].

203 Europäisches Institut für Klima und Energie: Unbestechliche Klimazeugen, 8.7.2013 [www.eike-klima-energie.eu; 21.10.2013].

204 Vgl. [www.globalwarmingart.com/wiki/File:Carbon_ Dioxide_400kyr_Rev_png; 4.12.2013].

205 Jürgen Paeger: Ökosystem Erde, Industriezeitalter, Energie, Klima, Klimawandel [www.oekosystem-erde.de; 3.10.2013].

206 Harald Thielen-Redlich: Klimaskepsis – Fanal einer überforderten Gesellschaft, 24.2.2013 [www.zum.de; 3.10.2013].

207 Vgl. [www.world-nuclear.org/Nuclear-Basics; 19.9.2013].

208 Vgl. Wikipedia: Kernenergie [de.wikipedia.org; 13.12.2013].

209 Vgl. Euratom Supply Agency: Annual Report 2009. Zitiert nach: EU-Bericht: Uran wird knapp, 9. August 2010 [www. euraktiv.de; 19.9.2013].

210 Vgl. Nuclear Energy Agency: Latest data shows long-term security of uranium supply, 20 July 2010. Zitiert nach: EU-Bericht: Uran wird knapp, 9. August 2010 [www.euraktiv.de; 19.9.2013].

211 Vgl. International Energy Agency: Energy Technology Perspectives 2008, S. 5 [www.iea.org; 24.9.2013].

212 Staatliche Förderungen der Atomenergie im Zeitraum
     1950–2010, FÖS-Studie im Auftrag von Greenpeace, 12.
     Oktober 2010, S. 5 [www.greenpeace.de; 19.9.2013].
213 Vgl. IWR-Institut: Erneuerbare Energien werden subventio-
     niert – Staat zahlt keinen Cent [www.iwr-institut.de; 22.9.2013].
214 Sigrid Totz: Atomstrom kostet Bundesbürger 304 Milliarden
     Euro staatliche Förderung, 13.10.2010 [www.greenpeace.de;
     19.9.2013].
215 Kernkraftwerke: Die wahren Kosten der Atomkraft. In:
     Wirtschaftsdienst 2011 Heft 4, S. 224 [www.wirtschaftsdienst.
     eu; 19.9.2013].
216 Atomkraftwerke Plag: Radioaktive Verseuchung von Gewässern
     [de.atomkraftwerkeplag.wikia.com; 22.9.2013].
217 Bundeszentrale für politische Bildung: Siamesische Zwillinge –
     Die zivile und die militärische Nutzung der Atomtechnik
     [sicherheitspolitik.bpb.de; 19.9.2013].
218 Vgl. Wikipedia: Liste von Kriegen [de.wikipedia.org; 3.10.2013].
219 Thomas Bernauer: Fördert Krieg das Wirtschaftswachstum?,
     Neue Zürcher Zeitung, 5.4.2003 [www.nzz.ch; 3.10.2013].
220 Vgl. Gemeinsame Konferenz Kirche und Entwicklung:
     Rüstungsexportbericht 2010 der GKKE, S. 30 [www3.gkke.org;
     3.10.2013].
221 Vgl. Bundeswirtschaftsministerium: Rüstungsexportbericht
     2011, S. 18 [www.bmwi.de; 3.10.2013].
222 Gemeinsame Konferenz Kirche und Entwicklung, Rüstungsex-
     portbericht 2011 der GKKE, S. 42 [www3.gkke.org; 3.10.2013].
223 *Berliner Zeitung*: Kritik am Panzerdeal mit Katar, 19.4.2013
     [www.berliner-zeitung.de; 3.10.2013].
224 Wikipedia: Streumunition [de.wikipedia.org; 3.10.2013].
225 Vgl. Wikipedia: Übereinkommen über Streumunition [de.
     wikipedia.org; 3.10.2013].
226 Haidy Damm: Altersvorsorge mit Streumunition, 11. Dezember
     2010 [www.ag-friedensforschung.de; 3.10.2013].
227 Vgl. Hans J. Gießmann, Bernhard Rinke (Hrsg.): Handbuch
     Frieden, Springer Fachmedien, Wiesbaden 2011, S. 139.
228 Vgl. Olaf Standke: USA weiter Rüstungsweltmeister, 16. April
     2013 [www.ag-friedensforschung.de; 3.10.2013].
229 Ebd.
230 Ebd.

231 Gewaltfreie Aktion Atomwaffen abschaffen (GAAA): Die atomare Welt [www.gaaa.org; 12.1.2014].

232 Vgl. Atomwaffen A-Z: Stichwort Overkill [www.atomwaffena-z. info; 3.10.2013].

233 Vgl. *Heise Telepolis*: Weltweit wachsen die Bestände von waffenfähigem…, 12.10.2004 [www.heise.de; 12.1.2014].

234 Peter Strutynski: Atomwaffen weniger, aber „besser", 2013 [www.ag-friedensforschung.de; 3.10.2013].

235 Vgl. Wikipedia: Stanislaw Jewgrafowitsch Petrow [de.wikipedia. org; 3.10.2013].

236 Vgl. Wikipedia: Verzicht auf den Ersteinsatz [de.wikipedia.org; 3.10.2013].

237 Wikipedia: Ahlener Programm [de.wikipedia.org; 4.10.2013].

238 Wikipedia: Income tax in the United States, Grafikauszug [en. wikipedia.org; 4.10.2013].

239 Anthony B. Atkinson u. a.: Top Incomes in the Long Run of History, Journal of Economic Literature, Vol. XLIX (March 2011), S. 6 (Grafikauszug).

240 Robert Reich: Die neue Weltwirtschaft, Ullstein Buchverlage, Berlin 1993, S. 246.

241 Vgl. Otto Köhler: Wohlstand für alle?, *junge Welt* 19.9.2009, S. 10ff. [www.jungewelt.de; 4.10.2013].

242 Horst Afheldt: Wirtschaft, die arm macht, Verlag Antje Kunstmann, München 2003, Grafik C, S. 32 (Ausschnitt).

243 Ebd., Grafik D, S. 38 (Ausschnitt).

244 Joachim Jahnke: Systemvergleich: Das skandinavische Sozial- und Wirtschaftsmodell [www.jjahnke.net; 4.10.2013].

245 *Zeit Online*: Susanne Schulz: Jeder kennt den Lohn des anderen, 24.2.2008 [www.zeit.de; 4.10.2013].

246 Vgl. Wikipedia: New Deal: Reform des Bankensystems [de. wikipedia.org; 4.10.2013].

247 Vgl. *Handelsblatt*: Glass-Steagall Act von 1933, 21.01.2010 [www.handelsblatt.com; 4.10.2013].

248 Vgl. US-Finanzmarktreform, Deutsche Bank Research 6, Dezember 2010 [www.dbresearch.de; 4.10.2013].

249 Vgl. *Zeit Online*: Der Feind der Wall Street, 11. September 2013 [www.zeit.de; 12.9.2013].

250 *Manager Magazin*: Minus + Minus = Plus, 29.4.2009 [www. manager-magazin.de; 4.10.2013].

251 Vgl. *Manager Magazin*: Verflechtung: Moody's und S&P bieten Brüssel neue Angriffsflächen, 17.8.2011 [www.manager-magazin.de; 28.8.2013].

252 Matthias Weik, Marc Friedrich: Der größte Raubzug der Geschichte, Tectum Verlag, Marburg 2012, S. 89f.

253 *Spiegel Online*: Banken-Boom: Tanz auf dem Vulkan, 8.5.2011 [www.spiegel.de; 28.8.2013].

254 *Deutsche Mittelstands Nachrichten*: Die Alchemisten kommen …, 16.11.2011 [www.deutsche-mittelstands-nachrichten. de; 13.12.2013].

255 Vgl. *Spiegel Online*: Banken-Boom: Tanz auf dem Vulkan, 8.5.2011 [www.spiegel.de; 28.8.2013].

256 Vgl. *Manager Magazin*: Finanzmarktregulierung: Britische Banken spielen auf Zeit, 12.09.2011 [www.manager-magazin. de; 28.8.2013].

257 Joachim Jahnke: Eurobrief 6 vom 18.7.2012.

258 Vgl. Lobbypedia: Freshfields Bruckhaus Deringer [lobbypedia. de; 4.10.2013].

259 Matthias Weik, Marc Friedrich: Der größte Raubzug der Geschichte, Tectum Verlag, Marburg 2012, S. 197.

260 Heiner Geisler. Zitiert nach: Guido Grandt: 2018 – Deutschland nach dem Crash [guidograndt.wordpress.com; 4.10.2013].

261 Vertrag zur Einrichtung des Europäischen Stabilitätsmechanismus ESM, unterzeichnete Fassung vom 2.2.2012 [www. deutschland.net; 4.10.2013].

262 Vgl. *Süddeutsche.de*: Euro-Länder zahlen ziemlich viel Lehrgeld, 17. Juli 2013 [www.sueddeutsche.de; 18.1.2014].

263 Vgl. Dennis Meadows u. a.: Grenzen des Wachstums, das 30-Jahre-Update, S. Hirzel Verlag, Stuttgart 2009, S. 187ff.

264 Vgl. *Spiegel Online*: Bedrohte Ozonschicht, 28.8.2009 [www. spiegel.de; 3.10.2013].

265 Richard Brand und Thomas Hirsch: Was heißt Klimagerechtigkeit? [transformationskongress.de; 4.10.2013].

266 Vgl. Umweltbundesamt, CO_2-Rechner [uba.klimaktiv-co2-rechner.de; 4.10.2013].

267 Vgl. Wikipedia: EU-Emissionshandel [de.wikipedia.org; 14.1.2014].

268 Martin Gück und Ulrich Duchrow: Ökologische Schuld(en) und Umkehr, S. 8, Kairos Europa e.V., 2009.

269 Vgl. DW: Schwerer Schlag für Emissionshandel, 18.4.2013 [www.dw.de; 4.10.2013].

270   Heinrich Böll Stiftung: Green New Deal – investieren in die Zukunft, 27.Apr. 2009 [www.boell.de; 4.10.2013].

271   Frank Adler, Ulrich Schachtschneider: Green New Deal, Suffizienz oder Ökosozialismus, Oekom Verlag, München 2010, S. 113, 117f.

272   Ebd., S. 113f.

273   Welt im Wandel, Gesellschaftsvertrag für eine Große Transformation, WBGU 2011 [www.wbgu.de; 4.10.2013].

274   Peter Barnes: Es ist an der Zeit, das Betriebssystem nachzurüsten, Auszug, Heinrich Böll Stiftung [www.boell.de; 4.10.2013].

275   Bruno Kern: Energiewende zwischen infantilen Phantasien und Ernüchterung [www.oekosozialismus.net; 4.10.2013].

276   Vgl. Energetische Amortisation [www.photovoltaik.org; 4.10.2013].

277   Vgl. International Energy Agency: Key World Energy Statistics 2012, S. 24 [www.iea.org; 4.10.2013].

278   Vgl. ebd. S. 6, 24.

279   Vgl. Wikipedia: Energiewende [de.wikipedia.org; 14.10.2013].

280   Vgl. Fraunhofer-Institut für Solare Energiesysteme ISE: Stromerzeugung aus Solar- und Windenergie im Jahr 2012, 8.2.2013, S. 2 [www.ise.fraunhofer.de; 4.10.2013].

281   Vgl. Greenpeace: 17 Kohlekraftwerke in Bau oder Planung [www.greenpeace.de; 4.10.2013].

282   Vgl. Kernkraftwerke in Deutschland [www.kernenergie.de; 4.10.2013].

283   *Focus Online*: Energiewende absurd, 11.10.2013 [www.focus.de; 14.10.2013].

284   *IWR News* 4.10.2013 [www.iwr.de; 14.10.2013].

285   *Focus Online*: Energiewende absurd, 11.10.2013 [www.focus.de; 14.10.2013].

286   *Süddeutsche.de*: Oettinger schönt Subventionsbericht, 14.10.2013 [www.sueddeutsche.de; 14.10.2013].

287   Niko Paech: Grünes Wachstum ohne Happy End, *Forum Wissenschaft* 2/12, S. 13ff.

288   *N24*: Rösler verteidigt Blockade der neuen EU-Abgasnorm, 30.6.2013 [www.n24.de; 4.10.2013].

289   *Zeit Online*: Subventionswahnsinn zulasten der Umwelt, 17.10.2013 [www.zeit.de; 18.10.2013].

290   Ulrich Schachtschneider: Freiheit, Gleichheit, Genügsamkeit, 6.2.2011 [www.postwachstumsoekonomie.org; 4.10.2013].

291 Vgl. Niko Paech: Befreiung vom Überfluss, Oekom Verlag, München 2012, S. 113.

292 Dirk Löhr: Prinzip Rentenökonomie, Metropolis-Verlag, Marburg 2013, S. 122.

293 Horst Afheldt: Wirtschaft, die arm macht, Verlag Antje Kunstmann, München 2003, S. 203, 208.

294 Umfrage der Bertelsmann Stiftung: Bürger wollen kein Wachstum um jeden Preis, 19.8.2010 [www.bertelsmann-stiftung.de; 5.8.2013].

295 Vgl. z. B. Andreas Exner, Brigitte Kratzwald: Solidarische Ökonomie & Commons, Mandelbaum Verlag, Wien 2012, S. 9.

296 Matthias Schmelzer, Alexis Passadakis: *ATTAC* BasisText 36 „Postwachstum", VSA 2011, S. 74f. Zitiert nach: [www.social-innovation.org/?p=1900; 4.9.2013].

297 Daniel Dahm, Gerhard Scherhorn: Urbane Subsistenz, Oekom Verlag, München 2008, S. 16.

298 Vgl. Ehrenamt-Atlas: Wo sich Deutschland engagiert. In: *Spiegel Online*, 19.11.2008 [www.spiegel.de; 28.8.2013].

299 Niko Paech: Befreiung vom Überfluss, Oekom Verlag, München 2012, S. 131.

300 Vgl. Bernd Senf: Bankgeheimnis Geldschöpfung, April 2009, S. 8f. [www.bernd.senf.de; 18.8.2013].

301 Stephen Zarlenga: Der Mythos vom Geld – die Geschichte der Macht, Oesch Verlag, Zürich 1999, S. 388.

302 Vgl. [www.monetative.de; 18.8.2013].

303 Hans Christoph Binswanger: 100-Prozent-Geld: Wirtschaftliche Stabilität durch Vorabkontrolle der Geldschöpfung, 4.2.2011 [schweizerdialog.ch; 11.9.2013].

304 Vgl. *Handelsblatt*: IWF-Forscher spielen radikale Bankenreform durch, 16.08.2012 [www.handelsblatt.com; 11.9.2013].

305 Geld regiert die Welt. Wer regiert das Geld? [www.monetative.de; 18.8.2013].

306 Hans Christoph Binswanger: Ein Vorschlag zum Masshalten: das 100-Prozent-Geld, 28.9.2010 [schweizerdialog.ch; 11.9.2013].

307 Helmut Creutz: Staatsverschuldung kurz gefasst, *Humane Wirtschaft* 02/2001, S. 12.

308 Vgl. Deutsche Wirtschafts-Gemeinschaft: Freigeld bringt Freiheit und Wohlstand für alle [www.freimark-t.de; 20.8.2013].

309 Helmut Creutz: Monetative – Geldschöpfung in öffentliche Hand, *Humane Wirtschaft* 01/2010, S. 24.

310 Vgl. Dirk Löhr: Zu kurz gesprungen – von Vollgeld, Freigeld und Assetpreisinflation, *Zeitschrift für Sozialökonomie* 168/169 2011, S. 46ff.

311 Dirk Löhr: Nullwachstum und Nullzins: Renaissance einer alten Idee, *Zeitschrift für Sozialökonomie* 166/167 2010, S. 19.

312 Dirk Löhr: Vollgeld – von „Allzweckwaffen" und „blinden Flecken", *Humane Wirtschaft* 02/2011, S. 27, 31.

313 Silke Helfrichs und Heinrich-Böll-Stiftung (Hrsg.): Wem gehört die Welt? Oekom Verlag, München 2009, S. 56.

314 Grundgesetz für die Bundesrepublik Deutschland [dejure.org; 20.8.2013].

315 Wolfgang Fabricius: Wirtschaftliche Selbsthilfe, Commons und Genossenschaften, S. 18 [www.akademie-solidarische-oekonomie.de; 20.8.2013].

316 Verfassung des Freistaates Bayern, Artikel 123 (3) [www.verfassungen.de; 20.8.2013]

317 Gerhard Scherhorn: Geleitwort. In: Dirk Löhr: Prinzip Rentenökonomie, Metropolis-Verlag, Marburg 2013, S. 11.

318 Vgl. Norbert Bernholt: Partizipatorische Unternehmensverfassung. In: Akademie Solidarische Ökonomie (Hrsg.): Kapitalismus und dann?, Oekom Verlag, München 2012, S. 131ff.

319 Vgl. Christian Felber: Gemeinwohlökonomie (frühere Ausgabe), Deuticke Verlag, Wien 2010, S. 28ff. Siehe auch: Akademie Solidarische Ökonomie (Hrsg.): Kapitalismus und dann?, Oekom Verlag, München 2012, S. 137ff.

320 Vgl. Norbert Bernholt: Partizipatorische Unternehmensverfassung. In: Akademie Solidarische Ökonomie (Hrsg.): Kapitalismus und dann?, Oekom Verlag, München 2012, S. 147ff.

321 Vgl. Adelheid Biesecker, Uta von Winterfeld: Es gibt keine ‚richtige' Nachhaltigkeit im ‚falschen' Denken. In: *Politische Ökologie* Heft 94, S. 75ff.

322 Vgl. Bernd Winkelmann: Neue Arbeits- und Sozialkultur. In: Akademie Solidarische Ökonomie (Hrsg.): Kapitalismus und dann?, Oekom Verlag, München 2012, S. 161.

323 Ebd., S. 168.

324 Vgl. Statistisches Bundesamt, Pressemitteilung Nr. 149 vom 30.4.2012.

325 Vgl. Helmut Creutz: Das Freigeldsyndrom – oder: Der Zinsanteil in den Preisen, S. 2 [www.humane-wirtschaft.de; 28.8.2013].

326   Niko Paech: Befreiung vom Überfluss, Oekom Verlag, München 2012, S. 111.

327   Studie „Zukunftsfähiges Deutschland", Fischer Taschenbuch Verlag, Frankfurt 2008, S. 112.

328   Niko Paech: Nach dem Wachstumsrausch: Eine zeitökonomische Theorie der Suffizienz, *Zeitschrift für Sozialökonomie* 166/167 2010, S. 35, 40.

329   Niko Paech: Befreiung vom Überfluss, Oekom Verlag, München 2012, S. 99, 113.

330   Rosa Luxemburg: Zur russischen Revolution, gesammelte Werke Band 4. Zitiert nach: Wikipedia: Diktatur des Proletariats [de.wikipedia.org; 31.8.2013].

331   Vgl. Wolfgang Sternstein: Gandhi und Jesus, Gütersloher Verlagshaus, Gütersloh 2009, S. 57.

332   Günter Faltin: Social Entrepreneurship – Definitionen, Inhalte, Perspektiven, S. 8 [www.entrepreneurship.de; 5.9.2013].

333   *Zeit Online*: Weltretter unter sich, 3. Februar 2013 [www.zeit.de; 5.9.2013].

334   Vgl. Social Entrepreneurship – Gewinn ist Mittel, nicht Zweck, Schriften des Interfakultativen Instituts für Entrepreneurship (IEP) des Karlsruher Instituts für Technologie, Band 19, S. 101 [uvka.ubka.uni-karlsruhe.de; 5.9.2013].

335   Christian Felber: Die Gemeinwohl-Ökonomie, aktualisierte und erweiterte Neuausgabe, Deuticke Verlag, Wien 2012, S. 12.

336   Christian Felber: Die Gemeinwohl-Ökonomie, 20-Punkte-Zusammenfassung, 25. Dezember 2011 [www.christian-felber.at/ schaetze/gemeinwohl.pdf; 4.9.2013].

337   Niko Paech: Rezension zu Christian Felber: Die Gemeinwohl-Ökonomie – das Wirtschaftsmodell der Zukunft. In: *Zeitschrift für Sozialökonomie* 168/169 2011, S. 72f.

338   Christian Felber: Die Gemeinwohl-Ökonomie, 20-Punkte-Zusammenfassung, 25. Dezember 2011, Punkte 8 und 14 [www.christian-felber.at/schaetze/gemeinwohl.pdf; 4.9.2013].

339   Vgl. Christian Felber: Die Gemeinwohl-Ökonomie (frühere Ausgabe), Deuticke Verlag, Wien 2010, S. 36, 40.

340   Andreas Exner: Neue Werte im Sonderangebot – die Gemeinwohlökonomie Christian Felbers. In: Streifzüge 17. März 2011 [www.streifzuege.org; 4.9.2013].

341   Vgl. Gemeinwohlökonomie, Gemeinwohlmatrix 4.1 [www. gemeinwohl-oekonomie.org; 4.9.2013].

342 Vgl. Christian Felber: Die Gemeinwohl-Ökonomie, aktualisierte und erweiterte Neuausgabe, Deuticke Verlag Wien 2012.

343 Vgl. Die Gemeinwohlökonomie – im Gespräch mit Christian
Felber (2), 16.2.2012 [www.cashkurs.com; 1.10.2013].

344 Wikipedia: Solidarische Ökonomie [de.wikipedia.org; 5.9.2013].

345 Fairbindung e.V.: Was ist Solidarische Ökonomie?, Hervorhebungen K. S. [www.fairbindung.org; 5.9.2013].

346 Ebd., Hervorhebungen K.S.

347 Sven Giegold, Dagmar Embshoff (Hrsg.): Solidarische Ökonomie im globalisierten Kapitalismus, VSA Verlag, Hamburg 2008,
S. 13.

348 Vgl. Atlas der Solidarischen Ökonomie in Nordhessen, Kassel
2008, S. 26, 28 [www.uni-kassel.de; 5.9.2013].

349 Clarita Müller-Plantenberg: Schritte auf dem Weg zur Solidarischen Ökonomie, Verein zur Förderung der Solidarischen
Ökonomie e.V. (Hrsg.), S. 12 [www.uni-kassel.de; 20.9.2013].

350 Robert Kurz: Der Tod des Kapitalismus, Laika Verlag, Hamburg
2013, S. 28f. Zitiert nach: [esra.blogsport.eu; 22.9.2013].

351 Friederike Habermann. Zitiert nach: Utta Isop, Viktorija
Ratkovic (Hrsg.): Differenzen leben, Transcript Verlag, Bielefeld
2011, S. 9.

352 Vgl. Wolfgang Fabricius: Wirtschaftliche Selbsthilfe, Commons
und Genossenschaften, S. 18 [www.akademie-solidarische-
oekonomie.de; 20.8.2013].

353 Wolfgang Fabricius: Kapital ohne Kundschaft, S. 167 [www.
reproduktionsökonomie.de; 5.9.2013].

354 Wolfgang Fabricius: Genossenschaftsprinzipien, S. 1 [www.
akademie-solidarische-oekonomie.de; 20.8.2013].

355 Media Tribune: Aldi-Bilanz 2010, 26. Juni 2012 [www.
mediatribune.de; 20.10.2013].

356 D.A.CH-Vermögensreport 2011, S. 16.

357 Managementkommentar Migros-Gruppe, Geschäftsbericht
2010 [m10.migros.ch; 20.10.2013].

358 Wolfgang Fabricius: Wirtschaftliche Selbsthilfe, Commons
und Genossenschaften, S. 19f. [www.akademie-solidarische-
oekonomie.de; 20.08.2013].

359 Silke Helfrichs und Heinrich-Böll-Stiftung (Hrsg.): Wem gehört
die Welt? Oekom Verlag, München 2009, S. 24f.

360 Christian Siefkes: Was ist Peer-Produktion?, oya 03/2010 [www.
oya-online.de; 7.9.2013].

361   Silke Helfrichs und Heinrich-Böll-Stiftung (Hrsg.): Commons, transcript Verlag, Bielefeld 2012, S. 22.

362   Vgl. Christian Siefkes: Beitragen statt tauschen, AG SPAK Bücher 2009, S. 16 [peerconomy.org; 5.9.2013].

363   Christian Siefkes: Was ist Peer-Produktion?, oya 03/2010 [www.oya-online.de; 7.9.2013].

364   Johann Peter Eckermann: Gespräche mit Goethe in den letzten Jahren seines Lebens, S. 47 [www.farben-welten.de; 7.9.2013].

365   Vgl. Wikipedia: Genregulation [de.wikipedia.org; 10.9.2013].

366   Martin Nowak: Ohne Kooperation gäbe es diese Welt nicht [science.orf.at; 10.9.2013].

367   Joachim Bauer: Prinzip Menschlichkeit. Warum wir von Natur aus kooperieren, Piper Verlag, München 2008, S. 36.

368   Reinhard Schmitt: Motivation auf Droge [www.reinhard-schmitt.eu; 12.9.2013].

369   Vgl. Friederike Habermann: Wir werden nicht als Egoisten geboren. In: Silke Helfrichs und Heinrich-Böll-Stiftung (Hrsg.): Commons, transcript Verlag, Bielefeld 2012, S. 39.

370   John Holloway: Aufhören, den Kapitalismus zu machen [www.grundrisse.net; 9.9.2013].

371   Niko Paech: Befreiung vom Überfluss, Oekom Verlag, München 2012, S. 140.

372   Vgl. z. B. Elektrizitätswerke Schönau eG [www.ews-schoenau.de; 9.9.2013].

373   CO_2-Rechner des Umweltbundesamtes [uba.klimaktiv-co2-rechner.de; 9.9.2013].

LITERATURAUSWAHL

Um bei Interesse Nachhaken und Vertiefen zu ermöglichen, beruhen die Zitate in diesem Buch überwiegend auf Internetdaten. Die Quellen sind so angegeben, dass sich die zitierten Seiten mit Suchprogrammen auffinden lassen, ohne dass die vollständige Internetadresse eingegeben werden muss.

Auswahl der darüber hinaus zitierten Literatur:

Adler, Frank und Schachtschneider, Ulrich: Green New Deal, Suffizienz oder Ökosozialismus, Oekom Verlag, München 2010

Afheldt, Horst: Wirtschaft, die arm macht, Verlag Antje Kunstmann, München 2003

Akademie Solidarische Ökonomie (Hrsg.): Kapitalismus und dann?, Oekom Verlag, München 2012

Akademie Solidarische Ökonomie (Hrsg.): Das dienende Geld, Oekom Verlag, München 2013

Binswanger, Hans Christoph: Die Wachstumsspirale, Metropolis-Verlag, Marburg 2006

Bundeswirtschaftsministerium: Rüstungsexportbericht 2011

Creutz, Helmut: Staatsverschuldung kurz gefasst, Humane Wirtschaft 02/2001

Dahm, Daniel und Scherhorn, Gerhard: Urbane Subsistenz, Oekom Verlag, München 2008

Deutsche Bundesbank: Geld und Geldpolitik, Schülerbuch Auflage 2012 [www.bundesbank.de]

Deutscher Bundestag, Schlussbericht der Enquete-Kommission „Wachstum Wohlstand Lebensqualität", 3.5.2013

Felber, Christian: Die Gemeinwohl-Ökonomie, aktualisierte und erweiterte Neuausgabe, Deuticke Verlag, Wien 2012

Gemeinsame Konferenz Kirche und Entwicklung (GKKE): Rüstungsexportbericht 2010 der GKKE

Gemeinsame Konferenz Kirche und Entwicklung (GKKE): Rüstungsexportbericht 2011 der GKKE

Gück, Martin und Duchrow, Ulrich: Ökologische Schuld(en) und Umkehr, Kairos Europa e.V., 2009

Helfrichs, Silke und Heinrich-Böll-Stiftung (Hrsg.): Wem gehört die Welt? Oekom Verlag, München 2009

Helfrichs, Silke und Heinrich-Böll-Stiftung (Hrsg.): Commons, Transcript Verlag, Bielefeld 2012

Heynen, Malte: Der Raubzug der Banken, Karl Blessing Verlag, München 2012

Issing, Ottmar: Einführung in die Geldtheorie, Verlag Franz Vahlen, München 2007

Jahnke, Joachim: Euro – Die unmögliche Währung, Shaker Media, Aachen 2012

Kreiß, Christian: Wege aus der Finanz- und Wirtschaftskrise ..., Zeitschrift für Sozialökonomie 170/171 2011

Kreiß, Christan: Profitwahn, Tectum Verlag, Marburg 2013

Löhr, Dirk: Nullwachstum und Nullzins: Renaissance einer alten Idee, Zeitschrift für Sozialökonomie 166/167 2010

Löhr, Dirk: Vollgeld – von „Allzweckwaffen" und „blinden Flecken", Humane Wirtschaft 02/2011

Löhr, Dirk: Zu kurz gesprungen – von Vollgeld, Freigeld und Assetpreisinflation, Zeitschrift für Sozialökonomie 168/169 2011

Löhr, Dirk: Prinzip Rentenökonomie, Metropolis-Verlag, Marburg 2013

Meadows, Dennis u. a.: Grenzen des Wachstums, das 30-Jahre-Update, 3. Auflage, S. Hirzel Verlag, Stuttgart 2009

Müller-Plantenberg, Clarita: Schritte auf dem Weg zur Solidarischen Ökonomie, Verein zur Förderung der Solidarischen Ökonomie e.V. (Hrsg.), Kassel 2013

Paech, Niko: Nach dem Wachstumsrausch: Eine zeitökonomische Theorie der Suffizienz, Zeitschrift für Sozialökonomie 166/167 2010

Paech, Niko: Grünes Wachstum ohne Happy End, Forum Wissenschaft 2/12

Paech, Niko: Befreiung vom Überfluss, Oekom Verlag, München 2012

Vereinte Nationen: Millenniums-Entwicklungsziele, Bericht 2012

Vertrag zur Einrichtung des Europäischen Stabilitätsmechanismus ESM, unterzeichnete Fassung vom 2.2.2012

WBUG: Welt im Wandel, Gesellschaftsvertrag für eine Große Transformation, 2011

Weik, Matthias und Friedrich, Marc: Der größte Raubzug der Geschichte, Tectum Verlag, Marburg 2012

Windolf, Paul: Institutionelle Eigentümer im Finanzmarkt-Kapitalismus, Metropolis-Verlag, Marburg 2013

Wuppertal Institut für Klima, Umwelt, Energie:
    Zukunftsfähiges Deutschland, Fischer Taschenbuch
    Verlag, Frankfurt/M. 2008

Ziegler, Jean: Wir lassen sie verhungern, C. Bertelsmann
    Verlag, München 2012

VERZEICHNIS DER ABBILDUNGEN UND TABELLEN

ABKÜRZUNGSVERZEICHNIS

Basel II, III	Banken-Reformpaket der BIZ
BIP	Bruttoinlandsprodukt
BIZ	Bank für internationale Zahlungsausgleich
BMWI	Bundesministerium für Wirtschaft und Energie
BPB	Bundeszentrale für politische Bildung
BWP	Bruttoweltprodukt
CDS	Credit Default Swap, Kreditausfallsicherung
DIW	Deutsches Institut für Wirtschaftsforschung, Berlin
EFSF	European Financial Stability Facility, Element des bis Mitte 2013 befristeten Euro-Schutzschirms, durch ESM ersetzt
EFSM	Europäischer Finanzstabilisierungsmechanismus, Element des bis Mitte 2013 befristeten Euro-Schutzschirms, durch ESM ersetzt
EIKE	Europäisches Institut für Klima und Energie
ESA	Euratom Supply Agency, Agentur der Europäischen Union (Informationssammlung und Beratung zum Markt von spaltbarem Material)
ESM	European Stability Mechanism, dauerhafter Europäischer Finanzstabilisierungsmechanismus
EU ETS	Emissionshandelssystem der EU

EZB	Europäische Zentralbank
FAO	Food and Agriculture Organiszation, Ernährungs- und Landwirtschaftsorganisation der Vereinten Nationen
FCKW	Fluorchlorkohlenwasserstoffen
FED	Federal Reserve System, amerikanische Zentralbank
FSB	Financial Stability Board, Finanzstabilitätsrat
GIIPS	Abkürzung für die fünf Euro-Krisenländer Griechenland, Irland, Italien, Portugal und Spanien
IAB	Institut für Arbeitsmarkt- und Berufsforschung (Forschungseinrichtung der Bundesagentur für Arbeit)
IEA	International Energy Agency, Internationale Energieagentur, autonome Einheit der OECD
IFO	Leibniz-Institut für Wirtschaftsforschung, München
IFRS	International Financial Reporting Standards, internationale Rechnungslegungsvorschriften für Unternehmen
IISS	International Institute for Strategic Studies, britisches Forschungsinstitut zu Militärpolitik und politisch-militärischen Konflikten
ILO	International Labour Organization, Internationale Arbeitsorganisation (Sonderorganisation der Vereinten Nationen)
IMF	International Monetary Fund, Internationaler Währungsfonds (Sonderorganisation der Vereinten Nationen)
IPCC	Intergovernmental Panel on Climate Change, UNO-Welt-Klimarat
ISE	Fraunhofer-Institut für Solare Energiesysteme
ISIS	Institute for Science and International Security, von der US-Regierung unabhängiges Militärforschungsinstitut mit Sitz in Washington

IWF	siehe IMF
IWR	Internationales Wirtschaftsforum Regenerative Energien
IWS	Institut für Wachstumsstudien, Gießen
ITUC	International Trade Union Confederation, Internationaler Gewerkschaftsbund
IXIS	französische Investmentbank, mittlerweile Natixis
LCA	Life Cycle Assessment, Lebenszyklusanalyse
MA	Millennium Ecosystem Assessment, UN-Studie zum Zustand von 24 Schlüssel-Ökosystemdienstleistungen
MIPS	Material-Input pro Service-Einheit
NEA	Nuclear Energy Agency, OECD-Nuklearbehörde
OECD	Organisation for Economic Co-operation and Development, Internationale Organisation mit 34 Mitgliedstaaten (sog. entwickelte Länder mit hohem Pro-Kopf-Einkommen)
OTC	Over-The-Counter, außerbörslich gehandelt (gebräuchlich bei Derivaten)
ppm	parts per million, Maßeinheit
PPP	Public Private Partnerships, öffentlich-private Partnerschaften
SIPRI	Stockholm International Peace Research Institute, internationales Friedensforschungsinstitut, Stockholm
SMP	Securities Markets Program, Anleiheaufkaufprogramm der EZB
SOEP	Soziooekonomisches Panel, Langzeitstudie
START	Strategic Arms Reduction Treaty, Nuklearwaffen-Abrüstungsabkommen USA-UdSSR
UNEP	United Nations Environment Programme, Umweltprogramm der Vereinten Nationen

UNEP-WCMC	UNEP World Conservation Monitoring Centre, Exekutivorgan der UNEP
WBGU	wissenschaftlicher Beirat der Bundesregierung Globale Umweltveränderungen
WI	Wuppertal Institut für Klima, Umwelt, Energie
WWF	World Wide Fund For Nature, Naturschutzorganisation

SACHWORTVERZEICHNIS